유네스코 선정

한국의 세계문화유산

1

유네스코 선정

한국의 세계문화유산 1

이종호 글 · 사진

북카라반
CARAVAN

유네스코가 세계유산World Heritage을 지정하게 된 동기는 1960년 이집트 정부가 나일강에 댐을 건설하기로 결정해 세계적으로 유명한 아부심벨 신전 등 이집트의 고대 유적들이 물에 잠기게 되었을 때로 거슬러 올라간다. 1950년대 이집트의 대통령 나세르는 국토 최남단의 아스완에 있는 기존의 댐을 새로운 아스완하이댐으로 대체하는 대담한 계획을 실천에 옮기고 있었다. 이 댐이 완성되면 나일강의 수위를 일정하게 유지하고 수십 개의 새로운 산업에 전력을 공급할 수 있었다. 그러나 아스완댐은 매우 심각한 문제점을 포함하고 있었다.

아스완댐이 예정대로 완성되면 세계적인 유산인 아부심벨 신전 등 많은 고대 이집트 유적이 수몰된다는 것이다. 이에 전 세계의 학자들이 들고 일어났다. 세계사적으로 매우 중요한 의미를 갖고 있는 아부심벨 신전을 어떠한 방법을 동원해서라도 물속에 들어가지 않게 해야 한다는 것이다.

고대 이집트의 영광을 상징하는 제19왕조의 람세스 2세는 '건축 대왕'이란 이름으로도 잘 알려져 있는데, 그가 건설한 기념물 중에서 가장 유명한 것이 아스완 남쪽 320킬로미터 지점 돌산의 벽면을 깎아 만든 아부심벨 신전이다. 아부심벨 신전은 정면이 람세스 2세의 모습을 닮은 4개의 거상으로 만들어져 있는데, 각 조상은 높이가 20미터, 얼굴의 귀에서 귀까지의 거리가 4미터, 입술의 폭이 1미터에 달하는 엄청난 규모의 크기를 자랑한다. 정면 조각 뒤에는 돌산을 파서 만든 신전이 있는데, 매년 춘분과 추분에 아침 햇빛이 신전의 가장 깊숙한 곳에 있는 태양의 신과 람세스 2세의 조상을 환하게 비추도록 설계되어 있다.

아부심벨 신전을 구제하는 방법은 두 가지로 좁혀졌다. 신전 주위에 제방을 구축하자는 안과 신전을 콘크리트 상자로 싸서 수압 잭jack(작은 기중기)으로 들어올리자는 것이다. 그러나 최종적으로 결정된 방법은 생각보다 단순했다. 아부심벨 신전 자체를 아스완댐이 건설되더라도 수몰되지 않는 65미터 상류로 옮기기로 한 것이다. 따라서 람세스 2세의 좌상과 강 양쪽에 있는 2개의 사원을 고지대로 옮겨 원형대로 복원하면 되었다. '단순한 것이 아름답다'는 설명처럼 유적을 이전시킬 대상 지역 또한 원래 유적이 있던 곳과 비슷하게 조성하기로 한 것은 두말할 나위가 없었다.

1963년부터 아부심벨 신전 이전 공사에 착수했다. 공사팀은 제일 먼저 바위 절벽을 깎아 만든 신전에 모두 1만 7,000개의 구멍을 뚫고, 그 안에 33톤에 달하는 송진 덩어리를 밀어 넣어 신전의 바윗돌들을 단단하게 굳혔다. 그러고는 거대한 쇠줄 톱을 동원해 신전을 모두 1,036개의 블록으로 잘랐다.

블록 하나의 무게가 30톤에 달했으며 신전 주위의 바위들도 1,112부분으로 나뉘어졌다.

신전을 옮길 절벽 위쪽의 바위에는 거대한 콘크리트 돔 2개를 만들어 덮어 단단한 인공 산을 만들었다. 계획대로 모든 돌이 상부로 옮겨진 후 재조립 작업이 시작되었고 공사는 순조롭게 이어졌다. 그런데 이집트가 담수 수면을 더 올리기로 결정하는 바람에 이미 재건해놓았던 소신전을 다시 해체하여 약 2미터 더 높은 곳으로 앉혀야 했다. 공사의 마지막 작업은 신전을 토막으로 자를 때 생긴 자국을 위장하는 일이다. 이러한 작업을 거쳐 1969년 2월 마침내 3,200년 전에 탄생한 신전이 다시 완벽한 제 모습을 갖춘 채 외부에 모습을 드러냈다. 1969년 3월 춘분에 정확히 람세스 2세가 설계한 '태양의 기적'이 일어났다. 3,200년 전처럼 햇빛이 성역에 있는 동상들을 비춘 것이다. 4년이라는 기간에 4,200만 달러의 공사비가 들어간 세계적인 문화유적 보존사업이었는데 한국도 50여 만 달러를 지원했다.

수몰 위기에 몰렸던 다른 유적들은 다른 섬으로 이축되어 재건되었다. 이는 이집트가 각국에 지원을 요청하면서 수몰 위험에 있는 작은 신전을 기증하겠다고 약속했기 때문이다. 스페인에 기증한 데보드 신전은 지금 마드리드에 있고, 덴두르 신전은 뉴욕 메트로폴리탄박물관에 소장되어 있다. 엘레시아 신전은 이탈리아 토리노에 있는 이집트박물관, 칼라브샤 신전의 관문은 베를린 이집트박물관, 타파 신전은 네덜란드 라이덴에 있는 국립고대유물박물관에 보관되어 있다.

이 사건은 국제사회가 인류 문화재를 공동으로 지켜낸 좋은 사례가 되었는데, 1972년 11월 유네스코 총회에서 문화유산의 파괴를 막고 보호하는 '세계 문화 및 자연유산 보호협약The Convention Concerning the Protection of the World Cultural and Natural Heritage'을 만든 후 인류문명과 자연사에서 중요한 문화유산을 유네스코 세계문화유산에 등록하기 시작했다.

지구가 생성된 이래 지구상에 존재하는 것은 모두 세계유산의 대상이 될 수 있으므로 유네스코는 문화유산, 자연유산, 복합유산으로 이를 구분하여 선정한다. 큰 틀에서 인류가 태어난 이후 즉 인간의 손길이 배어 있는 것을 문화유산으로 분류하고 인간의 힘이 미치지 않는 것을 자연유산으로 분류하며 이들이 연계되어 있는 것을 복합유산으로 분류한다.

문화유산은 유적(역사와 예술, 과학적인 관점에서 세계적인 가치를 지닌 비명碑銘, 동굴 생활의 흔적, 고고학적 특징을 지닌 건축물, 조각, 그림이나 이들의 복합물), 건축물(건축술이나 그 동질성, 주변 경관으로 역사·과학·예술적 관점에서 세계적 가치를 지닌 독립적 건물이나 연속된 건물), 장소(인간 작업의 소산물이나 인간과 자연의 공동 노력의 소산물, 역사적·심미적·민족학적·인류학적 관점에서 세계적 가치를 지닌 고고학적 장소를 포함한 지역)를 말한다.

자연유산은 무기적 또는 생물학적 생성물로 이루어진 자연의 형태이거나 그러한 생성물의 일군으로 이루어진 미적 또는 과학적 관점에서 탁월한 가치를 지닌 것, 과학적 보존의 관점에서 탁월한 세계적 가치를 지닌 지질학적·지문학地文學적 생성물과 멸종위기에 처한 동식물 서식지, 과학, 보존 또는 자연미의 관점에서 탁월한 세계적 가치를 지닌 지점이나 구체적으로 지어진 자연 지역을 말한다. 복합유산은 문화유산과 자연유산의 특징을 동시에 충족하는 유산을 의미한다.

2015년 7월 현재 세계유산협약 가입국은 191개국이며 세계유산은 전세계 163개국에 분포되어 있다. 등록건수는 총 1,031점(2015년 7월 기준) 가운데 문화유산이 802점, 자연유산이 197점, 복합유산이 32점이다. 한편 위험에 처한 세계유산목록에는 총 48점(2015년 7월 기준)이 등재되어 있다.

한국은 문화유산 11건, 자연유산 1건으로 문화유산은 불국사 · 석굴암 (1995), 종묘(1995), 해인사 장경판전(1995), 창덕궁(1997), 수원 화성(1997), 경주역사유적지구(2000), 고창 · 화순 · 강화 고인돌 유적(2000), 조선 왕릉 (2009), 하회 · 양동마을(2010), 남한산성(2014)이 등재되었고 백제역사유적지구가 2015년 등재되었다. 한국은 자연유산으로 제주 화산섬과 용암동굴 (2007)이 등재되어 총 12곳의 세계유산을 갖고 있다. 그러나 북한의 고구려 고분군과 개성역사유적지구, 중국 동북지방 일대의 고구려 유적을 합치면 한민족 관련 세계유산은 모두 15건에 달하게 된다. 현재 두 자릿수 세계유산을 갖고 있는 나라는 24개국에 불과하다.

한국의 건축물을 대변하는 왕궁만 해도 경복궁, 덕수궁, 창경궁 등이 있지만 유일하게 세계문화유산에 지명된 창덕궁은 그만큼 남다른 특이성을 갖고 있는 것은 물론 한국의 건축을 대표한다. 또한 세계에서 단일 목조 건물로 가장 규모가 큰 종묘, 남한산성 등을 통해 한국의 자랑스런 유산을 단번에 이해할 수 있을 것이다. 충청남도와 전라북도의 백제역사유적지구와 하회마을, 양동마을을 거쳐 해인사 장경판전, 수원 화성도 둘러볼 것이다.

한국은 '고인돌의 나라'로 불러도 좋을 만큼 많은 고인돌이 전국에 산재해 있다. 한반도 전역의 고인돌은 북한 지역의 황해도 은율과 평양 등 북한에 약 1만 4,000기가 있고 강화도와 전남 화순, 전북 고창 등지를 중심으로 남한에 약 2만 4,000기가 있다고 알려졌지만 유네스코 세계문화유산에 지정된 것은 고창, 화순, 강화에 있는 고인돌에 한정된다. 그렇지만 세계유산에 지정된 숫자를 보면 고창 고인돌은 고창읍 죽림리 · 도산리, 아산면 상갑리 · 봉덕리 일대 등 447기, 화순 고인돌은 도곡면 대신리와 춘양면 효산리 일대 고인돌 306기, 강화 고인돌은 하점면 부근리 고인돌 등 70기로 810여 기나 된다.

세계에 유례가 없는 조선시대의 왕릉은 북한에 있는 왕릉을 제외하고 거의 전부 한양을 중심으로 100리 안에 있다. 경주 지역은 2건으로 세계문화유산에 지정되었는데, 1995년 한국 유산의 간판스타라 볼 수 있는 불국사와 석굴암이 최초로 지정되었고, 2000년 '경주역사유적지구'라는 명칭으로 범위를 경주시 거의 전부를 포괄해 지정되었다. 한국에서 유일하게 유네스코 세계자연유산으로 지정된 '제주 화산섬과 용암동굴'인 한라산천연보호구역, 성산일출봉, 거문오름 용암동굴 등도 살펴볼 것이다.

유네스코 세계문화유산은 기본적으로 인간의 숨결이 들어 있는 것을 대상으로 하며, 유네스코 세계자연유산은 인간의 힘이 미치지 않은 지구의 유산을 의미한다. 『유네스코 선정 한국의 세계문화유산』은 문화유산을 의미한다. 그러나 '제주 화산섬과 용암동굴'은 한국의 유일한 유네스코 세계자연유산인데다 한국의 문화유산과 불가분 많은 관련이 있으므로 이 책에 포함시켰다. 유네스코 세계자연유산으로 지정된 한라산천연보호구역, 성산일출봉, 거문오름 용암동굴계를 살펴보면서 남다른 감흥을 느낄 것이다.

한국의 세계문화유산

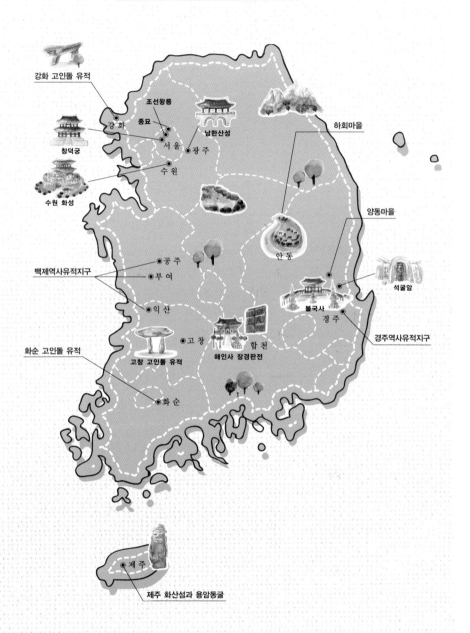

강화 고인돌 유적

조선왕릉

종묘

강 화

창덕궁

서 울

남한산성

광 주

수 원

수원 화성

하회마을

양동마을

백제역사유적지구

공 주

부 여

석굴암

익 산

불국사

경 주

화순 고인돌 유적

고 창

합 천

경주역사유적지구

고창 고인돌 유적

해인사 장경판전

화 순

제 주

제주 화산섬과 용암동굴

차례

제7장 수원 화성

제
1
장

창
덕
궁

한국의 건축물이 다른 나라 목조 건축물보다 아름다운 이유는 여러 가지가 있으나, 한국의 자연적인 풍토와 잘 어우러지는 형태를 찾았기 때문이라는 것을 으뜸으로 든다. 건물 배치에서도 굳이 자연적인 지형을 깎거나 변형시키지 않았으며 나무나 돌도 그대로 이용했다. 건축물 재료조차 자연을 변형시키지 않고 그대로 사용했는데 대표적인 예가 한국 건축물의 대부분에서 사용된 원형 기둥이다. 이는 건축물에 사용된 나무가 원형이므로 특별한 가공 없이 그대로 사용했다는 뜻이다. 반면에 일본과 중국의 건축물에는 사각형의 기둥이 자주 보인다. 사각형 기둥은 원형의 나무를 인공적으로 깎아 사각형으로 만든 것이다.

물론 이 면만 보면 중국과 일본이 건물을 건설할 때 더 적극적이었음을 알 수 있다. 기계적인 톱이 없었던 과거에 원형 기둥을 사각으로 만드는 것은 매우 어렵다. 더구나 대형 건물에 사용되는 기둥은 크기 때문에 쉽게 다룰 수 있는 것도 아니다. 이와 같은 차이는 한국이 안정된 국가라는 것을 뜻한다. 한국은 원칙적으로 노예제도가 없었다. 한반도 내에서 전쟁이 많기는 했지만, 설사 죄를 지어 죄인이 되고 천민이 되어 양반에 소속되는 신분으로 되었다고 해도 외국의 노예에 비할 바가 아니다.

　　노예와 같은 잉여 노동력이 없던 한국에서는 자연을 변형시키는 것이 아니라 적절히 이용하겠다는 생각을 제일 먼저 했으므로 당연히 자연에 가장 알맞은 형태를 생각했다. 그렇다고 원형 기둥을 그대로 사용한 것도 아니다. 대형 건물의 기둥은 착시 현상을 고려해 배불림을 채택했으며 목조 건물에서 피치 못할 단점인 부식 문제를 아름다운 단청으로 해결했다. 한국 사람들에게는 자연스러운 건축 방법, 즉 한국의 자연과 환경에 알맞도록 모든 것을 조화시켰다는 것은 건축에서 어느 나라에 비해도 떨어지지 않는 기술과 철학이 있었기 때문임을 이해할 필요가 있다.

한국인들의 사랑을 많이 받는 궁궐

1392년 태조 이성계가 조선을 건국하면서 수도를 한양으로 천도했을 때 이미 한양에는 정궁인 경복궁이 건설되어 있었다. 태조 이성계는 경복궁에서 집무를 보았는데 후계자 문제로 왕자들과 신하 사이에 권력다툼이 벌어졌다. 태조는 8명의 아들을 두었는데 그중 막내인 방석에게 왕위를 물려줄 생각이었다.

이에 불만을 품은 다섯째 아들 방원은 사병을 이끌고 난을 일으켜 동생 방석과 방번, 조선을 세우는 데 큰 공헌을 한 정도전 같은 신하들을 살해했다. 1398년에 일어난 '제1차 왕자의 난'이다.

왕자의 난으로 권력을 잡은 이방원은 형 방과를 제2대 왕 정종으로 앉혔는데, 정종 2년에 형인 방간의 난('박포朴苞의 난')이 일어나 방간은 유배되고 박포는 사형당한다. 이를 '제2차 왕자의 난'이라고 한다. 이들 모두 경복궁에서 일어났으므로 이런 경복궁이 싫었던 정종은 한양의 지세가 좋지 않다고 여겨 개성으로 천도했다.

그러나 생명의 위협을 느낀 정종이 방원, 즉 태종에게 왕위를 양위하자 태종은 재위 5년(1405) 다시 한양으로 옮기면서 새로운 궁궐을 건설하는데 이것이 창덕궁이다. 사실 태종은 개성의 수창궁에서 즉위하자마자 취약한 권력기반을 다지고, 왕권 강화를 위해 한양 재천도를 강력히 주장했으나 쉽게 관철되지 않았다. 그러나 당시의 정치적 상황에서는 한양 천도와 궁궐을 새로이 짓는 문제가 권력기반의 완성을 의미했기에 태종의 노력은 집요했고 결국 이듬해 한양 천도를 단행했다.

1405년 궁궐이 완성된 지 하루 만인 10월 20일 태종이 궁궐로 들어가면서 10월 25일 창덕궁昌德宮이란 궁호를 받았다. 창덕궁의 '창덕昌德'이란 덕을 빛낸다는 뜻이며 초창기의 창덕궁은 외전外殿 74칸, 내전內殿 118칸으로 현재의 창덕궁보다 작았다.

태종이 창덕궁으로 들어가면서 한양은 명실상부한 조선의 도읍으로 자리 잡게 되고, 조선왕조는 본격적인 체제 정비의 기틀을 마련하게 되었다. 이로써 조선왕조는 최초의 양궐兩闕 체제를 갖추게 된 셈이다.

　이처럼 창덕궁의 창건 배경과 시작은 '태종의 왕권강화와 조선왕조의 본격적인 출발'이라는 정치적 의미를 담고 있기 때문에, 공식적으로 조선왕조의 정궁은 경복궁이었지만 조선 초기부터 여러 왕이 기피해 창덕궁이 그 자리를 대신하는 경우가 많았다. 경복궁이 풍수지리에 좋지 않다는 것은 설득력이 없지만 추후의 왕들이 경복궁보다는 창덕궁을 선호한 것은 창덕궁 자체에 매력을 느꼈기 때문이다. 경복궁은 평지에 자리 잡고 있어 서쪽의 인왕산이나 북쪽의 백악산에서 내려다보이는 취약점이 있다. 반면에 창덕궁은 산림이 우거진 산자락에 자리 잡고 자연과 조화되도록 건설해 다른 궁궐보다는 아늑한 느낌을 준다.

　창덕궁의 위상은 임진왜란으로 더욱 확고해진다. 임진왜란 때 정궁인 경복궁, 창덕궁, 창경궁이 소실되자 창덕궁이 가장 먼저 재건되었다. 반면에 경복궁은 터가 불길하다는 이유로 재건되지 않고 1865년(고종 2)까지 270년 이상 폐허로 방치되다가 흥선대원군에 의해 비로소 다시 건설되었다.

　창덕궁이 경복궁보다 길지라고는 하지만 창덕궁도 계속 수난을 당한다. 인조반정(1623년) 당시 실화로 창덕궁이 크게 소실되고(인조반정군이 광해군을 수색하는 와중에 실수로 불을 냈다고 알려졌다), 이듬해 인조반정의 공적 평가에 대한 불만으로 촉발된 '이괄의 난'으로 창덕궁과 창경궁이 다시 한 번 크게 소실된다. 그러나 창덕궁은 곧바로 재건되어 1647년(인조 25)에 공사가 완료되는데 이때 인정전, 승정원 등 314칸과 내전 421칸으로 합계 735칸이 건축된다. 이후에도 창덕궁은 여러 차례 화재로 소실되었으나 계속 중건되었는데 1910년 8월 29일 한일합병이 인정전에서 강제 체결되는 비운을 겪으면서 조선왕조는 이곳 창덕궁에서 막을 내린다.

1917년 대조전 서쪽에서 큰불이 일어나 대조전, 희정당, 경훈각, 선정전 동쪽의 내전 등이 크게 소실되는데 대조전 영역의 복구는 1919년 정월 고종의 승하와 3·1 운동, 고종의 국장 등으로 인해 1920년에서야 준공을 보게 된다. 더구나 복구 과정에서 경복궁의 강녕전, 교태전, 연길당, 경성전, 응지당, 흠경각, 함원전, 만수전, 흥복전 등을 헐어내고 그 목재로 대조전, 희정당, 흥복헌, 경훈각 등을 건설했다.

일제강점기인 1926년 4월 창덕궁 대조전에서 마지막 황제 순종이 사망함에 따라 창덕궁은 본격적으로 훼손되기 시작했다. 인정전 동서 행각과 인정문 등이 철거되어 전시장으로 개조되고, 수많은 전각이 헐려 원래의 모습에서 많이 훼손되었으나 1976년부터 1978년까지 대대적인 정비 공사가 벌어졌다. 1995년부터는 인정문과 인정문의 서쪽 행각, 1999년부터는 진선문과 숙장문이 복원되었다. 1989년 낙선재에서 돈화문을 통해 영친왕비 이방자李方子 여사의 운구 행렬이 마지막으로 빠져나간 이후 더는 궐내에서 거주하는 사람은 없다.

공간 구성과 배치

1997년 한국의 궁궐 중에서는 유일하게 유네스코의 '세계문화유산'으로 지정된 창덕궁의 공간 구성은 고대 궁궐제도의 규범으로 전해지는 『주례고공기周

『禮考工記』에 따른 공간 구성의 기본적인 원칙과는 크게 다르다. 약 47만 9,338제곱미터에 달하는 창덕궁은 정전正殿, 침전寢殿, 편전便殿으로 이루어진 인정전 주변 공간과 후원後苑으로 크게 양분되어 있다. 더구나 창덕궁은 조선시대 내내 실질적으로 거주가 이루어진 생활공간이었기 때문에 왕의 어머니인 대비가 거주하는 곳(만수전, 춘휘당, 천경루, 양지당 등)은 물론 왕의 초상화를 봉안하는 선원전 등 다양한 기능이 부가되었다.

궁궐이 원래 왕의 집무 공간이자 왕실 가족들의 생활공간이지만, 창덕궁은 집무 공간보다는 생활공간의 성향이 매우 강하다. 그러므로 관료들의 공간도 많지 않았고 각 건물도 경복궁보다 규모가 작았다. 가장 중요한 건물인 인정전에 대해 태종이 너무 협소하다고 말했을 정도다.

창덕궁은 응봉 아래 비좁은 곳에 자리를 잡았으므로 지세가 평탄하지 않은 것은 사실이다. 이것이 창덕궁의 장점이 되었다. 지형조건을 최대한 이용해 건물들을 배치했다. 건물이 남북 방향으로 배치되었던 경복궁과는 달리 동북 방향으로 옆으로 놓인 것도 이런 자유로움 때문이다. 그러므로 창덕궁은 지형지세를 활용한 자유로운 공간 구성을 보여주고 있으며, 주변 경관과 조화를 중시해 한국적인 궁궐의 특색을 잘 보여주고 있다는 점에서 큰 의미가 있다.

창덕궁의 전체 규모는 1830년 전후에 작성된 〈동궐도〉로, 비교적 자세하게 파악할 수 있다. 한국 궁궐 그림의 최대 걸작이자 가장 많은 정보를 전하고 있는 〈동궐도〉는 한 면이 가로 36.5센티미터, 세로 45.4센티미터의 크기이며 전체를 펼쳐놓으면 가로 584센티미터, 세로 273센티미터의 대작이

■ 창덕궁은 지형지세를 활용한 자유로운 공간 구성을 보여주고 있으며, 주변 경관과 조화를 중시해 한국적인 궁궐의 특색을 잘 보여준다.

다. 비단에 먹으로 그리고 채색했으며 부감법을 사용해 그린 것으로 창덕궁과 창경궁 전각들의 모습뿐만 아니라 조경과 산수까지 파악할 수 있다. 그러나 전체적인 배치에서 축, 건물 간의 거리, 방향에 대해서는 화법의 속성상 실제와는 많이 다르다는 지적도 있다.

창덕궁의 기본적인 전각 배치는 다음과 같다. 대지의 서남 모서리에 남쪽으로 향해 있는 정문인 돈화문을 들어서면 일단 오른쪽으로 꺾여 나가다가 다시 왼쪽으로 꺾인 곳에 정전 일곽이 남향으로 있으며 그 동쪽에 편전이 있다. 침전은 편전의 동북쪽에 있으며 그 북쪽으로 구릉이 있어 전각이 더는 뻗어나가지 못한다. 정전의 서쪽으로는 개천에 연해 각종 궁사宮舍가 있고 편전과 침전 전방의 낮은 언덕에 면해 동서로 역시 궁사가 길게 뻗어 있다. 창덕궁은 배치에서부터 전후 관계를 뚜렷이 하거나 대칭을 중시하지 않고 각 전각의 기능에 맞춰 지형지세에 따른 자연스런 형태를 취하고 있음을 알 수 있다.

창덕궁을 건설한 책임자, 즉 건축가는 감역관 박자청朴子靑이다. 그는 창덕궁 건축 당시에 이직, 신극례 등과 함께 제조提調에 참여했고 성균관 문묘를 건설하는 공사에도 참여했다. 박자청은 원래 고려 때 내시였던 미천한 신분이었으나 태조 때 궁궐 문을 굳게 지킨 일로 발탁되어 각종 건설 공사에서 두각을 나타낸다. 그러나 성질이 다소 까다롭고 급해 공사 감독을 하면 항상 빨리 완공하도록 재촉해 인부들에게서 불만을 사기도 했다고 한다. 민원이 그치지 않으므로 번번이 조정에 소환되어 질책을 받기도 했으나 원래 건축공사에 능력이 있으므로 무마되었다. 고려 때 내시로 현대 공무원으로 보면 9급 공무원에서 장관까지 오른 입지전적인 인물이지만, 그의 개인적인 평가는 당대의 기득권 세력에게서 경원 받았음은 충분히 이해되는 사항이다. 내시가 장관까지 올랐으니 더욱 그러할 만한데 여하튼 그로 인해 현재의 창덕궁이 유네스코 세계문화유산으로 지정되었다는 것을 보면 그의 능력이 남다르다는 것만은 틀림없는 일로 볼 수 있다.

돈화문

창덕궁은 외전과 내전으로 구성되어 있다. 궁궐에서 왕과 신하들이 공식적인 업무를 처리하던 곳을 외전이라 부르고, 왕과 왕족들이 살았던 개인적인 공간을 내전이라고 한다. 외전은 창덕궁의 정문인 돈화문에서 시작된다.

1412년(태종 12) 5월에 세워진 돈화문은 궁궐 서남쪽 모서리에 있는데, 정면 5칸 측면 2칸의 다포식 2층 우진각지붕 건물이다. 『조선왕조실록』에 의하면 2층 문루에 1만 5,000근의 대종을 걸고 조석으로 인경을 친 곳이다. 문루란 성문 위에 누각이 설치된 구조물을 말하는데 외관을 돋우고 위엄을 갖게 한다. 또한 문루는 유사시 장수의 지휘소가 되며 적을 조기에 발견하기 위한 감시 기능도 갖고 있으므로 초루譙樓라고도 한다. 한편 돈화문의 돈화의 뜻은 『중용』의 '대덕돈화大德敦化'에서 취한 것으로 '교화를 도탑게 한다'는 뜻이다.

1450년(문종 즉위년) 6월에 돈화문을 재축했으며 연산군이 '돈화문을 고대高大하게 하라'는 명령을 내렸지만, 연산군이 폐위되기 3개월 전의 일이므로 시행되었는지는 알 수 없다. 1976년 돈화문 보수공사 과정에서 발굴된 상량문에 의하면 임진왜란으로 인해 소실되자 창경궁의 정문인 홍화문과 함께 1607년(선조 40)에 중건에 착수해 1608년(광해군 원년)에 완공되어 창덕궁에 현존하는 건물 중에서 가장 오래된 목조 건축물이다.

지금은 돈화문을 창덕궁의 정문으로 여기지만 과거에는 돈화문을 설명할 때 인정전의 가장 바깥문이라고 했다. 과거에는 왕을 중심으로 모든 것을 설명했기 때문이다. 문 앞의 넓은 터를 월대月臺라고 한다. 지면에서 1차 기단을 쌓아 월대를 만들고 다시 2층 기단을 쌓아 그곳에 돈화문을 세워 시각적으로, 심리적으로 우러러보게 만들었다. 돈화문 월대 앞에는 왕이 가마를 탈 때 딛고 올랐던 노둣돌이 2개 놓여 있고 가마를 올려놓는 2개의 목마가 버티고 있었는데 현재는 찾아볼 수 없다. 계단을 밟고 월대에 오르면 왕을 위한

■ 돈화문에서 돈화는 『중용』의 '대덕돈화大德敦化'에서 취한 것으로 '교화를 도탑게 한다'는 뜻이다.

길인 어도가 돈화문에 이르기까지 한가운데 놓여 있어 이곳이 왕을 위한 공간임을 알려준다. 궁궐의 정문을 이처럼 남다르게 건축한 것은 문의 기본적인 기능에 더해 이곳이 궁궐임을 나타내는 한양의 중요한 '랜드마크'이기 때문이다.

　창건 당시 창덕궁 돈화문에서 종묘까지 쭉 뻗은 길로 되어 있었는데, 일제강점기 때 종묘와 창덕궁 사이를 가르는 도로를 내면서 길이 분리되었다. 더욱이 도로를 낼 때 왕과 조선총독부 고관들이 차를 타고 편히 드나들 수 있도록 지반을 높게 돋구는 바람에 돈화문의 기단은 도로 아스팔트에 묻혀 버렸다. 그러다 1997년에 아스팔트를 걷어내는 작업을 통해 옛 모습이 일부 복원되어 현재 보는 돈화문 입구가 되었다.

13개의 평주平柱가 사방에 있고 가운데 4개의 고주高柱가 있으며 상층에는 12개의 병연주幷聯柱와 2개의 고주를 세웠다. 2층은 탁 트인 공간으로 바닥엔 장마루를 깔았고 천장은 서까래와 종도리가 올려다보이는 연등천장이며 처마는 겹처마다. 각마루는 양성陽城(지붕마루의 수직면에 회반죽을 바른 것)을 하고 용두龍頭(집의 합각머리나 너새 끝에 얹는 용머리처럼 생긴 장식)와 잡상雜像(추녀나 용마루 또는 박공머리 위의 수키와 위에 덧얹는 여러 가지 짐승 모양)을 배치했다. 용마루 끝에는 취두鷲頭를 올렸으며 사래(추녀 끝에 잇대어 댄 네모난 서까래)에는 토수吐首(전각 네 귀의 추녀 끝에 끼우는 용두형·귀두형의 기와)를 끼웠다. 2층에 오르는 계단은 벽으로 막힌 좌우의 협칸에 있고 2층에는 판문을 달았다.

돈화문과 관련해 특이한 점은 돈화문의 지붕 양식이다. 〈동궐도〉에 의하면 돈화문 지붕은 팔작지붕으로 그려져 있으나, 현재는 우진각지붕이다. 현재 남아 있는 조선시대 궁궐의 정문은 모두 우진각지붕이다. 궁궐의 대문 가운데 정면이 5칸인 것은 돈화문이 유일하지만 좌우 협칸은 벽으로 막았으므로 실질적으로는 3칸 대문이다. 이와 같은 현상은 황제가 아닌 경우 대문을 3칸으로 만드는 예에 따른 것으로, 이는 중국과의 관계를 고려했기 때문이다. 현재 돈화문은 1996년 12월 돈화문 앞 석계 공사를 마무리하여 오늘에 이르고 있으며 보물 제383호로 지정되어 있다.

　예부터 궁궐을 건설할 때 정문을 지나 궐 안으로 들어가기 전에 반드시 명당수明堂水를 건너도록 했다. 이는 신하들이 왕을 알현하기 전에 흐르는 물에 악한 마음을 씻어 맑고 바른 마음으로 국사를 살피라는 의미와 함께 나쁜 기운이 궐 안으로 들어오는 것을 막기 위함이다.

　1411년(태종 11) 3월에 진선문 밖에 처음 조성된 것으로 현재 남아 있는 궁궐의 다리 중 가장 오래된 다리가 금천교錦川橋(보물 제1762호)다. 다리는 궁궐마다 설치되는 공통적인 건조물이지만 다른 궁에서는 정문에서 들어오는 주축에 설치되는 데 비해 이곳 창덕궁의 금천교는 직각으로 꺾여 있는 것이 특징이다. 참고적으로 경복궁은 영제교, 창경궁은 옥천교, 덕수궁은 금천교 金川橋로 부른다. 다리의 윗부분은 길이 12.9미터, 폭 12.5미터로 왕이 거동할 때 좌우의 호위군사가 함께 행진할 수 있을 만큼 넓다.

　전체가 세 구획으로 이루어진 삼도인데 가운데의 어도가 상당히 넓고 다리는 2개의 홍예를 틀어 돌난간을 세웠다. 삼도는 장대석으로 깔았으며 동서 방향이다. 하천 바닥에 설치된 홍예 기반석 위로 홍예 2틀을 만들고 그 위로 멍엣돌을 걸치고 돌난간을 세우고 다리 윗부분을 장대석으로 깔았다. 중앙부의 홍예 기반석 위로 남쪽 면에는 해태상, 북쪽 면에는 거북상을 설치했다. 또한 홍예의 가운데 남북 방향으로 귀면을 각각 양각해 새겨놓았다. 홍예 사이에 역삼각형의 귀면 석재가 있는데 조각된 귀면은 부정한 것을 물리친다는 벽사辟邪의 의미가 있다. 이 역삼각형의 석재를 『창덕궁수리도감의궤』에서는 '청정무사'라고 했는데 귀면이 잠자리 두 눈 사이의 모습과 유사해

■ 금천교 네 모서리에는 있는 산예라는 상상의 동물은 그 표정은 무섭지 않고 오히려 귀엽고 친근감을 준다.

불린 듯하다.

금천교 네 모서리에는 산예狻猊라는 상상의 동물이 길목을 지키고 있다. 산예는 신령스런 동물로 어떤 동물이라도 마주치기만 하면 두려워 도망친다고 하는 백수의 왕이다. 그러나 금천교를 지키는 산예의 표정은 무섭지 않고 오히려 귀엽고 친근감을 준다. 돌조각으로 이미 상징성을 표시했으므로 표정까지 무섭게 만들 필요는 없다고 생각했을지 모른다. 남쪽의 동물은 얼핏 보면 해태 같기도 하지만 몸에 털이 아니라 비늘이 덮였고 뿔도 두 갈래로 갈라져 있는 것으로 보아 해태는 아니다. 백택이라고 하는 또 다른 상상의 짐승으로 추정하기도 하고 북쪽에 있는 것은 몸통은 거북이 같으나 얼굴을 보면 이것 역시 거북은 아니라고 한다.

진선문

진선문進善門은 대문인 돈화문 다음에 나오는 일종의 중대문으로 '왕에게 바른 말을 올리다'라는 의미로 인정전으로 들어가기 전 말과 행동을 바로해 올바른 정치가 이어지기를 바라는 마음이 담겨 있다. 좌측으로 인정전으로 들어가는 인정문이 있고 전면에 숙장문이 보이는데 큰 틀에서 창덕궁의 두 번째 마당이다. 이 마당은 인정전의 바깥 행랑에 사다리꼴로 둘러싸여 있어 '인정전 외행랑 뜰'이라고도 부른다. 마당 남쪽 행랑에는 내병조(궁궐 내의 시위, 의장 등 군사업무를 보기 위한 병조 관리들의 출장소), 호위청(궁중의 호위를 맡아보는 군영), 상서원(왕의 도장 등 각종 증명을 관장하는 기관)이 있으며 동쪽 행랑에는 배설방이 있다.

배설방은 전설사에 소속된 관청으로 궐내에서 왕이 주관하는 행사 때 햇볕을 가리기 위해 치는 천막인 차일과 휘장을 치는 일을 담당했다. 천막 치는 부서가 따로 있다는 것을 보면 당대 왕의 권위가 얼마나 높은지를 알 수 있다. 북쪽 행랑은 모두 인정전 마당을 향하고 있어 이 마당의 영역에서 벗어나며 남쪽 행랑의 내병조 역시 남향하고 있어 이 영역에서 제외된다.

이곳 마당은 모양이 직사각형이 아니라 사다리꼴이다. 진선문이 있는 서쪽은 넓고 숙장문이 있는 동쪽은 좁은데 왕궁에서 이런 정형화된 질서를 파괴했다는 것은 매우 특이한 예다. 이와 같은 변칙적인 평면이 된 것은 숙장문 바로 뒤에 종묘에 이르는 산맥이 자리 잡고 있어 마당을 넓힐 수 없었기 때문이다.

창덕궁에서 돈화문과 인정문 사이에 문을 하나 더 첨가한 것은 창덕궁의 정전인 인정전의 권위를 높이기 위함이다. 1908년 인정전 개수공사 때 헐렸는데 1999년 복원되었다. 진선문이 잘 알려진 것은 억울한 백성들이 와서 칠 수 있는 큰 북, 소위 신문고 또는 등문고登聞鼓가 달려 있었기 때문이다. 진선문의 '진선'은 '착한 말을 올리다(임금에게 바른 말을 올리다)'라는 뜻이므로 신문고를 설치하는 장소로는 적격이지 않을 수 없다. 태종대에 처음 설치된 신문고는 그 취지에 걸맞게 왕의 직속 기관인 의금부 당직청에서 관리했으나 여러 가지 문제점이 제기되어 연산군 때 폐지되었다가 영조 대에 다시 설치했다.

인정문

진선문으로 들어가 좌측으로 인정문仁政門(보물 제813호)이 있는데 인정문은 법전인 인정전을 통행하는 문으로 그 격이 상당히 높다. 왕도 즉위 전에는 아직 법전에 들어갈 자격이 없으므로 인정문에서 즉위하고 인정전으로 들어가 좌정한 후에 비로소 대소 신료들의 하례를 받았다. 연산군, 효종, 현종, 숙종, 영조 등 여러 왕이 이 문에서 즉위식을 거행하고 왕위에 올랐다(다른 왕들은 정전인 인정전에서 즉위식을 가졌다). 한마디로 인정문은 이궁離宮인 창덕궁의 정전正殿이면서 300년이나 조선의 정사를 다루어 온 인정전의 정문이라 볼 수 있다.

정면 3칸 측면 2칸으로 단층의 다포계多包系로 5량가구五樑架構의 겹처마 팔작지붕이다. 3단으로 쌓은 석조 기단 위에 초석을 놓고 원주를 세웠으며 돌계단 난간에 석수를 조각해 설치했다. 그 기둥 윗몸에 창방과 평방을 돌려 공포를 받았다. 공포는 외부 2출목 내부 2출목에 3제공이 중첩하는 형상이며 도리받침 부재는 운형雲形으로 깎았다. 외부의 평방과 창방은 중앙의 평주 위에만 초각물草刻物을 삽입했다. 연등천장과 반초머리의 모루단청을 했으며 지붕마루는 양성마루다. 추녀 마루에 잡상 5구와 용두가 설치되고 용마루에는 취두, 사래 끝에 토수가 설치된 것은 돈화문과 같으나 잡상의 수는 돈화문보다 적다. 정전의 대문으로 조선시대의 궁궐 모두 인정문과 같은 팔작지붕이다. 삼문 중 넓은 가운데 칸은 왕이 출입했고 동쪽은 문관, 서쪽은 무관이 출입했다.

인정전

인정전仁政殿(국보 제225호)에서 가장 먼저 눈에 띄는 것은 용마루에 표시된 꽃무늬 이화李花다. 고종이 중국의 제후국인 왕이 아니라 황제로 등극하고 대한제국을 선포하자 국가 상징인 문장을 조선왕조의 성씨인 이씨를 상징하는 이화李花로 정했기 때문이다. 이화는 인정문의 용마루에도 있다. 현판 글씨는 조선 후기의 문인이자 명필이었던 죽석 서영보가 썼다고 한다.

인정전 좌우로 회랑이 감싸고 회랑 안에는 네모난 널찍한 마당이 있는데 이 마당이 만조백관이라고 할 때의 '조朝', 백관들이 모여서 왕에게 조회를 하던 뜰 곧 조정朝廷이다. 인정문 쪽 9품이라 쓴 글씨부터 인정전 쪽으로 정1품, 종1품까지 품계석이 두 줄로 늘어서 있다. 왕이 참석하는 조회 때 문관과 무관이 정렬하던 곳이다. 동쪽에 문관, 서쪽에 무관이 열을 이루며 마주본다. 물론 조회뿐 아니라 연회나 과거 시험 등도 이곳에서 치러졌다.

인정전 마당은 큰 틀에서 의식을 위한 공간인데 이를 단적으로 보여주는 것이 쇠고리다. 인정전 앞에 웬 쇠고리냐고 질문하겠지만 이는 외국의 사신 접대, 신하들의 조회, 세자 책봉식, 왕실의 큰 잔치들이 이곳에서 열렸기 때문이다. 이들 행사에는 시간이 많이 소요되므로 차일을 치는 경우가 많아 마당에 미리 쇠고리를 설치해 여기에 줄을 묶어 쉽게 차일을 설치할 수 있도록 한 것이다.

마당에서 인정전으로 오르는 계단의 중간에 있는 '답도踏道'에는 평평한 돌에 도드라지게 구름 속을 나는 봉황 1쌍의 문양을 새겼다. 봉황은 '성군이 나타나거나, 성군이 다스리고 있음'을 의미한다. 인정전은 월대 위에 있고 봉황이 구름 속을 나는 곳은 하늘이므로 인정전은 결국 천상의 세계에 있다는 뜻이다.

인정전은 2벌의 월대 위에 놓여 있다. 인정전의 월대는 경복궁 근정전과 달리 난간석을 두르지 않았다. 또 인정전의 상하 월대에는 화재를 예방하기 위한 주술적 상징물인 '드므'가 설치되어 있다. '드므'는 '입이 넓은 큰 그릇'이란 뜻의 순우리말인데, 불귀신이 드므의 물에 비친 자신의 모습에 놀라 도망친다는 설이 있다.

인정전 내부를 들여다보면 여타 궁궐과 다른 차이점을 쉽게 발견하게 된다. 서양식 커튼과 샹들리에가 설치되어 있고, 궁궐의 법전 바닥에 전돌을

■ 인정전 좌우로 회랑이 감싸
고 회랑 안에는 네모난 널
찍한 마당이 있는데, 이 마
당이 만조백관이라고 할 때
의 '조朝', 백관들이 모여서
왕에게 조회를 하던 뜰 곧
조정이다.

간 것과는 달리 이곳은 마루가 깔려 있다. 이렇듯 양풍으로 인정전이 단장된 것은 대한제국기인 순종대에 이루어진 것이다. 그런데 인정전 용마루가 백 시멘트를 바른 듯 하얗게 보인다.

인정전은 일제강점기 때 상당한 수난을 당했는데 가장 큰 변화는 인정 전 회랑을 축소시켜 통로가 아닌 조선총독부 정책을 홍보하는 전시장으로 만든 것이다. 또한 조정의 박석들을 모두 걷어내고 잔디를 심었다. 1994년부 터 복원에 들어가 회랑을 밖으로 내고 박석을 다시 깔았다. 물론 현재 보이는 박석은 원래의 것과는 매우 다르다. 원래 조정에 사용된 박석은 주로 강화도 와 황해도 해주에서 공급했던 것이니 과거와 똑같이 복원한다는 것은 무척 어려운 일이었을 것이다.

일반적인 경우 왕은 선정전 정면에 설치되었던 천랑穿廊을 통해 걸어와 인정전 동월랑을 통해 월대를 거쳐 인정전의 동쪽 문을 통해 옥좌에 올라 용 상에 앉았다. 왕이 옥좌에 앉으면 앞 기둥에 말아 올려진 발이 드리워지면서 왕의 얼굴을 가리게 된다. 또한 왕이 있는 곳은 바깥보다 어두워 밖에서는 왕 이 보이지 않지만 왕은 밝은 마당을 내다보게 되면서 군왕의 위엄을 높였다.

인정전은 정면 5칸 측면 4칸의 2층 팔작지붕의 다포식 구조로 면적은 약 461제곱미터이며 화려한 단청이 돋보인다. 공포는 외부 3출목7포작, 내 부 4출목9포작으로 경복궁의 근정전과 유사하지만 전체적으로 실내의 공간 적 깊이감이 약하며 장식적인 면이 오히려 품격을 어지럽게 만든다. 내부의 네 모퉁이 약간 안쪽에 세운 고주는 윗층의 우주隅柱(귀기둥으로도 부르며 평주 平柱의 외곽 기둥열 중에서 네 귀퉁이에 있는 것)가 되며 이는 윗층의 변주邊柱를 퇴보 위에 걸어야 하는 구조적 모험을 피할 수 있는 안전 위주의 구조법이다. 지붕의 합각 부분은 말기적인 구조로 무늬를 만드는 벽돌을 사용하지 않고 널빤지로 막아 다소 급이 퇴보되었다.

외관상 하층의 창호는 4면에 고창을 두고 전후의 중앙칸에만 문이 4짝인 사분합문四分閤門이다. 나머지는 모두 삼분합문이며 2층에는 교살창만 4면에 설치되었다. 현재 하층문을 여닫는 방법으로 모두 밖으로 여는 형식이지만, 이는 일제강점기 때 개수된 것으로 정면 양단부의 협칸은 문 상단부에 삼배목(정첩과 같은 기능을 가짐)을 설치해 아래를 밀어 밖으로 열게 하거나 뗄 수 있었고 나머지 문들은 모두 안쪽으로 열 수 있었다. 처마 끝의 기와골엔 암수막새, 사래엔 토수를 끼웠고 용마루 좌우 끝에 취두, 용마루 양성에 이화장李花章을 장식하고 합각의 내림마루엔 용두, 각각의 추녀마루에는 용두와 9개의 잡상을 배열했다.

중앙칸 뒤쪽으로 왕의 자리인 어좌와 그 뒤에 나무로 만든 곡병曲屛이 쳐져 있다. 왕이 사용하는 것이 아니라 황제용이므로 모두 황토색이다. 그리고 이를 두른 '일월오봉병日月五峰屛'이 보인다. 창덕궁의 일월오봉병은 다른 궁궐과는 달리 조금 높게 설치되어 있어 한 폭의 그림을 감상하는 느낌이 든다. 이또한 인정전 내부를 개조하면서 그 형식을 약간 바꾼 것으로 추정된다.

인정전에 설치된 전기, 커튼, 유리 창문 등은 구한말에 들어온 서양 문화의 영향을 받은 것으로 전기는 1908년에 들어왔다. 한국에서 가장 먼저 전기가 들어온 곳은 경복궁의 건청궁으로 1887년의 일이다. 전기가 들어온 초기에 전기 공급이 원활하지 않아 자꾸 전구가 깜박이고 들어오지 않고 수리비가 많이 들자 제 할 일을 못하는 건달에 빗대어 '건달불' 또는 '도깨비불'이라고 불렀다고 한다.

인정전 서쪽 행랑에는 향실과 내삼청이 있다. 향실은 궁중 제사에 사용하는 향과 축문을 담당하던 곳이다. 향실이 서쪽 행랑에 있는 것은 인정전 서쪽에 제례 공간인 선원전이 있기 때문이다. 내삼청은 금군삼청이라고도 하는데 왕을 호위하고 궁궐을 수비하던 내금위, 겸사복, 우림위 3청을 가리킨다. 이들은 왕을 가까이서 호위하기 때문에 좋은 집안의 자제들 중에서 선발되었다.

상의원

창덕궁 경내이지만 일반인들이 주목하지 않는 곳에 매우 흥미로운 건물이 있다. 왕의 의상실인 상의원尚衣院이다. 돈화문 오른쪽에 볼록하게 남쪽으로 내밀어진 마당에 있는 상의원은 왕의 의복, 왕실의 금은보화와 장식품 등을 공급하던 곳이다. 이곳에서 면복(왕이 제례 때 착용하는 관복), 평천관(왕이 쓰던 위가 편편한 관), 강사포(왕이 조회에 나올 때 입던 붉은색의 예복), 원유관(왕이 조회에 나올 때 강사포를 입고 쓰던 관), 익선관(왕이 평복인 곤룡포 차림으로 정사를 볼 때 사용하던 관) 등을 만들었다. 상의원에서는 침선비針線婢라 하여 충청도, 전라도, 경상도, 강원도의 각 고을에서 선발된 기생 20명이 의복과 폐물을 바느질했다.

내병조

내병조는 두 번째 마당의 남쪽 행랑에 있으나 별도의 영역을 갖추고 있다. 이는 내병조의 독특한 역할 때문이다. 내병조는 병조의 부속관아로 왕을 모시고 호위하는 일과 의식에 사용하는 무기와 도구 등을 관리하는 일을 맡았다.

내병조는 개화改火 행사를 주관했다. 개화란 '불을 새롭게 한다'는 뜻으로 절기에 따라 불씨를 바꾸는 일을 말한다. 내병조에서는 매년 입춘, 입하, 입추, 입동과 토왕일(음양오행에서 말하는 땅의 기운이 왕성한 날로 대체로 입추 전 18일을 말함)에 새로운 불을 만들어 각 궁전과 관청, 대신의 집과 민가에 나누어주고 오래된 불을 끄게 했다. 불을 얻을 때 나무를 문지르는데 이는 인간이 불을 얻는 가장 원천적인 방법이다. 이를 역으로 말한다면 원시시대의 전통이 조선시대까지 이어진 것이다. 새로운 불은 때가 묻지 않은 순수한 것이어야 하므로 고대부터 내려온 원초적인 방법으로 불을 얻었다. 개화 의식은 결국 나쁜 불을 제거해 병이 창궐하는 것을 방지하기 위한 것이다.

그러나 내병조가 잘 알려진 것은 모반, 대역죄, 유교의 기본질서인 삼강오륜을 어긴 죄를 일컫는 강상죄 등 중대한 범죄를 저지른 죄인을 심문하는 장소로 자주 사용되었기 때문이다. 이때 왕이 직접 신문하는 것을 친국親鞫이라 하고 대신들이 신문하는 것을 정국庭鞫이라 했다.

선원전

진선문 북쪽에 있는 '구선원전'도 흥미있는 건물이다. 선원전璿源殿(보물 제817호)은 태조와 현 왕의 4대조의 초상화(어진)를 모셔놓고 초하루와 보름, 기타 생신이나 기일 등 수시로 왕이 직접 또는 신하들이 차례茶禮를 모시는 왕실의 사당으로, 진전眞殿이라고도 불렀다. 선원璿源이란 조선 왕실의 족보를 뜻하는 말로 선璿은 아름다운 옥을 말한다. 종묘가 국가의 대표적 상징으로 제계의 대상이었다면, 선원전은 왕실의 정신적 지주로 궁궐에서 가장 신성한 곳으로 간주되었다.

조선을 강제 병합한 일본은 조선왕조의 높은 뜻이 있는 선원전을 그대로 두지 않고 1927년 창덕궁 후원 서북편에 있던 대보단 자리에 신선원전을 지어 어진을 옮겼다. 그러므로 원래의 선원전은 빈 건물이 되어 구선원전으로 불린다.

정면 9칸 측면 4칸의 이익공 양식의 겹처마 팔작지붕으로 3벌대의 장대석 기단 위에 4각 기둥을 빠짐없이 세우고 내부는 전체를 통칸으로 하여 우물마루를 깔았다. 전내殿內는 11실로 나누어져 있다. 제1실에 태조, 제2실에 세조, 제3실에 원종, 제4실에 숙종, 제5실에 영조, 제6실에 정조, 제7실에 순조, 제8실에 익종, 제9실에 헌종, 제10실에 철종, 제11실에 고종을 각각 봉안했는데 어진은 6·25 전쟁 때 부산으로 옮겼다가 불에 타 모두 없어졌다.

선원전 앞마당에는 향나무를 심어 이를 깎아 향으로 사용했다. 이들 향나무는 현재 사라졌지만 선원전 서쪽에 있는 향나무가 아직까지 남아 있어 천연기념물 제194호로 지정되었다. 현재 선원전의 본채는 원래 있었던 것이지만 전후좌우에 붙어 있는 부속채 4개와 양지당은 모두 최근에 복원된 것이다. 부속채 중 앞면 좌우 2채는 제사 의례에 사용하는 제사상을 차리던 진설청과 내찰당이다. 동쪽에 있는 양지당은 왕이 제사 전날 머무르던 어재실이며 선원전 뒤편에 있는 의풍각은 제사용 그릇과 도구 등을 보관하는 창고다.

선정전

선정전宣政殿(보물 제814호)은 외전外殿에 속하는 편전便殿으로 '정치를 널리 펼친다'는 뜻을 갖고 있는 정면 3칸 측면 3칸의 단층 팔작지붕 다포집이다. 편전이란 왕이 신하들과 국가의 정치를 논하던 공식 집무실을 뜻하므로 주요 행사나 국가 의식을 치르는 공간인 인정전보다 이곳에서 많이 머물렀다. 따라서 건물의 구성에서도 공식적인 치장이 가미되며 위치로는 정전의 후방에 배치되나 창덕궁에서는 인정전의 동쪽에 정전보다 뒤로 물러나 앉았다. 규범을 지키되 주변 환경에 적합하도록 적응시킨 것이다.

현존 건물은 1단의 낮은 장대석 기단을 이중으로 설치한 뒤 원형의 초석과 기둥을 세웠다. 12개의 평주와 2개의 고주가 있는데 고주는 앞에만 세워 툇간을 정면에 두었다. 4면에 토벽 없이 사분합의 광창과 문비로 되어 있다. 공포는 내부 3출목 외부 2출목으로 외부는 제공이 중첩되고 내부는 3출목 부분에서 나온 초각물이 천장을 받는 형태다. 단청은 온화한 색조의 반초머리의 모루단청이며 처마는 겹처마다. 각 마루에는 양성하지 않고 취두와 용두가 놓였으며 사래에 토수가 있다.

벽체에는 4면에 세살 분합문을 설치하고 바닥은 우물마루로 구성하고 별도의 칸막이 없이 통칸으로 했다. 정면의 분합문 가운데 중앙칸은 순수한 사분합문이고 좌우 협칸은 각각 중앙에 2짝 분합문과 양옆으로 머름 위에 2짝

■ 선정전은 '정치를 널리
  펼친다'는 뜻을 갖고 있
  는 편전으로 정면 3칸
  측면 3칸의 단층 팔작지
  붕 다포집이다.

분합광창을 낸 특이한 구조다.

내부에는 중앙 안쪽으로 어좌가 놓이며 일월오봉병을 둘렀다. 어좌 위로 봉황이나 여의주를 물고 있는 용이 화려하게 조각된 보개천장을 설치해 왕이 머무는 공간을 돋보이도록 했다. 선정전 앞에는 월대를 두었고, 월대 모서리에는 드므를 설치했다. 순조 이후에는 희정당이 주로 편전으로 쓰였다.

선정전 앞에 돌출되어 있는 전면복도는 순조 이후 선정전이 혼전魂殿(왕이나 왕비의 국장國葬 뒤 3년 동안 신위神位를 모시던 전각)으로 사용된 것과 관련이 있다. 선정전은 정조 이전에 한 번도 혼전으로 사용된 적이 없지만 순조 즉위와 함께 정조의 혼전으로 사용된 후 순조, 헌종, 철종 등 역대 왕의 혼전으로 사용되었다. 왕이 사망하면 궁궐에 있는 건물을 골라 시신을 안치하는 빈전을 설치한다. 빈전에 시신을 모시는 기간은 대체로 약 5개월인데 이 동안 왕릉을 조성한다. 시신이 왕릉에 안치되면 다시 적당한 건물을 골라 신주를 모시는데 이 용도의 건물이 혼전이다.

혼전은 대체로 26개월 정도 유지되는데 이를 위해 혼전 밖으로 제물을 준비하는 진설청이 설치된다. 진설청을 설치하기 위해 정자각으로 불리는 행랑을 혼전의 직각 방향으로 세운다. 선정전도 혼전으로 활용하기 위해 전면에 정자각을 세웠는데 순조 이후 선정전을 빈번하게 혼전으로 사용했기 때문에 편전의 기능을 잃고 침전 권역에 있는 희정당이 편전의 기능을 대신하게 되었다. 그러므로 『궁궐지』에서는 선정전을 '옛 편전'이라고도 적었다.

희정당

순조는 '희정당명熙政堂名'으로 희정당熙政堂(보물 제815호)의 뜻을 "군주가 밝고 강하면 정사가 잘 다스려지고 덕이 닦이리니, 정사가 잘 다스려지고 덕이 닦이면 당명堂名을 생각하리라"고 말했다. 반면에 대제학 채유후는『대학大學』과『서경書經』에서 희熙가 '밝고 넓다'는 의미를 갖고 있으므로 "정사를 밝혀 백성을 접하니 백성이 충정을 다하고, 정사를 넓혀 백성을 구제하니 백성이 혜택을 입지 않은 이가 없다는 의미에서 희정熙政이라 이름했다"라고 상량문에 적었다.

희정당은 선정전과 함께 왕의 집무 공간이다. 선정전이 공식적인 업무 공간이라면 희정당은 다소 사적인 업무 공간이다. 그러므로『궁궐지』에서는 희정당을 '편전으로 일 보던 곳'이라고 설명했고,『신증동국여지승람』에서는 '여러 신하들을 한가로이 접견하는 곳'이라고 밝혔다. 궁궐에서 최고의 위계를 표시하는 곳이 '전'이므로 전보다 위계가 낮은 '당'이라는 이름이 붙은 자체가 편안한 공간이라는 것을 알려준다. 이 건물은 원래 숭문당崇文堂으로 불렸으나, 1496년(연산군 2) 불에 탄 건물을 복원하면서 희정당熙政堂이라 칭했다.

원래 희정당은 여러 개의 돌기둥 위에 지어진 건물로, 주변에는 연못이 있는 무척 우아하고 낭만적인 공간이었는데 내부에 전등이 설치되고 카펫과 서양식 가구가 놓이는 등 서양식으로 변형되어 원래와는 전혀 다른 건물이 되었다.

현존 건물은 5단의 장대석 기단 위에 방형의 초석과 기둥을 세웠으며 전

■ 선정전이 공식적인 업무 공간이라면 희정당은 다소 사적인 업무 공간이다. 다시 말해 '여러 신하들을 한가로이 접견하는 곳'이다.

후면 중앙에 넓은 계단을 두었다. 정면 11칸 측면 5칸의 단층 팔작지붕 익공집으로 외전에 속하는 인정전과 선정전의 동편에 놓여 있으며 북쪽으로 대조전이 있다. 희정당 앞뒤로 회랑이 연결되어 전면은 궁전 입구를 통해 들어오고 후면은 대조전의 행각과 연결되어 선평문宣平門을 통해 대조전으로 들어간다.

정면 9칸 측면 3칸은 거실로 쓰고 주위는 툇간으로 하여 통로로 이용했다. 이 중 가운데 정면 3칸 측면 3칸을 통칸으로 하여 응접실로 쓰고 그 서쪽은 회의실로, 동쪽은 여러 칸으로 막아 창고로 사용했다. 고주 상부는 8각형 주두를 놓고 그 위에 4각의 주두를 두어 대량을 받았으며 대량 상부는 우물 천장으로 마무리했다. 각 마루는 모두 양성하고 용두와 잡상을 놓았다. 희정당 응접실 벽에는 1920년 가을 순종의 명을 받아 해강 김규진이 그린 〈총석정절경도叢石亭絶景圖〉와 〈금강산만물초승경도金剛山萬物肖勝景圖〉가 동편과 서편에 각각 그려져 있다. 원래 내전에 속하는 건물이었으나 순조 때부터 왕이 이곳에서 정사를 보기 시작해 조선 후기 왕이 대대로 집무를 하는 통에 편전으로 바뀐 것이다.

대청 좌우로 방이 있는데 왕의 침소다. 방은 앞퇴와 뒤편 골방과 개흘레(집의 벽 바깥으로 조그맣게 달아 낸 칸살)로 감싸여 있고 여기에 상궁과 나인이 지키면서 긴급 사태에 대비했다. 침소 안에 큰 세간이 없는 것이 특이한데 이는 자객이 스며들 가능성을 원천적으로 봉쇄하기 위해서다. 왕의 의대나 침구도 방 안에 두는 것이 아니므로 장이나 농이 꼭 필요한 것도 아니다. 이는 왕비전이나 왕이 거동하는 비빈의 처소도 마찬가지다.

대조전

궁궐의 내전에서 가장 중심이 되는 곳이 중궁전中宮殿, 즉 왕비의 정당正堂인데 창덕궁에서는 대조전大造殿(보물 제816호)이 여기에 해당된다. '대조'란 큰 공功 또는 위대한 창조란 뜻이지만 실제로는 지혜롭고 현명한 왕자의 생산을 의미한다. 그러므로 대조전은 왕과 왕비의 침실이자 왕자와 공주의 탄생지였고, 어린 왕자와 공주를 교육하던 곳이라고도 볼 수 있다.

중궁이란 의미가 표현하는 것처럼 왕실의 대代를 이루는 곳이므로 구중궁궐九重宮闕이란 표현 그대로 접근하기 어려운 장소다. 원래 9는 크거나 많거나 높다는 의미를 갖는다. 그리하여 구천은 넓은 하늘, 99칸 집은 대궐같이 큰 집을 뜻한다. 구중궁궐은 9겹으로 둘러싸인 깊고 은밀한 곳을 뜻하는데 바로 대조전이 그런 곳이다. 대조전은 인조 때 재건될 당시 45칸 규모의 건물인 단층 팔작지붕 익공집이었으나 현재는 정면 9칸 측면 4칸의 36칸으로 축소되었다.

내외벽을 지나면 동편에 큰 건물인 경훈각이 있고, 북쪽엔 산기슭을 화강석으로 쌓아 정리한 '화계'가 있다. 그 화계에 벽돌로 쌓은 굴뚝이 있는데 이는 경훈각 댓돌의 아궁이와 연결되어 있다. 굴뚝이 건물에서 뚝 떨어져 있는 데다 매우 작으므로 그 구조와 연료가 학자들의 관심을 끌었는데 『명종실록』에서 그 해답을 찾았다.

명종이 예정보다 일찍 침전에 들자 대전 내시가 급히 서둘다 내화벽돌 덮는 일을 잊어버려 과열되어 침전이 불탄 화재사건이 있었다. 왕의 침전 구들은 중앙에 화로를 넣을 개자리를 파고 그곳에서 사방으로 방사선형 고래를 켠다. 청동화로에 백탄을 담아 중앙 개자리에 넣으면 그 불기가 고래를 타고 방바닥 전체에 퍼져 따뜻하게 되는데 화로 바로 위에 내화전돌을 얹고 구들장을 덮은 뒤에 장판을 원래대로 간다. 그리고 다리 달린 앉은뱅이 침상을 놓아 자리를 깔고 왕이 그 위에서 잠을 잔다. 그런데 대전 내시가 내화전돌을 덮지 않는 바람에 과열로 화재가 발생한 것이다.

화구가 작은 것은 공기의 주입구로만 사용되기 때문이며 굴뚝이 건물

■ 대조전은 왕과 왕비의 침실이자 왕자와 공주의 탄생지였고, 어린 왕자와 공주를 교육하던 곳이었다.

에서 멀리 떨어지도록 배치한 것은 숯의 배기가스만 배출하는 기능을 하기 때문이다. 궁궐의 굴뚝과 아궁이가 매우 기능적으로 되어 있다는 것을 보여 준다.

1917년에도 나인의 갱의실에서 불이 나 대조전, 희정당, 경훈각 등이 모두 불타면서 내전에 소장된 서적과 귀중품들도 소실되었다. 화재 이후 1920년 경복궁의 교태전을 옮겨서 재건했는데 정면 9칸 측면 4칸의 이익공 겹처마 팔작지붕이며, 지붕 위의 용마루가 없는 무량각無樑閣 건물이다. 무량각의 특징은 용마루에 해당하는 부분을 곡와曲瓦라 하는 특별히 제작한 구운 기와로 잇고 합각마루와 추녀마루는 양성바르기를 하며 합각벽의 상부는 합각마루와 함께 둥글게 처리하고 지붕 속의 용마루 도리를 2줄로 평행하게 구성하는 것이다. 이와 같은 무량각을 구성하는 이유는 음양설에 의해 궁궐을 조성해 자연의 섭리에 순응하여 재앙을 막고 안녕을 누리려는 의도다. 경복궁의 강녕전·교태전, 창경궁의 통명전과 같이 용마루가 없는 전각들은 대부분 왕 또는 왕비의 침전으로 쓰였다는 공통점이 있다.

대조전은 정면 7칸과 측면 2칸의 부분을 주요 용도로 사용하고 나머지는 복도와 부속실로 구성했다. 중앙에 6칸의 대청을 두었고 좌우 4칸의 온돌방이 왕과 왕비의 침실이 된다. 대청은 서양식 쪽널마루를 깔고 중국풍의 의자를 갖추어 응접실로 꾸미고 왕비의 침실에는 침대가 놓인다. 대청 동쪽 벽에는 '봉황도' 서쪽 벽에는 '군학도'로 장식했다. 이들 그림은 폭 5.3미터, 높이 1.8미터인데 당시 청년 화가인 김은호, 오일도 등이 덕수궁에서 그렸다.

중앙의 3칸은 툇마루로 되어 있는데 그 앞에는 넓은 월대가 있다. 월대는 왕비를 위한 연희 등이 치러진 곳이다. 알려지기는 고종과 명성황후가 이동백, 송만갑 같은 당대의 명창을 불러다 월대 위에서 노래를 시켰다고 한다.

월대를 지나 툇마루의 문을 열고 들어가면 넓은 대청마루가 있고 그 마루 좌우로 9칸짜리 온돌방이 있다. 그 가운데 동쪽 온돌방이 주로 왕과 왕비가 동침하는 방이다. 현재는 많이 변했지만 그 방은 내부가 다시 우물 정井자로 칸막이가 되어 9개의 작은 방으로 나뉘는데 왕과 왕비는 가장 중앙 방을 쓰고 그 주위의 8개 방에는 궁녀들이 2명씩 들어가 시중을 들었다.

대조전의 우측에 있는 'ㄱ'자형 홍복헌興福軒은 조선왕조에서 가장 큰 비극적 역사가 담겨 있는 장소다. 이곳에서 1910년 마지막 어전회의가 열리고 '한일합병', 즉 경술국치가 결정되어 519년이란 긴 역사를 자랑했던 조선왕조는 막을 내리기 때문이다. 홍복헌 옆으로 왕의 이용실이 자리하고 있다. 이 서양식 이용실을 통해 조선 말기에 외래 문물이 유입되어 서양식으로 변해 가는 왕실 생활을 엿볼 수 있다.

대조전 정문인 선평문 서쪽에 수라간이 있다. 왕과 왕비의 식사를 '수라'라고 부르므로 수라간이란 부엌을 의미한다. 수라간은 왕, 왕비, 대왕대비, 세자가 머무는 건물마다 있었다. 고종은 서양요리를 자주 먹었으며 특히 커피를 좋아했다고 한다.

대조전 뒤쪽으로 경사진 언덕에 계단식으로 장대석을 쌓아 화단을 조성한 다음 굴뚝을 세우고 화초를 심었다. 조선시대에 집 뒤쪽 산에 울타리를 둘러 정원을 만든 것은 빗물에 산자락이 무너지거나 쓸려 내려가지 않도록 하기 위함이다.

경훈각

대조전 서북쪽에 단층 건물 경훈각景薰閣이 있다. 〈동궐도〉에 청기와로 그려져 있어 상당히 격이 높은 건물이다. 본래 경훈각은 정면 5칸 측면 4칸의 2층 건물인데 현재는 정면 9칸 측면 4칸의 단층 건물로 초익공계의 무익공 양식으로 겹처마 팔작지붕이다. 원래 정면은 각 5칸으로 상층에 난간을 갖추고 있어 조선 왕궁으로는 덕수궁의 석어당과 비교되는 2층 건물로 추정된다. 2층 징광루澄光樓에 오르면 주변의 다른 건물보다 높고 앞쪽으로 막혀 있는 것이 없어 그 풍경이 일품이었다고 한다.

　　건물 정면 동쪽에서 두 번째 칸이 대조전 서쪽 뒷면과 4칸의 복도로 연결되어 있다. 건물의 앞뒷면 툇간은 복도와 부속실로 이용되고 정면 9칸에 측면 2칸을 동서로 3칸씩 나누어 중앙 칸이 대청이다. 나머지 동 온돌방과 서 온돌방으로 되어 있으며 불아궁이는 동서 옆면에 각각 2개소씩 설치되어 있다. 기단은 4면을 3단의 장대석으로 높이 95센티미터 정도로 축조하고 앞뒷면의 중앙 칸에만 계단을 설치했다. 건물 전체로 각기둥을 사용했고 4면으로 세살 분합문 위에 고창을 설치했다. 경훈각의 온돌 아궁이는 함실아궁이로 궐내 아궁이는 부뚜막이 없다.

　　온돌이 있어 따뜻해 왕의 사랑을 받았던 경훈각에는 특이한 구조가 있다. 뒷면의 서쪽 4칸의 처마 밑으로 기단 위에 구축된 뒷간이다. 프랑스의 루브르나 베르사유 궁전에는 화장실이 없었다는 것은 잘 알려진 사실이다. 그래서 궁에 들어오는 사람들은 사전에 볼일을 미리 보도록 되어 있었다. 방법은 유치하지만 아주 간단하다. 정원에 늘어서 있는 수없이 많은 조각은 소변을 보는 데 적합한 장소로 이용되었다.

　　유럽에서는 대체로 17세기까지 궁궐에 독립 건물이나 혹은 건물의 일부 시설물로 화장실을 설치하지 않았다. 당시 일반 가정에도 화장실이 없었기 때문에 집집마다 병에 오물을 모아 아침이 되면 창밖 도로 위에 쏟았다. 이를 맞지 않기 위한 휴대품이 파라솔이고 길바닥의 대변들을 효과적으로 피하기

■ 경훈각은 대조전 서북쪽에 있는 단층 건물로 초익공계의 무익공 양식으로 겹처마 팔작지붕이다.

위해 개발된 신발이 하이힐이라는 말이 있을 정도다.

　일반적으로 잘 알려진 이야기는 한국 궁궐에도 화장실이 거의 없었다는 것이다. 〈동궐도〉에 의하면 창덕궁과 창경궁을 합쳐 화장실이 6개밖에 보이지 않는다. 인간이 사는 곳에 화장실이 없다는 것은 상식적으로 이해가 되지 않는 것인데 이것은 왕과 왕비를 비롯한 왕실의 고위 신분들은 뒷간에 가지 않았기 때문으로 추정된다. 그렇다면 이들은 어떻게 용변을 처리했을까 의문이 가겠지만 이들은 소위 이동식 변기를 사용했다.

궁중 용어로 대변을 '매우'라고 한다. 한자로는 '매화梅花'라 쓰고 '매우'라고 발음했다. 그러므로 왕의 이동식 변기를 '매우틀'이라고 했다. 매우틀은 세 쪽은 막히고 한 쪽은 터져 있는 'ㄷ'자 모양의 나무로 된 의자식 좌변기다. 앉는 부분은 빨간색 천으로 덮었고 그 틀 아래에 구리로 된 그릇을 두어 이곳에 대소변을 받게 되어 있었다.

매우틀을 담당하는 복이내인僕伊內人이 미리 매우틀 속에 매추梅芻라는 여물을 잘게 썬 것을 뿌려서 가져오면 그 위에 용변을 본다. 왕이 용변을 다 보면 내인이 그 위에 다시 매추를 뿌리고 덮어서 가져간다. 필요한 경우에는 내의원內醫院으로 가져가 검사도 하여 왕의 건강을 살피기도 했다.

왕이나 왕비 등은 이동식 화장실을 사용했다고 하지만 나머지 신하들이나 궁에 소속된 사람들은 어떻게 했을까? 당연한 이야기이지만 이들 모두 이동식 화장실을 들고 다니지는 않았다. 그러므로 뒷간을 사용했는데 뒷간은 대개 1칸 크기였으나 큰 것은 7칸에 달한다. 물론 이 뒷간들은 왕과 왕비가 기거하는 내전이나 왕이 공식적으로 신하들을 만나는 외전, 왕실 가족이 기거하는 주거 공간 등 궁궐의 중심부에는 설치하지 않았다.

함원전

대조전 뒤쪽에 동쪽으로 접속된 건물을 함원전含元殿이라고 하는데 경복궁의 교태전에 접속되었던 건순각建順閣과 같은 모습이지만 건물의 칸수와 기둥 간격은 약간 변형되었다. 대조전을 중건하면서 경복궁과는 다르게 만들어졌기 때문이다.

본래 함원전 대신에 동쪽으로 별도의 건물인 집상전이 있었는데 순조 때 화재로 소실된 후 중건하지 않았다가 1920년에 집상전 대신 함원전을 세운 것이다. 함원전은 2칸 폭으로 6칸이 북쪽으로 뻗어나가고 그 북쪽 칸에서 동쪽으로 2칸 폭에 2칸 길이로 한 단 높게 누마루를 꾸미고 누마루의 3면에 쪽마루와 아자난간을 둘렀다. 건물의 양식은 운공을 사용한 이익공 형식의 물익공 구조로 대조전의 이익공 양식과는 차이가 있다. 3벌대의 장대석 기단을 두르고 누마루 부분만 1벌대의 낮은 장대석 기단 위에 돌기둥을 세우고 그 위로 누마루를 구성했다. 건물의 계단은 동쪽과 서쪽에 각각 1개씩 앞뒤의 툇마루로 올라서도록 했으며 평면 구성상의 정면부는 동쪽면이 되어 동북쪽의 화계와 가정당 뜰로 통하는 천장문天章門이 보이도록 했다.

성정각

궁궐의 동쪽은 예부터 왕세자의 공간이다. 성정각誠正閣은 궁궐 내에서도 매우 격이 높은 건물인데 이는 세자의 모든 생활이 집약되어 있기 때문이다. 과거에는 유아 사망률이 높았으므로 4세 정도가 되면 세자가 될 수 있었지만 일반적으로 7~8세 때 후계자 책봉식을 거친다. 이후 성균관에 입학하여 하루 세 차례 유교 경전을 공부하며 혼인도 매우 빨라 보통 12세에 세자빈을 맞는 가례를 치른다. 이후 왕을 대신하는 대리청정과 군사 훈련, 농경 실습 등 후계자 수업을 받았다. 농경 실습은 직접 쟁기로 밭을 갈고 낫을 들고 추수도 했다. 왕세자의 수업은 하루 종일 계속되는데 수업 외에도 복습하고 확인하는 시험이 종종 치러졌으므로 남다른 스트레스에 시달렸다. 물론 이것은 왕세자에 한했고 왕세자가 아닌 왕자와 공주들은 관심 밖에서 조용히 살았다.

세자는 왕의 후계자로 마치 떠오르기 전의 태양과 같은 존재이므로 궁궐 동쪽에 거처하도록 했으므로 '동궁'이라 했다. 창덕궁에는 선정전과 희정당 등 왕의 영역 동쪽에 성정각, 중희당 등 세자와 관계되는 건물이 차례로 있었다. 성정각은 희정당 동남쪽에 있는데 세자가 학문을 익히던 곳이다. 성정誠正이라는 명칭은 공자의 유교 경전인 『대학大學』에 나오는 성의誠意와 정심正心이라는 말에서 따왔으며 학문을 대하는 정성과 올바른 마음가짐을 뜻한다. 성정각이라는 현판의 글씨는 정조正祖의 어필이라고 전해진다.

성정각의 대문은 솟을 대문이며 영현문迎賢門이라고 부른다. 정문으로 들어서면 건물의 오른쪽에 정면 6칸에 측면 2칸의 누마루가 있는데 남쪽에는 보춘정報春亭(봄을 알리는 정자), 동쪽으로는 희우루喜雨樓라고 현판을 달았다. 누마루 아랫부분은 개방되어 있는데 누마루 서쪽에 반 칸의 마루방이 있고 그 옆 2칸이 방, 다음이 대청, 다음 앞뒤로 방 2칸이 있고 누마루로 오르는 계단은 반 칸 마루방 앞퇴에 설치되어 있다. 누마루에는 3면에 툇마루와 난간을 설치하고 세살 분합문으로 벽을 구성했다. 북쪽으로는 누마루의 한 칸 옆에서 북쪽으로 판장이 설치되어 마당이 세분되는 것을 볼 때 이 건물에 출입하는 사람의 신분과 직책에 따라 통로를 구분한 것으로 추정된다. 특히 이곳의 판장들은 필요에 따라 이동시킬 수 있는 조립식 판장으로 되어 있다.

희우루라는 이름이 재미있다. '희우'는 '오랜 가뭄 끝에 오는 반가운 비'라는 뜻으로, 1777년(정조 1)에 누를 고쳐 짓기 시작했는데 당시 가뭄이 계

■ 성정각의 정문으로 들어서면 건물의 오른쪽에 정면 6칸 측면 2칸의 누마루가 있는데 남쪽에는 보춘정, 동쪽으로는 희우루가 있다.

속되다가 누가 완성되어 정조가 이곳을 방문했을 때 비가 억수와 같이 쏟아지자 희우루로 명명했다는 것이다. 한때는 이곳을 내의원으로 사용하기도 했는데 우측에 있는 맞배지붕의 4칸짜리 전각에는 내의원이었음을 알리는 보호성궁保護聖躬, 조화어약調和御藥이라는 현판이 걸려 있다. 이 행각 앞에 약제를 빻았을 것으로 보이는 돌절구가 남아 있다.

성정각 뒤로 '전왕의 덕업을 계승하여 밝힌다'라는 뜻의 '집희緝熙'라는 현판이 붙은 건물이 있다. 이곳을 '관물헌觀物軒'이라고 불렀는데 세자와 왕이 공부하는 장소다. 정조는 이 건물에서 초계문신들에게 경서를 외우는 시험을 보게 했고 순조는 왕세자의 공부 장소로 이곳을 정했다. 초계문신이란 정조가 규장각에 마련한 제도로, 문과에 합격한 37세 이하의 젊은 문신 중에서 선발해 재교육한 후 친위세력으로 키웠다. 정약용도 이들 중 한 명이다. 또한 이 건물은 1884년(고종 21)에 개화파에 의해 갑신정변이 벌어졌던 곳이기도 하다.

승화루

성정각과 낙선재 사이 후원으로 넘어가는 넓은 길에는 원래 높은 월대 위에 세자궁(동궁)인 중희당이 있었다. 중희당은 세자의 생활공간으로 1782년(정조 6) 문효세자를 위해 세운 건물이다. 세자의 공간이지만 정조는 자신의 편전으로도 종종 사용했다고 한다.

이곳 마당에 해시계, 측우기, 풍기대, 소간의 등 많은 과학기기가 설치되었는데 중희당은 1891년(고종 28)에 없어졌지만 중희당 오른편에 있었던 칠분서七分序, 육각형 지붕을 가진 삼삼와三三窩, 貳口窩와 2층 건물인 소주합루가 연결된 건물이 남아 있다. 여기서 소주합루는 말 그대로 '작은 주합루'로 후원에 있는 주합루와 같은 성격을 갖고 있다. 주합루의 규장각은 왕실 도서관 역할을 했는데 소주합루도 이와 같은 용도의 건물이다. 소주합루는 '승화루承華樓'라고도 하며 현재 걸려 있는 현판의 글도 '승화루'다.

정면 3칸에 측면 1칸의 이익공 겹처마 팔작지붕의 중층 누각으로 상층에는 4면에 세살 분합문을 달았고 동쪽에 누로 오르는 계단이 설치되었다. 4면에 퇴를 두고 난간을 설치했는데 난간의 형식이 창덕궁의 부용정과 수원 화성의 방화수류정에서 보이는 문양과 유사하다. 건물의 아래층은 현재 모두 개방되어 있으나 〈동궐도〉에 의하면 방으로 꾸며져 있었다. 특히 돌기둥 아랫 부분에 인방을 끼울 수 있는 홈이 남아 있는 것으로 보아 후대에 철거된 것으로 보인다.

삼삼와는 육각형 기둥을 사용한 초익공 겹처마로 지붕의 정상부에는 나지막한 절병통을 설치했다. 건물의 이름을 독특하게 삼삼와로 부르는 이유는 알려지지 않았으나, 부용정 남쪽에 있던 개유와皆有窩가 중국의 서적을 보관하던 건물로 그 의미가 '모든 것이 있는 움집'이란 점을 볼 때 '6모 움집'이란 뜻의 삼삼와는 귀한 서적을 보관했을 것으로 추정된다. 육각정인 삼삼와는 1단의 장대석 기단 위에 기둥 하부로 3단의 장대석을 쌓고 그 위에 초석과 고막이를 돌려 놓고 그 위의 아래층 벽에는 전돌로 귀갑문 장식을 했다. 칠분서는 육각정인 삼삼와에서 북쪽으로 1칸 폭의 6칸 건물로 초익공 구조에 분합문을 설치하고 난간을 두른 복도각인데 현재는 사라진 중희당과 삼삼와를 연결하던 건물로 정조 연간에 건립된 것이다.

낙선재

궁궐 동쪽 끝에 낙선재樂善齋(보물 제1764호)라는 소박한 건물이 있는데 낙선재는 헌종이 후궁을 위해 마련한 공간, 즉 사적인 공간이라 볼 수 있다.

낙선재는 기본적으로 3개의 건물로 구성되어 있다. 낙선재 자체는 헌종이 자신의 연침燕寢(왕이 평상시에 한가롭게 거처하던 궁궐)으로, 동쪽에 있는 석복헌은 헌종의 후궁 경빈 김씨의 처소로, 또 그 동쪽에 있는 수강재는 대왕대비인 순원왕후의 처소로 마련한 공간이다.

이들 세 건물과 건물 뒤쪽에 조성한 후원까지 모두 낙선재 일원인데 원래 이곳에는 기정旗亭이라는 건물이 있었던 곳이다. 헌종 때 치맛바람을 날렸던 경국의 미색으로 반달이라는 궁기宮妓가 이곳에 거처했다. 기정은 주점을 뜻하므로 궁중 속의 비밀 요정인 셈이다. 궁중 안에 비밀 요정이 있다는 말을 듣고 유생들이 벌떼처럼 일어나 상소를 올렸는데 그 내용이 매우 과격하다. 용천 기생인 초월이 올린 상소문에 의하면 왕이 구미호와 다를 것 없는 평양 기생에게 빠져 백성이 도탄에 빠졌다고 적었을 정도다.

결국 헌종은 기정을 헐고 낙선재를 건설했다. 여하튼 낙선재는 헌종이 경빈 김씨를 옆에 두고 편안하게 책을 읽고 서화를 감상하며 한가롭게 머물 수 있는 개인적인 장소로 낙선재란 '착한 일을 즐거워하는 집'이라는 뜻이다. 낙선재는 궁궐에 있는 건물이지만 사치스러움을 경계하여 단청을 하지 않았고 대신 창살과 벽을 아름다운 문양으로 장식했으며 둘레로 행랑을 두어 서화를 보관할 수 있게 했다. 낙선재 현판은 청나라 금석학자 섭지선葉志詵의 글씨이고 후원에 있는 정자 평원루의 현판은 옹수곤翁樹崑의 글씨다. 이들은 모두 추사 김정희와 친교가 있었던 청나라 대가들이다.

낙선재의 정문은 장락문長樂門으로 장락이란 '오래도록 즐거움이 있다'는 뜻이다. 장락문 앞에 서서 낙선재 영역을 들여다보면 낙선재 누마루와 행랑 그리고 뒤편의 상량정까지 한눈에 펼쳐진다. 겹겹이 층을 이룬 구도가 잘 짜인 한 폭의 그림이 액자에 담겨 있는 듯하다. 한편 장락은 신선이 살던 월 궁月宮을 뜻하므로 이는 곧 선계에 들어섬을 의미한다. 장락문 현판은 흥선대 원군이 썼으며 '대원군장大院君章'의 낙관이 찍혀 있다.

영조의 검소한 생활을 칭송하며 사치를 경계했던 헌종은 낙선재를 사 대부들의 주택 사랑채를 닮은 팔작지붕에 초익공 양식의 소박한 건물로 지 었다. 정면 6칸 중 우측 1칸이 앞으로 돌출되어 누마루가 되었고 몸체는 장대 석 기단 위에 방형 초석과 기둥을 얹은 일반적인 주택풍이다. 누마루 뒤에 방 1칸이 있고 동쪽 2칸이 대청, 다음 2칸이 방이다. 전면에 툇마루를 두었으며 방 동쪽에는 다시 다락방이 있고 그 밑이 부엌이 되고 다락 뒤쪽에 방이 있고 연접해 익채가 있어 석복헌과 연결된다. 석복헌과 경계를 이루는 낙선재 동 쪽 담에 새긴 거북등 무늬는 장수를 기원한다. 환기뿐만 아니라 온도와 습도 를 조절하는 창호 역시 꽃이나 만卍 자 무늬를 드리워 시각적 아름다움을 보 인다.

아래 온돌의 아궁이가 있는 주변은 현대적인 느낌을 주는 불규칙한 선 의 빙렬 무늬 모자이크 장식이 독특한데 이는 아궁이 때문에 항상 불이 날 염 려가 있으므로 얼음을 상징하는 빙렬 문양을 아궁이 가까이에 설치한 것이 다. 이러한 장식이 갖는 상징성은 한국 건축에서 많이 사용되는 전통적인 것 으로 궁궐 건축의 요소요소에서 발견된다.

온돌이 있으므로 낙선재 뒤편은 큰 석재로 쌓아 만든 아기자기한 화계花階 가 있고 괴석을 비롯해 석분石盆, 연지蓮池 등이 아름답게 조성되어 있어 매우 뛰어난 조원造園을 자랑한다. 모두 17.5칸 반의 소규모이지만 다양한 건축물이 있고 보존 상태가 좋아 왕조의 궁궐로 중요한 가치를 갖고 있다.

석복헌錫福軒(복을 내리는 집)과 수강재壽康齋(장수와 강녕)는 낙선재의 동편에 붙어 있는 안사랑에 해당하는 전각이다. 석복헌의 '복'은 왕세자를 얻는 것을 의미한다. 정면 6칸에 측면 2칸의 안사랑에 해당되는데 건설 당시부터 왕세자를 생산하기 위해 경빈 김씨에게 석복헌을 지어준다는 글이 상량문에 적혀 있다. 건물 전체는 'ㅁ' 자형의 구조로 되어 실제로는 정면 4칸으로 보인다. 3단 장대석 기단에 2개의 계단을 설치하고 사다리꼴 초석 위에 방주를 세웠다. 전면 주간에는 가늘고 긴 장지문(운두가 높고 문지방이 낮은 미닫이와 비슷한 문)을 달았는데 중앙의 1칸은 머름을 하여 낮고 문살 모양도 다르다. 건물 주위로 행각을 둘렀으며 밖으로 난 외행각은 수강재에 이어진다.

수강재는 '건강하고 오래 살다'라는 의미를 갖고 있으며 정면 6칸에 측면 2칸 5량 가구의 홑처마 단층지붕이다. 전면 동쪽 칸에서 동행각 4칸에 대문간이 있고 동행강 남쪽에서 남행각 7칸이 연속된다. 건물의 양식은 각기둥에 굴도리를 사용한 소로수장 건물로 낙선재에 비해 간결하다. 왕궁에서 공경해야 할 웃어른이 머물렀던 공간이므로 이 집은 옆의 두 건물들과는 달리 단청의 흔적을 찾아볼 수 있다. 수강재를 동쪽에 배치한 것은 중국 고사에서 비롯된 것이다. 한나라의 궁궐인 미앙궁未央宮 동쪽에 황제의 어머니인 태후가 생활하던 장락궁이 있었다. 이 때문에 태후의 거처인 장락궁을 '동조'라는 별칭으로 불렀고 태후를 '동조'라 했다. 이 고사에 따라 조선에서도 왕대비나 대왕대비를 '동조'라 했고 이들의 거처 또한 '동조'라 했다.

■ 낙선재는 헌종이 후궁을 위해 마련한 사적인 공간이다. 낙선재에는 헌종의 후궁인 경빈 김씨의
처소인 석복헌과 대왕대비인 순원왕후의 처소인 수강재가 있다.

헌종은 세자를 얻기 위해 이토록 최선을 다했지만 경빈 김씨를 맞은 후 2년도 채 못 살고 세상을 하직했으므로 결국 세자를 얻지 못했다.

낙선재, 석복헌, 수강재 뒤에 있는 작은 동산은 후원으로 꾸며져 있는데 이들은 각각의 영역을 나누는 담장으로 구분되어 있고 후원마다 정자를 하나씩 세웠다. 낙선재 후원에 있는 육각형 정자에는 '상량정上凉亭'이란 현판이 걸려 있으나 원래 이름은 '먼 나라와 사이좋게 지낸다'라는 의미를 갖고 있는 '평원루平遠樓'다. 당시는 세계에 문호를 개방하던 시기이므로 서양의 여러 나라와 돈독한 관계를 유지하겠다는 의도로 추정된다.

1단의 장대석 기단 위에 안쪽으로 다시 1단을 돌려 쌓고 그 위에 육각형의 돌기둥으로 하층을 세운 뒤 그 위에 계자난간의 툇마루를 구성했고 난간의 궁판을 투각해 치장했다. 위층의 벽에는 육각형의 기둥 사이로 사분합문의 창살 구성이 독특하고 공포는 일출목 다포 양식이다. 승화루 후원과 연결되고 그 사이에 벽돌담이 있어 서로를 구분 짓고 있다.

낙선재 후원과 승화루 후원을 연결하는 문은 그 모양이 특이하다. 미닫이 형식으로 둥근 달 같다고 해서 '만월문滿月門'이라 불리는데 벽돌로 쌓아 다분히 중국풍이다. 바깥쪽 문 좌우 담 벽에는 수복壽福 등의 길상 무늬와 꽃무늬가 가득하다. 궁궐의 협문으로는 유일하게 원형으로 만든 문인데 이곳에서 바라본 백악산의 봉우리는 일품이며 문을 들어서면 한눈에 보이는 인정전 일대의 풍광 또한 아름답다.

석복헌에 딸린 후원에는 '몸과 마음이 고요하며 조급하지 않다'라는 의미의 '한정당閒靜堂'이란 정자가 있다. 정면 3칸 측면 2칸으로 홑처마 팔작지붕의 정면 3칸 가운데 2칸만 앞퇴를 두고 동쪽 칸은 누마루로 구성했고 전면을 제외한 3면에는 쪽마루를 두고 그 위로 아자난간을 두르고 안쪽 기둥(내진주)에만 문짝을 달아 4면의 툇간이 개방되어 있어 좁은 대지를 여유 있는 공간으로 만들었다. 이 정자는 일제강점기에 건설된 것으로 창문에 유리를 사용하고 타일을 바른 기단을 설치했으며 한식 흙벽을 사용하지 않는 등 한옥의 형식에 다른 요소가 많이 가미되어 있다. 한정당 앞에는 석분石盆과 괴석怪石으로 운치를 더했는데 담장 사이의 일각문에 양쪽으로 포도나무가 그려져 있다. 이들은 낙선재 영역의 본래 의도인 다산을 의미한다고 알려진다.

수강재 뒤의 후원에는 단층 팔작지붕으로 정면 4칸 측면 3칸의 소박한 정자형 건물인 '취운정'이 있다. 단청이 칠해져 있지 않아 소박해 보이며, 담을 비롯한 창호 등에 여성적이고 아기자기한 각종 문양들이 새겨져 있어 눈길을 끈다.

낙선재는 1884년 갑신정변이 일어난 다음 고종이 집무실로 사용했고 1917년 대조전 일곽의 대화재로 인해 순종이 잠시 머물기도 했으며, 1926년 대조전에서 순종이 승하하자 순종의 비인 순정효황후 윤비尹妃가 석복헌에서 여생을 보내기도 했다. 또 영친왕비 이방자 여사가 1963년 귀국해 낙선재에서 1989년까지 생활했고 수강재에서는 고종의 막내딸 덕혜옹주가 일본에서 귀국해 말년을 보내기도 했다.

궐내각사

돈화문에서 직선거리에 보이는 곳이 궐내각사인데 종묘를 향할 사람들은 금천교를 건너기 전에 방문하는 것이 순서지만 창덕궁만 답사할 경우 후원을 거친 후 돌아가는 길에 들러도 좋다. 궐내각사는 조선왕조의 종합청사로 볼 수 있는데 이는 왕을 지근거리에서 보좌할 필요성 때문에 궁궐에 여러 관청을 모아놓은 것이다. 원래 인정전 서쪽, 동쪽, 남쪽 일대에 자리했으나 일제강점기 때 거의 헐렸다가 1990년 이후 일부 복원된 것이다. 금천을 경계로 동편에 약방, 옥당과 옛 선원전 등이 배치되어 있고 서편에 규장각(내각)·검서청 등이 미로처럼 복잡한 구성을 이루고 있다.

서편의 내각內閣은 규장각의 다른 이름으로 '이문원橋文院'이라고도 했다. 정조는 즉위하자 곧바로 역대 왕과 자신의 시문과 글씨 등 왕과 직접 관련되는 자료들을 보관할 집을 후원에 짓게 하니 이것이 규장각과 주합루다. 그러나 규장각이 후원에 치우쳐 너무 불편하다는 말에 1781년(정조 5) 옛 도총부(조선시대 최고 군사기관) 건물인 이곳으로 옮겼다. 또한 1782년(정조 6) 강화도에 외규장각을 설치해 내·외규장각 체제가 완성되었다.

이문원은 정조가 특별한 의지와 관심을 보였으므로 그 외관부터 내부에 이르기까지 특별한 대우를 받았다. 정조가 직접 쓴 '이문지원橋文之院'이라는 현판을 걸었고 건물 안에는 종과 경쇠(궁중음악에 쓰이던 악기)가 있었는데 종은 명나라의 영락제가 보낸 것이다. 대청 들보에는 왕이 하사한 투호, 거문고, 비파, 은잔 등이 걸려 있었고 마당에는 측우기가 설치되었는데 청사 내에 있는 것 중 가장 크고 넓은 것이다.

이곳 규장각에는 각신 6명과 이들을 보좌하는 실무자로 검서관 4명이 있었다. 정조는 실무자로 문예와 학식이 뛰어난 서얼 출신들을 주로 임명해

■ 정조는 즉위하자 역대 왕과 자신의 시문과 글씨 등 왕과 직접 관련되는 자료들을 보관할 집을 후원에 짓
게 하니 이것이 규장각과 주합루다.

관직의 길을 열어주었는데 실학자로 유명한 박제가, 이덕무 등이 서얼 출신
이다. 정조는 이곳에 자주 들러 신하들과 학문을 토론하고 신하들을 대상으
로 시험도 치렀다고 한다. 글 잘하는 신하들에게 매월 시험을 치르게 하여 상
벌을 내렸다고 한다. 규장각 우측에는 부속건물인 검서청이 자리한다. 검서
청은 서적의 출판과 수집·검토 등을 담당했던 기관으로 학문 진작과 함께
정조의 친위세력 확대에 이바지했다.

규장각 바로 옆에 대유재大酉齋와 소유재小酉齋가 남북으로 나란히 놓여 있다. 이곳 부근에 있는 황단皇壇(명나라 신종을 위해 제사 지내던 제단으로 창덕궁 후원에 있었다)과 선원전에 왕이 제사 지낼 때 전날 밤 몸과 마음을 깨끗이 하기 위해 머무는 어재실이 있다.

규장각 북쪽으로 '은하수'라는 의미가 담긴 운한문雲漢門을 통과하면 왕실 관련 자료 보관소인 봉모당이 나오는데, 이곳에는 왕이 백성을 가르치고 교화하고자 지은 글이나 신하와 함께 국사를 논의하며 적은 글들을 보관했다. 이곳에 보관되었던 장서들은 1969년 창경궁 장서각으로 옮겼다가 한국정신문화연구원(현재 한국학중앙연구원)으로 이관되었다.

봉모당 뜰 앞에 천연기념물 제194호인 향나무가 자리한다. 수령 750년 정도로 추정하는데 〈동궐도〉에도 보인다. 향나무는 강한 향기를 지녀 정신을 맑게 하고 불길함을 물리친다 하여 향으로도 사용했는데, 왕실의 제사 공간이었던 옛 선원전이 동편에 자리한 것도 이와 관련이 있다.

내각 동쪽에서 금천을 건너면 가장 먼저 마주하는 곳이 억석루億昔樓다. 선원전 남쪽 행각에 있는 억석루는 '옛날을 생각하다'라는 의미를 갖고 있는데, 농사를 가르치고 약을 최초로 발명했다고 알려지는 고대 중국의 전설 속 제왕인 신농씨에게 제사를 지내도록 내의원에 명하면서 영조가 써준 '입심억석入審億昔'에서 따온 말이다. 아마도 질병 치료에 힘썼던 신농씨의 마음을 생각하며 약을 잘 만들라는 뜻으로 여겨진다. 억석루는 그 의미로 보아 내의원의 부속 건물로 추정된다.

인정전 서쪽 행랑의 향실과 맞닿아 있는 곳에 예문관이 있다. 예문관은 왕이 짓는 글과 왕의 명령인 전교傳敎, 관직의 임명장인 사령서 등을 작성했고 이들 중에 왕의 측근에서 조정에서 일어나는 모든 사실을 기록하는 사관이 있었다. 또한 실록 편찬 자료인 사초史草를 보관했던 곳이다. 즉, 이곳에 보관해 둔 사초를 기초로 유네스코 세계기록유산인 『조선왕조실록』이 만들어졌다.

좌측으로 약방, 즉 내의원이 있다. 텔레비전 드라마 속 의녀 대장금이나 의관 허준 등이 활동했던 공간으로 왕실 중에서 가장 친근한 곳이다. 약방을 '내국內局'이라고도 했는데 약방의 책임자인 도제조와 제조는 5일마다 의관을 인솔하고 왕에게 문안하고 진찰하기를 청했다. 현재의 국립병원에 해당하는 내의원의 책임자는 당연히 의사가 맡는 것이 상식이지만 당대에 의관은 잡직에 속한 중인 신분이므로 이들의 책임자는 문신이었다. 내의원에서는 약은 물론 차도 달였는데 꼭 한강의 물을 길어다 은으로 만든 탕관에 달였다.

약방 벽면에 보면 이상한 구멍이 있는데 이를 개굴이라 한다. 과거에는 화재에 취약한 한옥의 목구조를 보완하고자 토벽 바깥 벽면에 돌을 쌓았다. 이를 화방벽이라고 하는데 굴뚝과 연결하기도 하고 굴뚝을 세울 수 없을 때는 사괴석四塊石 자리를 남겨두어 연기 구멍을 만들기도 했다. 이러한 연기 구멍이 개굴이다.

옥당은 '옥같이 귀한 집'이란 의미로 국가의 중요한 업무를 담당하는 곳 혹은 출세가 보장되는 인재들이 모인 곳이라는 뜻이 담겨 있다. 옥당은 홍문관의 다른 이름으로 유교 경전을 관리하고 문장을 처리하며 왕의 자문에 응하던 기관이다. 사헌부, 사간원과 함께 삼사라 하여 그야말로 조선왕조에서 가장 힘 있는 기관이다.

■ 옥당은 '옥같이 귀한 집'이란 의미로 국가의 중요한 업무를 담당하는 곳 혹은 출세가 보장되는 인재들이 모인 곳이라는 뜻이 담겨 있다.

정조가 옥당을 내의원 바로 옆에 둔 이유는 왕에게 조석으로 문안하는 내의원의 예절을 본받게 하기 위한 것이라 설명했다. 다소 이해가 되지 않는 일인데 내의원은 왕의 건강을 책임지고 있었으므로 조석으로 왕에게 문안하는 것은 기본이다. 한마디로 삼사의 위세가 누구보다도 높으므로 자신의 힘만 믿고 지나치기 쉬운데 내의원의 신하처럼 몸을 숙일 줄 알라는 뜻과 다름 없다. 내각, 옥당, 내의원 등은 일제강점기에 모두 철거했으므로 현재 있는 건물은 모두 2000~2004년에 걸쳐 복원한 것이다.

한국 조원의 대명사, 후원

후원後苑은 일반인들에게 '비원秘苑'으로 더 잘 알려져 있는데 원래 창덕궁과 창경궁 뒤쪽에 자리 잡으면서 왕가의 원유苑囿 곧 사냥과 놀이, 휴식을 취하던 곳이다. 현재는 '창덕궁 후원'으로 불리고 있는데 조선 초기부터 고종 때까지는 후원後苑, 상림원上林園, 내원內苑, 서원西苑, 북원北苑, 금원禁苑 등으로 불렸다. 이 중에서 가장 많이 사용된 용어는 후원으로, 아시아의 3대 정원 중 하나로 꼽힌다. 나머지는 중국의 이허위안頤和園, 일본의 가쓰라리큐桂離宮다.

약 29만 7,520제곱미터의 대지 위에 100여 종이 넘는 수종의 거목들이 있고 계류溪流와 연못, 정자들이 자연과 조화를 이루며 옛 궁궐의 조원造園 수법을 그대로 보여주고 있다는 데 큰 의미가 있다. 특히 후원에는 정자와 그 밖의 건물을 합해 원래 250여 간의 건물이 있었는데 현재 약 230간, 90퍼센트나 남아 있어 창덕궁 중에서 과거의 모습을 가장 잘 보여주고 있는 곳이기도 하다.

후원이 왕가의 휴식 공간만은 아니다. 후원에서 왕이 참석한 군사 훈련이 자주 실시되었고 특히 활쏘기는 왕이 후원에서 즐겼던 행사다. 태조 이성계는 신궁이라 할 정도로 활쏘기에 능했고 세조도 활쏘기가 뛰어나 '태조의 환생'이라는 찬사를 받았다. 영조는 칠순이 넘은 나이에도 정국을 명중시키는 기량을 보였다. 활쏘기에 남다른 실력을 보인 사람이 정조다. 정조의 활솜씨는 그야말로 신궁이나 다름없다. 정조는 50발 중 49발을 맞힌 다음 "무엇이든지 가득 차면 못쓰는 법이다"라며 일부러 나머지 한 발을 빗나가게 쏘았다고 한다. 왕뿐만 아니라 신하들도 궁궐에서 활쏘기 행사에 참가했는데 왕은 활쏘기 성적에 따라 친히 상을 주었다.

활쏘기를 할 때는 짐승의 머리를 그린 것을 과녁으로 사용했다. 이것을 '사후射侯'라 하는데, 표적에 그려진 짐승의 머리는 활 쏘는 사람의 신분에 따라 달랐다. 왕은 '웅후熊侯'라 하여 곰의 머리, 종친과 문무관은 '미후麋侯'라 하여 사슴 머리, 무과 교습에는 '시후豕侯'라 하여 돼지 머리를 그렸다.

조선시대에는 국가의 기간산업이 농사와 양잠이었으므로 이를 권장하는 행사로 왕비가 직접 시행하는 '친잠親蠶'이 후원에서 열리기도 했다. 이를 위해 후원에는 뽕나무를 많이 심었는데, 이 중 대표적인 것이 천연기념물 제471호다.

부용지 지역

후원은 크게 4개의 지역으로 나누어진다. 첫째는 부용지를 중심으로 부용정(보물 제1763호), 주합루, 영화당 등의 건물이 들어선 지역이고 둘째는 애련지와 애련정, 연경당이 들어선 지역이다. 셋째는 관람정과 반도지, 존덕정이 있는 지역이고 마지막으로 옥류천을 중심으로 취한정, 소요정, 청의정 등이 있는 곳이다.

우선 가장 먼저 눈에 들어오는 곳이 부용정이다. 부용정은 후원의 꽃이라고도 불리는데, 원래 숙종 때 세워졌지만 정조 때에 고쳐 지은 것이다. 평면이 '십+' 자형으로 궁궐 내에서는 유일한 것인데 연꽃 모양을 형상화한 것이다. 부용정은 약 991제곱미터의 연못에 두 다리는 뭍에 두고 두 다리는 물

■ 부용정은 후원의 꽃이라고도 불리는데 연꽃 모양을 형상화했다. 부용정 내부에 설치한 창은 팔각형으로, 인간을 의미한다.

속에 담그고 있다. 뭍과 물은 음양을 의미한다. 부용정 내부에 설치한 창은 팔각형으로, 인간을 의미한다. 인간(부용정), 땅(부용지), 하늘(둥근 인공섬)을 모두 담고 있는 곳이 부용지다.

1795년(정조 13) 3월, 규장각의 각신과 그 아들, 조카, 형제들을 초청해 함께 꽃을 보며 고기를 낚고 시를 읊기도 했다. 꽃구경을 하고 낚시를 한다고 해서 이날 모임을 '상화조어賞花釣魚'라 한다. 이때 여러 신하도 못가에 둘러서서 낚시를 했는데 붉은 옷을 입은 사람은 남쪽, 초록색 옷을 입은 사람은 동쪽, 유생들은 북쪽에 자리를 잡았다. 정약용도 이때 참가했는데 추후 정조를 그리워하며 「부용정가」와 「부용정시연기」를 남겨 이 당시의 일을 정확하게 술회했다.

부용지를 중심으로 동쪽으로 영화당, 서쪽으로는 '사정기비각'이 자리한다. 사정기비각이란 '4개의 샘을 기념하는 비석'이라는 의미다. 『궁궐지』에 의하면 세조 때 종신宗臣들에게 명해 터를 잡아 우물을 파게 했는데 그 뒤에 여러 차례 병화兵禍를 겪어 두 우물만 남았다. 이에 1690년(숙종 16) 그 고적古蹟을 애석하게 여겨 우물 둘만이라도 보수하라 명하고 그 곁에 비를 세운 것이다.

부용정에서 교합한 힘이 대지에서 해를 뚫고 하늘에

닿으므로 부용정 맞은편 높은 언덕 위에 2층 다락집인 주합루와 규장각을 건축했다. 우주의 이치를 담는다는 뜻의 주합루와 정조 때 탕평정책 추진의 중추기구였던 규장각은 1777년(정조 원년)에 건설되었다. 1층은 규장각, 2층이 누마루인 주합루이지만 이 건물 전체를 '주합루'라고 부른다.

주합루의 정문은 어수문으로 기둥 2개로 지붕을 받치는 일주문 형태로 되어 있다. 어수문은 중국의 고사인 '수어지교水魚之交'에서 차용한 말로 왕과 신하 사이의 관계는 물과 물고기처럼 떼려야 뗄 수 없는 사이라는 의미를 담고 있다. 규모는 크지 않지만 팔작지붕 형태에 겹처마로 단청이 화려하다. 구름 무늬를 조각한 돌계단이 있고, 좌우에 곡면 지붕의 작은 문이 하나씩 있어 주합루의 외삼문을 이룬다. 중앙의 문은 왕만이 드나들 수 있었다.

주합루는 장대석으로 만든 5단의 석단 위에 있다. 높게 쌓아올린 기단의 전면에는 3조의 석계가 있다. 정면 5칸 측면 4칸 2층 팔작지붕 주심포집이며 사방에 툇간을 깊게 해서 직사광선이 방 안에 들어오지 못하게 했다. 종이와 가구가 상하지 않게 한 배려다. 상층으로 올라가는 계단은 좌우의 북쪽 툇간에 설치했으며 계단 끝에 연결된 누마루는 우물마루다. 공포는 이익공으로 기둥 윗몸에는 창방만 짜 돌렸고 주간에는 창방 위에 화반 하나를 놓았다. 주합루은 열람실로 사용해 여러 대신이 들어앉아 책을 읽을 수 있게 되었다.

규장각의 설치 목적은 크게 두 가지로, 하나는 서적을 모으고 간행하는 것이고 또 하나는 인재들을 불러모아 학문적 저술을 편찬하는 것이다. 규장각은 원래 숙종 연간에 종부시에서 지은 왕실 관련 서책을 보관하던 작은 건물이었으나 정조가 이를 키워 왕립도서관이자 연구소, 나중에는 비서실, 정책개발실, 감찰실 등의 기능을 담당하게 했는데 이곳에 보관된 책들은 8만여 권에 달했다고 한다. 이들 책의 양이 많으므로 방대한 자료를 체계적으로 관리하기 위해 1782년 강화도에 외규장각을 세워 일부를 보관했다.

잘 알려진 사실이지만 강화도의 외규장각은 1866년 병인양요 때 프랑스 함대에 의해 약탈당했다. 이때 약탈당한 외규장각 의궤를 비롯한 유산들은 비록 대여 형식이기는 하지만 2011년 프랑스에서 297책 모두 반환받았다. 이들은 현재 서울대학교 규장각에서 보관 중이다.

부용지 동쪽에 있는 영화당도 역사적인 장소다. 이 일대의 건물 중에서 가장 오래된 것으로 선조, 효종, 현종, 숙종의 글씨가 있었으며 현판은 영조의 어필이다. 영화당의 동남쪽에 있는 휴게소와 화장실이 있는 넓은 마당을 춘당대春塘臺라고 하는데, 이곳에서 전시殿試(왕이 임한 자리에서 보는 과거시험)를 보았다. 선조들은 장원급제를 위해 고생하며 공부하는 선비를 잉어에 비유했고, 과거에 급제해 높은 관직에 오르는 것을 어변성룡魚變成龍(잉어가 변해 용이 된다)이라고 했다. 부용정 동남쪽에 잉어상이 돋을새김으로 조각되어 있는데 이 조각이 바로 어변성룡을 함축하고 있다.

이 잉어상은 튀어오르는 듯한 모습을 하고 있는데, 맞은편 어수문을 통과해 주합루에 오르도록 되어 있다. 즉, 연못의 잉어가 튀어올라 어수문(등용문)을 통과해서 용이 되어(장원급제) 주합루에 오른다는 것이다.

영화당 앞에 있던 춘당지春塘地는 문학과 민담의 소재지로도 유명한데, 『춘향전』에서 이도령이 장원급제할 때의 과거 문제가 '춘당춘색고금동春塘春色古今同'이다. 현재 이곳에는 창덕궁과 창경궁을 구분하는 담이 가로놓여 있어 넓게 펼쳐졌던 활터의 시원함을 잃어버렸지만, 그래도 이만큼이라도 옛 모습을 보여주고 있다는 데서 위안을 받는다.

연경당 지역

영화당에서 나와 후원으로 좀더 깊이 들어가면 왼편으로 담장이 나오는데 문이 둘이다. 첫 번째 문에는 금마문金馬門이라는 편액이 달려 있고 두 번째 문에는 불로문不老門이라고 새겨 있는데 창덕궁 안에서 돌로 된 유일한 문이다. '늙지 않는 문'이라는 뜻으로, 지하철 경복궁 옆에 모조품이 놓여 있는데, 예나 지금이나 장수가 관건인지라 많은 사람이 애용하는 것을 볼 수 있다. 원래의 불로문은 커다란 바위를 'ㄷ'자로 깎아서 문틀을 만들어 문짝을 달았다고 추정되는데 한마디로 하나의 돌을 깎아 만든 특이한 문이다.

문을 하나의 돌로 만든 이유가 재미있다. 돌은 원래 십장생十長生 중 하나다. 십장생은 일반적으로 해, 산, 돌, 물, 구름, 소나무, 불로초, 거북, 학, 사슴 등 오래 살거나 변하지 않는다고 생각되던 것들이다. 이는 일본과 중국에는 없는 한국의 독특한 문화로, 특히 궁중에서 선호되던 길상吉祥 즉 '운수 좋은 징조'의 주제다. 이런 믿음을 감안하면 십장생의 하나인 돌로 문을 만들고 그 이름을 '불로'라고 한 것은 왕의 건강과 장수를 바라는 염원에서 나온 것임을 알 수 있다.

금마문을 들어서면 좌측에 작은 집이 하나 있는데 여느 궁궐 건물들과는 사뭇 다르다. 우선 가운데 마루가 있고 양쪽으로 방이, 동쪽에 누마루방이 있을 뿐이다. 기둥에 창방이자 도리가 얹히고 거기에 바로 서까래를 걸친 민

■ 영화당에서 나와 왼편 담장으로 두 개의 문이 보이는데, 금마문과 불로문이다. 불로문(아래)
은 창덕궁 안에서 돌로 된 유일한 문으로 늙지 않는 문이라는 뜻이다.

도리 형식인 데다가 단청도 하지 않았다. 또한 특이하게도 북쪽을 바라보는 형세다. 기오헌寄傲軒이라는 편액이 있지만 학자들은 건물 전체의 이름을 의두합倚斗閤으로 추정한다. '의두'라면 북두성에 의지한다는 뜻이며 '기오'는 높은 어떤 곳에 기댄다는 뜻이다.

　　이런 곳에 다소 특이한 집을 짓고 이름을 지은 사람은 순조의 아들 효명세자다. 효명세자는 1827년(순조 27)부터 순조를 대신해 정무를 처리하는 대리청정을 했다. 그는 조선 말의 세도정치를 타개해 정국 운영의 주도권을 회복하려는 의지를 갖고 규장각 뒤편 기슭에 독서하는 곳으로 기오헌을 지은 것이다. 실제로 기오헌 뒤로 계단을 올라가면 곧바로 규장각이 나온다. 어린 나이에 등극한 순조가 외척 세력에 휘둘리는 모습에 효명세자는 왕권 회복을 위해 상당히 노력했다. 실제로 왕실과 인척 관계를 맺지 않은 인물을 널리 기용해 권력기반을 조성했다. 불행하게도 효명세자는 대리청정을 한 지 3년 만에 20세의 나이로 갑자기 사망했다. 그 아들 헌종은 왕이 되자 그를 왕으로 추존해 익종翼宗이라는 묘호를 올렸다. 기오헌이란 현판이 걸린 의두합은 좌절된 익종의 뜻이 배어 있는 집이라 볼 수 있다. 바로 옆에 운경거韻磬居는 1.5칸짜리 건물로 궐 안에서 가장 규모가 작다.

　　의두합 북쪽에는 애련정이 연못에 걸친 채 서 있다. 『궁궐지』에는 1692년(숙종 18)에 연못 가운데 섬을 쌓고 정자를 지었다고 했다. 그러나 현재 섬은 사라졌고 정자는 연못의 북쪽 끝에 걸쳐 있다. 숙종은 자신이 지은 「어제기」에 군자의 꽃인 연꽃을 좋아해 새로 지은 정자를 '애련'이라 이름했다고 적었다. 애련정은 기둥을 따라서 펼쳐지는 저녁 햇살의 풍경이 아름다워 많은 사진작가가 선호하는 장소 중 하나다. 애련지 부근에 천연기념물 제471호인 수령 400년 정도의 커다란 뽕나무가 있다. 왕비가 친히 누에를 치고 양잠을 장려하기 위해 궁중 의식인 친잠례를 거행했는데, 이곳에서 양잠의 신인 서릉씨西陵氏에게 제사를 지냈다고 한다.

후원 안에 있는 연경당도 순조와 효명세자의 작품이다. 속칭 99칸 집으로 유명하지만 실제로는 연경당(사랑채) 14칸, 내당(안채) 10.5칸, 선재 14칸을 포함해 총 119칸이다. 궁궐 안의 다른 건물들이 단청과 장식을 화려하게 한 것에 비해 이 집은 단청을 하지 않았고 구조도 일부를 제외하고는 기둥 위에 공포를 두지 않은 민도리집이며 배치 형식도 조선시대 사대부 집을 닮았다. 다만 가묘家廟, 즉 사당이 없는 점이 일반 사대부 집과 다르다.

1828년(순조 28)에 창건했으며 사대부의 생활을 알기 위해 효명세자가 왕에게 요청해 건립했다고 전해진다. 그러나 일부 사료에는 순조에게 존호를 올리는 경축의식을 맞아 이를 거행할 곳으로 건축했으며 '연경'이라는 이름도 이때에 지었다고 기록하고 있다. 순조가 가끔 와서 지냈다고 전해지는데, 실제로 연경당은 왕족들이 공부하던 서당과 같은 기능을 하는 곳이었기에 사랑채나 안채는 살림살이 배치 등이 고려되지 않아 살림하기엔 부족한 공간이다.

연경당을 들어가려면 작은 개울을 건너야 한다. 개울을 건너기 전 눈에 띄는 것은 괴석을 담고 있는 석분이다. 석분 네 모서리에는 두꺼비 4마리가 양각되어 있다. 재미있는 것은 두꺼비의 앙증맞은 모습이다. 3마리는 기어 나오려 하고 한 마리는 기어 들어가려 버둥거리고 있다.

■ 궁궐 안의 다른 건물들이 단청과 장식을 화려하게 한 것에 비해 연경당은 단청을 하지 않았다.

석분의 두꺼비 상징은 연경당이 근심·걱정 없는 월궁月宮임을 암시한다. 월궁은 신선이 사는 곳으로, 장락궁이 있다는 전설이 전하고 있다. 그런 까닭에 연경당 앞을 흐르는 개울물은 은하수의 상징으로 여겨지기도 한다. 이 전설에 따르면 개울을 건너는 작은 돌다리는 오작교라고 볼 수 있다. 돌다리를 건너면 연경당의 정문인 장락문이다. 장락문은 '솟을대문'으로 건축되었는데 솟을대문이란 지붕보다 키가 훤칠하게 솟아오른 문이라는 뜻으로 종2품 이상의 관료들이 초헌이라 부르는 외바퀴 수레를 탄 채로 대문을 드나들 수 있도록 한 것이다. 장락문을 통해 행랑 마당으로 들어서면 바깥 행랑채가 나온다. 왼쪽에는 가마를 놓아두던 곳이 있고 오른쪽에는 마구간이 있다. 말하자면 근래의 차고 역할을 하던 곳이다.

북쪽으로 2개의 중문이 보이는데 동쪽 문은 사랑채로 통하는 장양문, 서쪽 문은 안채로 통하는 수인문이다. 장양문에 들어서면 연경당의 마당인데 연경당 사랑채 안마당은 누마루와 대청, 온돌방으로 구성된 사랑채와 서책을 보관하던 중국풍의 서재 건물인 선향재善香齋, 선향재 뒤편 높다란 단을 쌓은 곳에 하엽동자로 난간을 두른 농수정濃繡亭으로 구성되어 있다. 연경당은 이들 건물 전체를 의미하기도 하지만 사랑채의 당호이기도 하다.

안채와 연결된 '일一'자 집인데 창건 당시 연경당은 'ㄷ'자형 건물 한 채로 남쪽 앞이 터지고 동쪽에 긴 '일一'자형 부속건물 2채가 붙어 있는 모양이다. 이 때문에 창건 당시 연경당을 연회 공간으로 해석하는 학자들도 있다. 안마당이 무대가 되고 이를 감싼 'ㄷ'자 건물을 객석으로 동쪽 부속채는 출연 대기장이다. 실제로 고종 이후 연경당은 외국 공사들을 접견하고 연회를 베푸는 등 정치적인 목적으로 이용되었다.

과거 연경당의 용도가 어떠했든 서향인 선향재는 매우 특이하다. 전면에 서향 햇빛을 조절하기 위해 동판으로 덧씌운 차양을 설치했는데 해질녘의 깊은 햇빛을 막기 위해 도르래 장치를 갖추었다. 이런 차양은 신라 황룡사에도 있었고 해남 녹우당에서도 볼 수 있다.

선향재의 또 다른 특징 하나는 측벽이 청나라풍 벽돌로 되어 있다는 점이다. 연경당을 지은 19세기 초반이면 이미 베이징北京에 다녀온 학자들이 벽돌 사용을 주장해 수원 화성에서 사용했고, 이를 궁궐 안에도 도입한 것으로 보인다. 한편 연경당 안채는 연경당 사랑채와 담 하나를 두고 연결되어 있지만 별도의 공간으로 구분되어 있다. 부엌을 안채 북쪽에 독립된 공간으로 짓고 담으로 구획한 것이다. 안채의 뒤쪽 통벽문 담 너머에 자리 잡은 이 부엌을 '반빗간'이라 하는데, 음식 장만이며 안주인이 거느리던 하인들이 허드렛일을 하던 공간으로 사용했다.

안채는 수인문을 통해 들어간다. 안채 마당은 사랑채와 마찬가지로 정원을 만들지 않고 빈 공간으로 남겨두었다. 한국의 정원은 앞마당이 아닌 뒤편에 만드는 것이 일반적이다. 안마당이 넓은 이유는 생활공간으로 이용하기 위해서다. 혼례나 장례 등 집안 행사 때 멍석을 깔고 손님을 맞이하는 공간이 되기도 하고 수확기에는 타작을 하는 공간이기도 하다.

연경당은 사랑마당과 안마당 사이에 담이 둘러져 있다. 들어서는 문도 각각이다. 남녀의 공간을 별도로 나누어 구분한 것이다. 그러나 이 2채의 내부는 서로 연결되어 있다. 안주인이 거처하던 방에서 바라다보면 바깥 주인이 머물던 사랑채까지 시선이 이어지기 때문이다.

존덕정 일원

애련정 북쪽으로 산을 넘으면, 즉 후원의 안쪽으로 들어가면 여러 개의 연못과 정자가 나타난다. 그러나 하나도 같은 것이 없다. 우선 반도지라는 연못이 있는데 반도지는 연못이 한반도 모양이기 때문에 붙은 이름이다. 원래 2개의 네모난 연못과 가운데 섬이 있는 동그란 연못이 하나 있었는데 일제강점기에 이를 하나로 합쳐 호리병처럼 만든 것으로 관람지라고도 부른다.

관람지의 동쪽에는 부채꼴 모양의 정자 관람정이 있다. 『궁궐지』에는 선자정扇子亭으로 기록되어 있으며 6개의 둥근 기둥 중에서 4개의 기둥은 연못 속에 담겨 있다. 국내에서 평면이 부채꼴인 정자는 관람정이 유일하다. 한국 집들은 'ㄱ, ㄴ' 등 반듯반듯한 것밖에 없다고 믿는 사람들의 상식을 깨뜨리는 건물로도 유명하다. '닻줄을 매어 경치를 관람한다'라는 의미의 관람정이 남다른 또 하나의 요소는 나뭇잎 모양 현판인데 정자의 외관과 잘 어울린다는 평이다.

후원에서 가장 오래된 건물 존덕정은 육각형을 하고 있어 육면정이라고도 불렸다. 크기는 작지만 지붕이 겹으로 되어 있고 천장에는 어수문 문틀 위에 있는 것과 유사한 청룡과 황룡이 어우러져 있는 등 내부 치장이 화려하다. 이곳에는 정조가 쓴 '만천명월주인옹자서萬天明月主人翁自序'라는 글이 있다. 이 글의 뜻은 "많은 개울이 달을 받아 빛나고 있지만 하늘에 있는 달은 오직 하나뿐이다. 내가 바로 그 달이요 너희들은 개울이다. 그러니 내 뜻대로 움직이는 것이 태극, 음양, 오행의 이치에 합당한 일이다"라는 다소 오만스러운 내용이다. 정조가 과감한 개혁을 벌이면서 신하들에게 강력히 충성을 요구하는 내용이다.

정조가 자신의 위상을 한껏 나타낸 곳인 만큼 후원에서 가장 격이 높은 정자다. 그런 이유로 존덕정 앞 다리 역시 예사 다리가 아니다. 비록 작은 돌다리이지만 돌난간도 만들고 각 동자 주위에는 연꽃 봉오리도 깎아 설치했다. 또한 교각은 하나의 홍예틀을 만들었다. 홍예의 무지개는 물속에 비친 무지개와 이어져 원을 만드는데 '원'은 곧 하나라는 의미로 이는 자연과 인간이 하나됨을 암시한다. 다리 아래 바닥에는 방지方池 모양의 수조를 만들어 위에서 내려오는 물이 고였다가 흘러내리며 생기는 부유물이나 불순물을 가라앉혀 맑고 깨끗한 물이 흘러가도록 했다.

존덕정 서쪽에 폄우사砭愚榭가 있다. '폄우砭愚'란 이름은 원래 송나라 학자 장재張載의 좌우명에서 따온 것이다. 장재는 서재 양쪽에 '어리석음을 고친다'라는 뜻의 '폄우'와 '아둔함을 고친다'라는 뜻의 '정완訂頑'을 붙여놓고 좌우명을 삼았다. 폄우사는 정자이면서도 누마루와 온돌방을 함께 갖추어 더운 날이나 추운 날 모두 이용할 수 있게 했다. 후원에서 유일하게 정자임에도 '사榭' 자를 달고 있다. 폄우사 뜰에는 드문드문 디딤돌이 나 있다. 언제부터 놓여 있는지는 알 수 없으나 왕세자가 양반걸음을 연습하고자 놓았다는 설이 있다. 뒷짐 지고 어깨를 편 채 걷는 연습을 하다 보면 당당한 걸음걸이가 몸에 밸 것은 틀림없을 것이다.

폄우사와 존덕정 동남쪽 연못에 후원에서 유명세를 타고 있는 승재정이 있다. 경치가 빼어남을 의미하는 승재勝在라는 이름처럼 이곳에서 맞은편에 있는 관람정이 한눈에 들어온다. 원래 이곳에는 심주정이라는 대나무로 만든 정자가 있었으나 1900년대 초에 새로 만들었다. 승재정은 현재 바닥이 마루로 되어 있지만 집 뒤쪽의 아궁이로 보아 온돌이 있었던 것으로 추정된다. 후원 깊숙한 곳에 자리 잡은 것이나 추운 겨울에 대비해 온돌을 마련한 것으로 보아 세자로 하여금 오래 머물며 많은 성인의 현명한 가르침을 본받게 하는 교육의 장소였던 것으로 추정된다.

폄우사 북쪽 언덕에 청심정이 있는데 정자 바로 아래에 사각형 돌확을 갖다 놓고 그 앞에 거북을 조각했으며 등에는 '어필빙옥지御筆氷玉池'라 새겼다. 창덕궁 후원의 뛰어난 10가지 경치를 일컫는 상림십경上林十景 중 하나가 청심정淸心亭에서 바라보는 달구경인데 꿩이 날개를 편 듯 처마의 곡선이 아름답다. 청심정은 작은 정자이지만 숙종, 정조, 순조 등이 이곳에서 시와 글을 남겼다. 작고 단순한 정자에 여러 왕이 다투어 시를 남긴 것은 '맑은 마음'이라는 이름과 관련 있는 것으로 추정된다.

옥류천 일원

관람정을 지나 오솔길로 고개를 올라가는 길에 정자 하나가 보인다. 취규정聚奎亭이다. 취규정은 1640년에 창건되었는데 창호나 벽 없이 사방이 개방된 구조여서 열심히 산마루턱을 걸어가다 잠시 쉬어가는 데 적격이다. 취규정의 취규聚奎는 "별들이 문장을 주관하는 별자리로 모여든다"라는 의미를 갖고 있다. 하나의 별 주위로 다른 별들이 모여든다는 뜻으로 바로 왕 주위로 인재들이 모여들어 나라가 바로 서고 태평성대를 이룬다는 의미다.

취규정을 지나 후원의 북쪽으로 내려가다 보면 옥류천 영역으로 들어선다. 이곳 옥류천 일원의 정자들은 대부분 인조 때 지어진 것이다. 인조는 광해군을 몰아내고 왕위에 올랐지만 재위 내내 어려운 시기를 보내야 했다. '이괄의 난', 정묘호란과 병자호란 등을 겪고 아들 소현세자와 마찰을 빚기도 했는데 그런 어려움을 겪어내느라 정자를 많이 세웠다는 설명도 있다.

옥류천 입구에는 후원에서 비교적 규모가 큰 정자인 취한정翠寒亭이 있다. '취한翠寒'이란 "푸른 소나무들이 추위를 업신여긴다"라는 뜻으로 이곳에 소나무가 많아 여름에도 한기를 느낄 정도임을 빗댄 것으로 추정된다. 이 정자는 바닥에 마루가 깔려 있으며 사방이 개방된 형태로 숙종은 취한정의 여름 경치를 노래하며 정자를 둘러싸고 있는 푸른 나무와 숲을 군자의 절개에 비유하기도 했다.

후원에서 가장 깊숙한 곳에 있는 거대한 바위인 소요암逍遙岩 아래의 너럭바위에 옥류천이 있으며 소요정逍遙亭이 바로 앞에 있다. 맑은 물이 감도는 옥류천의 물은 도랑 바닥을 움푹하게 파서 물의 수량과 속도를 조절하도록 했다. 홈을 파고든 물은 둥글게 원을 따라 파놓은 도랑을 돌아 중앙 부근에 이르러 폭포가 되어 떨어지는데 이것이 경주의 포석정과 같은 역할을 하지만 크기는 매우 작다. 포석정과 같이 왕이 술잔을 띄워 보내면 술잔이 닿는 곳에 앉아 있던 신하가 시를 지어 읊는 시회를 열었다고 하는데, 다소 작은 감이 있지만 몇몇 중요 신하들과 허심탄회하게 정사를 논하는 데는 더없이 운치있는 곳이다. 폭포 위 바위에 새겨진 '옥류천玉流川'이란 글씨는 인조의

■ 취규정(위)의 취규는 "별들이 문장을 주관하는 별자리로 모여든다"라는 뜻이며, 취한정의 '취한'
은 "푸른 소나무들이 추위를 업신여긴다"라는 뜻이다.

친필이다.

옥류천 북쪽에는 청의정淸漪亭이 있다. 사각의 평면에 지붕은 둥글고 천장은 팔각구조로 되어 있는데 기둥을 지탱하는 주추가 예사 돌이 아닌 옥돌이다. 청의정이 특별한 형태로 건축된 것은 천天, 지地, 인人의 우주 원리를 표현했기 때문이다. 청의정의 지붕 아래는 화사한 단청을 했지만 지붕만은 초가로 하여 소박한 모습을 보인다.

한편 청의정 주변을 유심히 살펴보면 특이한 물건을 발견할 수 있는데, 땅에 박혀 있는 팔각형의 작은 석물이다. 팔각형의 석물 가운데는 둥근 홈이 파져 있고 검게 그을려 있어, 차茶를 끓여 마시기 위해 찻주전자를 올려놓는 일종의 화로가 아닌가 추정된다.

청의정 동쪽에 태극정太極亭이 있다. 원래의 이름은 운영정이었으나 1636년에 다시 짓고 이름도 태극정으로 바꾸었다. 태극정 앞 개울에는 태극이 새겨진 돌확이 있다. 우주 만물의 근원인 태극을 물속에 숨겨놓은 것은 만물의 근원은 원래 쉽게 보이지 않는다는 것을 의미한다. 현재 태극정은 사방이 터진 정자이나 〈동궐도〉에 의하면 사방에 문이 달려 있었다.

소요정 동편에 자리한 농산정籠山亭은 '산으로 둘러싸인 정자'라는 의미를 갖고 있다. 농산정은 일반적인 정자와 달리 온돌과 마루를 함께 갖추고 있어 잠을 잘 수 있도록 만들었다. 또한 작은 부엌도 있어 간단한 음식을 준비할 수 있는데 이는 왕이 후원 깊숙이 나왔다가 예상치 못한 궂은 날씨를 만났을 때 잠시 머물 수 있도록 하기 위해서다.

후원의 조성 원리는 왕이 휴식을 취하면서 정사에 집중할 수 있도록 주변에 알맞게 건물을 지어 놓은 원기회복과 재충전의 공간이었다. 정자의 형태를 모두 다르게 한 것은 조선 왕실이 결코 고루한 형식에만 얽매이지 않았음을 보여준다.

한편 경복궁의 향원지나 후원의 부용지에 정자를 만드는 것은 건축적으로 매우 의미 있는 조영 수법이다. 정자는 연못을 더욱 넓어 보이게 하기 때문이다. 이와 같은 내용은 향원지와 부용지에서 사진을 찍은 후 정자를 삭제해보면 확인할 수 있다. 또한 요철 곳곳에 바위와 나무를 심었기 때문에 연못은 실제보다 훨씬 넓고 커 보인다. 한국 건축 공간의 특징은 한번에 모든 것을 다 보여주기보다는 모퉁이를 돌 때마다 조금씩 드러나도록 만드는 것이다. 이와 같이 좁은 공간에서도 새로운 광경이 나타나 흥미를 유도하기 때문에 쭉 뻗은 골목길보다 길다고 느낀다. 고대 한국인들이 얼마나 자신들이 짓는 건축물을 더 아름답고 더 넓게 보이도록 노력했는지 알 수 있다.

창덕궁을 관람하고 금천교를 건너 돈화문으로 돌아 나가는 길 우측 담장 쪽에 유명한 천연기념물 제472호인 회화나무가 있다. 나무 높이는 15~16미터, 가슴 높이 줄기 직경은 90~178센티미터에 이르는 노거수老巨樹다. 회화나무는 1,000년을 마다 않고 오래 살 수 있는 데다 멋스러움으로 학자들의 기개를 상징한다고 여겨져 학자수學者樹라 부르기도 한다. 영어 이름도 스칼라 트리Scholar Tree다.

주나라 때 회화나무 세 그루를 조정에 심고 삼공三公이 나무 아래 서로 마주 보고 앉아 정사를 돌보았다 하여 중국에서는 회화나무를 상서로운 나무로 매우 귀히 여긴다. 창덕궁 회화나무도 이와 같은 이유로 궁궐 앞에 심은 회화나무가 남겨진 것으로 추정되는데, 〈동궐도〉에도 노거수로 그려져 있는 것으로 보아 수령은 300~400년으로 추정된다.

　창덕궁에는 관람지 입구에 자리한 '창덕궁 뽕나무(천연기념물 제471호)', 궐내각사 봉모당 앞에 있는 '창덕궁 향나무(천연기념물 제194호)', 창덕궁 후원 중 가장 깊숙한 곳에 있는 '창덕궁 다래나무(천연기념물 제251호)' 등 4건이 천연기념물로 지정되어 있다. 창덕궁 다래나무는 수령이 600년 정도로 한국에서 알려진 다래나무 중 가장 크고 오래된 것으로 알려지는데, 수나무여서 열매는 열리지 않는다.

제
2
장

종
묘

한국의 대표적인 궁궐인 창덕궁을 답사한 후 곧바로 종묘로 향한다. 종묘는 창덕궁에서 창경궁을 통해 다리를 건너 종묘 후문으로 들어가는 방법과 종로 4가에 있는 정문으로 들어가는 것을 기본으로 한다. 창덕궁을 답사한 후 종묘로 들어간다면, 창덕궁과 창경궁을 거쳐야 한다.

　　종묘의 '종宗'은 마루, 근본, 으뜸을 뜻하고 '묘廟'는 신주를 모신 사당을 뜻한다. 그러므로 종묘는 조선왕조 역대 왕과 왕비, 추존된 왕과 왕비의 신주를 모신 특별한 유교 사당으로 가장 정제되고 장엄한 건축물의 하나다. 종묘를 태묘太廟라고도 하는데, 이것은 태조인 이성계의 묘가 있기 때문이다. 또한 대묘大廟라고도 하는데, 이것은 '대묘에서는 모든 것을 삼감이 예의 중심'이라는 『논어』의 문구처럼 의례를 중시하는 유교 사회에서 제례를 위한 가장 중요한 공간이라는 뜻이다. 한편 종묘와 사직은 함께 따라다니는데 종묘는 인신人神을 대표하는 왕실의 선조를 제사하는 곳이고, 지신地神인 지기를 제사하는 사직과 함께 나라를 지켜주는 신격화된 신성한 곳이기도 하다.

1995년에 유네스코 세계문화유산으로 등록된 종묘는 엄밀한 의미에서 조선시대의 일반건축이 아닌 신전건축이라 볼 수 있다. 유네스코가 종묘를 세계문화유산으로 등록한 것은 "가장 특징적인 사례의 건축 양식으로 중요한 문화적, 사회적, 예술적, 과학적, 기술적 혹은 산업의 발전을 대표하는 양식"으로 그 독창성을 높이 평가했기 때문이다.

선왕에 대한 제사의 장소

공자는 "왕을 평안케 하고 백성을 다스리는 데 예보다 좋은 것은 없다"고 했다. 그러므로 고대 국가에서는 의례를 백성들을 통제하고 통치자의 지위를 더욱 견고하게 만들기 위한 도구로 인식했는데, 조선의 군주들도 유교 국가답게 이를 적극적으로 이용했다.

의례는 중국의 전국시대부터 한초漢初에 걸쳐 편찬된 삼례(『주례周禮』, 『의례儀禮』, 『예기禮記』)에 자세히 정리되어 있다. 이렇게 정리된 의례는 당나라 때부터 오례五禮인 길례吉禮 · 흉례凶禮 · 빈례賓禮 · 군례軍禮 · 가례嘉禮를 주로 하여 각 왕실을 중심으로 하는 국가의례가 되었다. 오례를 통해서 왕실은 정치적 권위와 사회질서 안정을 구현하게 되었다고 이해하는 것이다.

유교적 세계관에 의하면 사람은 영혼인 혼魂과 육신인 백魄이 결합된 존재이며, 죽음이란 혼과 백이 분리되어 영혼은 하늘로 올라가고 육신은 땅으로 돌아가는 과정이라 생각했다.

그러므로 죽은 조상을 숭배하려면 혼을 위해 사당인 묘廟를 세우고 백을 위해 무덤인 묘墓를 세웠다. 그런 의미에서 초월적 신을 인정하지 않는 종교라 볼 수 있는 유교에서 조상신은 중요한 숭배 대상이었다. 당연히 한 나라의 최고 인격체인 역대 왕들을 모신 종묘는 최고의 사당 건축이자 가장 숭고한 신전으로 건설되었다.

정치적으로 정통의 정권은 하늘과 땅의 신을 제례에 의해 천지의 신을 섬겨야 하는 것으로 인식되었다. 종묘가 고대 군주들에게 가장 중요한 상징적 의미를 갖는 것은 오례에서 제일 중요시하는 길례를 천신天神·지기地祇·인귀人鬼에 제사를 지내는 예제로 간주했기 때문이다. 천신에게 제사 지내는 것을 '사祀', 지기에게 제사 지내는 것을 '제祭', 인귀에게 제사 지내는 것을 '향享'이라 한다.

길례는 제사 지내는 대상의 격에 따라 대사大祀·중사中祀·소사小祀로 나누어 제사를 행했다. 대사는 사직과 종묘이며 중사는 풍운뇌우 곧 비, 바람, 구름, 천둥을 맡는 천신과 큰 산, 강의 신, 농사나 누에를 주관하는 신, 문선왕文宣王 곧 공자와 단군이나 고려의 시조신이 대상이 된다. 소사는 날씨와 관계된 영성, 사한司寒과 그 밖에 마조馬祖, 선목先牧, 칠사七祀 등이 대상이 되었다. 종묘는 사직과 함께 제일 격이 높은 대사에 속한다.

종묘의 기원은 중국의 주周나라 이전으로 거슬러 올라간다. 『예기』에는 "천자는 칠묘七廟로 삼소三昭 삼목三穆에 태조太祖의 묘를 더해 7묘가 되며 제후

■ 역대 왕들을 모신 종묘는 최고의 사당 건축이자 가장 숭고한 신전이다.

는 오묘五廟로 이소二昭 이목二穆에 태조 묘를 더하여 5묘(소목)가 된다"고 했다.

　그러나 이런 규정은 시대가 흐르면서 계속 변화되어 동당이실同堂異室과 서상西上의 제도가 나타났다. 동당이실은 건물은 같이 쓰고 그 안에 실만 따로 하여 여러 신위를 한 지붕 아래 배치한 것이다. 따라서 신위가 각각의 묘에 배치될 때 지켜지던 소목 제도도 변화한다. 서상은 서쪽 끝을 제일 높은 위치로 하고 그 우측으로 차례로 신위의 순서를 정하는 것이다. 왕조가 계속되면서 봉안할 신위가 증가하자, 이 문제를 해결하기 위해 송나라 때 별묘別廟 제도가 나타난다. 기존의 묘 외에 건물을 새로 만드는 것이다.

한국은 삼국시대부터 종묘를 세웠다. 신라는 서기 6년(남해왕 3) 봄에 시조인 박혁거세를 위한 묘를, 지증왕은 시조의 탄생지에 신궁을 세웠다. 776년(혜공왕 12)에 종묘 다섯을 정했는데 김씨의 시조인 미추왕, 태종, 문무왕과 그의 부모 묘다.

고구려는 기원전 24년(동명왕 14) 8월에 왕의 어머니인 유화부인이 동부여에서 세상을 떠나자 그곳에 신묘神廟를 지었으며 169년(신대왕 4) 가을 졸본에 가서 시조묘에 제사를 지냈다. 그 후 고구려왕들은 시조묘에 참배했다. 중국의 『북사北史』에는 고구려에서 부여신扶餘神과 고등신高等神을 받들었다는 기록이 있다. 부여신은 하백녀이고 고등신은 주몽이라고 전해진다. 또 고구려에서는 해마다 3월 3일에 낙랑의 언덕에서 사냥한 멧돼지와 사슴으로 하늘과 산천의 신에게 제사를 올렸다는 기록이 『삼국사기』에 기록되어 있는 것을 볼 때 이 역시 종묘와 같은 개념으로 추정된다. 백제도 온조왕 때 동명왕묘를 세웠고 또한 국모묘를 세웠다.

그러므로 종묘 제도는 삼국시대와 고려시대에서도 중하게 여겨졌지만, 본격적인 종묘 제도가 틀을 갖춘 것은 고려시대라고 볼 수 있다. 고려 인종대의 학자인 최윤의崔允儀는 고려와 중국의 의례를 참작해 『상정고금예문』를 정비·편찬했다. 고려시대에는 대체로 동당이실제를 택하고 신위는 서상 또는 5묘의 소목제를 택했다.

조선시대에 오면서 더욱 적극적으로 종묘와 사직 제도 확립에 힘을 썼으며 의례를 수신과 치국의 방법으로 중요시했다. 국가례國家禮로서 오례가 갖는 특징은 길례 체계 속에서 잘 나타나는데, 매년 정기적·비정기적으로 치러지는 종묘와 사직의 제례를 왕실의 정치적 권위를 상징하는 제사로 간주했다.

종묘 제도

태조 이성계가 왕이 된 후 가장 먼저 챙긴 것이 종묘로 한양이 조선왕조의 수도가 되자 제일 먼저 세워야 할 3가지 건축물을 언급했다. "종묘는 조상을 받들어 효경을 숭상하는 곳이고, 궁궐은 존엄을 보이고 정령을 반포하는 곳이며, 성곽은 안팎을 엄하게 하고 나라를 견고하게 하는 것이니, 이들을 가장 먼저 건설해야 한다."

이성계는 원래 고려의 종묘를 헐고 그 옛터에 새 종묘를 건립하고자 했으나 1394년(태조 3) 한양을 새 도읍지로 결정하자 개경의 종묘를 헐고 신도궁궐조성도감을 설치한 후 경복궁의 동쪽에 종묘를, 서쪽에 사직을 건설토록 했다. 1395년(태조 4) 9월, 한양에 동당이실의 대실 7칸에 좌우 익실 2칸이 달린 정전과 공신당, 신문, 동문, 서문, 신주 향관청 등의 건물이 완성되자 개성에 있던 태조의 4대조로 추존왕인 목조, 익조, 도조, 환조의 신주를 옮겼다. 1410년(태종 10)에는 정전에서 제사 지낼 때 비를 피할 수 없다 하여 동서에 월랑을 지었으며, 창건 당시 정전 울타리에 밖에 있던 공신당이 정전과 멀리 떨어져 불편하게 되자 담장 안의 동쪽 계단으로 옮겼다.

종묘의 건축은 중국의 제후국의 예를 많이 참조했으나 실제로 건물을 짓고 제례를 치르는 과정에서는 조선 고유의 형식을 따랐다. 중국의 태묘에

제❶실 제❷실 제❸실 제❹실 제❺실 제❻실 제❼실 제❽실 제❾실 제❿실 제⓫실 제⓬실 제⓭실 제⓮실 제⓯실 제⓰실 제⓱실 제⓲실 제⓳실

태조고황제 태종대왕 세종대왕 세조대왕 성종대왕 중종대왕 선조대왕 인조대왕 효종대왕 현종대왕 숙종대왕 영조대왕 정조선황제 순조숙황제 문조익황제 헌종성황제 철종장황제 고종태황제 순종효황제

西夾　　　　正中　　　　東夾

제❾실 제❽실 제❼실 제❻실 제❼실 제⓪실 제❶실 제❷실 제❸실 제❹실 제⓫실 제⓬실 제⓭실 제⓮실 제⓯실 제⓰실

정종대왕 문종대왕 단종대왕 덕종대왕 예종대왕 인종대왕 목조대왕 익조대왕 도조대왕 환조대왕 명종대왕 원종대왕 경종대왕 진종소황제 장조의황제 의민황태자 영왕

■ 조선의 종묘는 정면이 매우 길고 수평성이 강조된 독특한 형식의 건물로 그 유례를 찾아볼 수 없는 세계적으로 희귀한 건축 유형이다. 종묘의 신위 배치도.

서는 태실이 9실에 불과하나 조선의 종묘만은 태실이 19칸인 매우 독특한 제도를 갖고 있으며, 정면이 매우 길고 수평성이 강조된 독특한 형식의 건물 모습은 종묘 제도의 발생지인 중국과도 다른 건축 양식이며 서양건축에서는 전혀 그 유례를 찾아볼 수 없는 세계적으로 희귀한 건축 유형이다.

　현재의 종묘 건물이 중국과 두드러지게 다른 요소는 신실 양쪽 끝에 설치된 5칸의 월랑月廊과 신실 앞에 넓게 펼쳐진 월대다. 신실 양쪽 끝에 직각으로 뻗은 5칸 월랑 때문에 종묘 건물은 전체적으로 ㄷ자 형상을 하고 있다. 『태종실록』에 태종이 월랑을 짓도록 명령하자 신하가 "동서 이방에 허청虛廳을 짓는 것은 종묘 제도가 아닙니다. 후일에 상국의 사신이 보게 되면 어떻게 되겠습니까?" 하고 물으니, 태종은 "사신이 무엇 때문에 종묘에 오겠느냐. 혹시 그들이 온다 하더라도 조선의 법이 이런가 하고 생각하지 비난하거나 웃겠는가" 하고 대답했다. 태종의 답변 속에는 중국의 제도에 구애받지 않으려는 의지가 엿보임을 알 수 있다. 여하튼 이 동서 월랑은 하나의 고유한 형식으로 자리 잡아 광해군 재건시에도 그대로 존속되었고 영녕전에도 갖추어져 조선조 종묘 건물의 독특한 형식으로 굳어졌다.

여하튼 세종조에 오자 7칸이 다 차 막상 자신이 죽으면 들어갈 태실이 없게 되었다. 방법은 두 가지였다. 정전을 확장하든가 아니면 별도의 건물을 짓는 것이다. 결국 세종은 정전 서쪽에 영녕전을 신축해 추존왕 4대의 신위를 옮겼다. 엄밀한 의미에서 정전은 동당이실제를 택했지만 영녕전이라는 별묘를 지었으므로 별묘제도 가미한 셈이다. 건물의 이름인 '영녕永寧'은 "조상과 자손이 함께 길이 평안하라"는 뜻에서 붙인 것이다. 처음에 영녕전은 중앙 4칸에 좌우로 익실 각 1칸을 더한 것이다.

제13대 명종조에 다시 한계에 부딪힌다. 정전과 영녕전 모두 선왕들의 신위로 꽉 차 버렸기 때문이다. 결국 정전의 태실은 4칸을 증축해 총 11칸이 되었다. 현재 종묘는 정전과 영녕전을 합해 부르지만 엄밀한 의미에서 종묘는 현재의 정전만을 가리키는 것이다. 그러므로 정전이라는 명칭은 영녕전과 구분하기 위해 후대에 붙인 것이다.

어느 정도 종묘 제도가 정착되었을 때인 1592년 임진왜란이 일어났다. 선조는 의주로 피난 갈 때도 종묘의 신위를 함께 옮겼다. 한양에 왜군이 쳐들어오자 궁궐들은 모두 불에 타 없어졌지만 종묘의 건물들은 그대로 남아 있었다. 이곳에 주둔하던 왜군은 신령이 머물고 있는 종묘에 기거하는 것을 꺼려 건물을 모두 불태우고 다른 곳으로 거처를 옮겼다. 다음해 10월 왜군이 남으로 쫓겨가고 왕이 환도했으나 궁궐과 종묘가 모두 불에 탔으므로 궁은 정릉동의 월산대군이 살던 옛집으로 삼고 종묘는 명종 때 영의정을 지낸 심연원의 집으로 삼았다. 이러한 임시 거처 생활은 왕의 환도 뒤에도 약 15년 동안 지속되었는데 전쟁에 따른 나라 살림이 궁핍했기 때문이지만 사회가 제자리를 잡아가기 시작하자 제일 먼저 착수된 것은 종묘의 재건이었다.

결론을 먼저 말하자면 선조 때는 종묘의 완공을 보지 못하고 광해군이 즉위한 후에 완성되었다. 1834년(헌종 2)에 정전의 신실神室(신의 위패를 모셔놓고 제사를 올리는 방) 4칸을 늘리고 영녕전 협실 4칸을 증축했다. 이것으로 현재 전해지는 종묘의 모습이 마무리된다. 현재 19실에 19위의 왕과 30위의 왕후의 신주를 모셔놓고 있다.

특기할 일로는 연산군과 광해군의 신위가 없다는 점이다. 조선의 왕들은 세상을 떠난 뒤 삼년상을 치른 다음에 묘호(임금이 죽은 뒤에 생전의 공덕을 기려 붙인 이름)를 받았는데 그들은 묘호를 받지 못했다. 그래서 두 왕은 종묘에 신주를 모시지 않은 것은 물론, 아직까지 '군'이란 칭호로 불리고 있다. 종묘가 왕실의 정통성을 상징하기 때문에 모든 왕이 사후 종묘에 부묘祔廟되어 향사되는 것은 아니라는 것을 의미한다. 엄밀한 의미에서 종묘에 부묘되려면 공덕이 있다고 평가되어야 하는데, 이때 정치적 판단이 개제되므로 연산군과 광해군의 신위는 제외된 것이다. 반면에 정종은 오랫동안 묘호 없이 지내다가 숙종대에 가서야 묘호를 얻었고, 인조는 반정 후 생부를 원종으로 추존한 후 부묘하기도 했다.

격식과 장엄함의 대명사, 종묘

종묘가 세워진 위치나 건물의 좌향을 보면 고대 중국의 예제를 철저하게 따르고 있지만, 실제의 건물 배치 등을 보면 조선의 토착적 현실을 적절히 적용하고 있다. 종묘의 위치는 정궁인 경복궁에서 볼 때 왼쪽에 있고 오른쪽에는 사직단이 있다. 『주례』에서 명문화하고 있는 고대 중국 예제의 기본 질서다. 좌향도 궁궐과 같이 '임좌병향壬坐丙向'으로 정했다. 임이란 북방을 가리키며 병은 남방을 가리킨다. 즉, 북쪽에 앉아 남쪽을 향한다는 뜻으로 흔히 말하는 남향을 가리킨다.

그런데 현존하는 종묘의 좌향은 정확하게 남향을 따르지 않는다. 현재 종묘의 좌향은 정남향에서 20도 정도 서쪽으로 기울어져 있다. 즉, 현재의 종묘는 임좌병향이 아니고 좌좌오향 또는 계좌미향이 된다. 조선의 현실과 종묘의 지형 조건에 맞추어 중차대한 종묘일지라도 적절하게 변형시키는 융통성을 발휘한 것이다.

종묘가 다른 건축과 다른 것은 입구에 종묘 공원이 있기 때문이다. 이곳은 과거부터 많은 사람의 휴식 공간이었지만, 근래 서울의 중심 휴식 공간으로 정비되어 더 많은 사람이 찾는다. 특히 여가가 있는 사람들이 옹기종기 모여 바둑 또는 장기를 두는 것은 물론 기氣를 모은다며 수련하는 사람도 많이 보인다.

일반적으로 장엄하고 위엄이 있는 건물을 구축할 때 인간적인 스케일을 벗어나는 기념비적인 스케일을 도입한다. 이 두 가지 규모의 차이는 건축물을 보았을 때 한번에 볼 수 있느냐 아니냐다. 기념비적인 건물을 지을 때 가장 많이 사용하는 방법은 같은 것을 무한히 반복하는 것이다. 그렇게 하면 사람들은 그 건물을 파악할 수 없어 압도당하게 된다. 일반적으로 사람들이 5~6층 이상을 보면 단번에 층수를 파악할 수 없으므로 이보다 높을 경우 높은 건물이라는 감을 먼저 갖는다.

종묘는 이보다 차원이 다르다. 정전은 무려 19칸이다. 이 정도라면 사람들이 건물의 규모에 압도당하지 않을 수 없다. 제례용 목조 건물 가운데 정전이 세계에서 가장 긴 건물이라는 말이 결코 과언이 아니다. 일본 교토의 사찰 중 종묘보다 긴 건물이 있다고는 하지만 사찰은 제례용 건물이 아니다.

신도와 어도

종묘로 들어가면 제일 먼저 보이는 것이 어도御道다. 종묘가 특별한 것은 이곳에서 열리는 의례들은 여러 건물과 장소를 가로지르는 길을 따라 행해진다는 점이다. 이는 어도가 매우 중요한 역할을 한다는 뜻이다. 종묘에 설치된 길은 일반 길과는 달리 두 가지의 의미를 갖는 길로 나뉘어져 있다. 하나는 신도神道이고 하나는 어도御道다. 신도는 혼령만이 드나드는 길이고 어도는

제사 담당자인 왕과 세자가 이동하는 의례의 길이다.

　　두 길은 모두 전돌을 가지런히 깔아 일반 통행로와는 쉽게 구별된다. 정전과 영녕전 마당 중앙을 관통해 각각의 신문神門으로 이어지는 외줄기 길이 신도인데, 신도는 전돌 2개 폭으로 매우 좁은 길이다. 신도가 이렇게 좁은 것은 신령은 정신만 있고 몸체가 없기 때문에 단지 방향만 지시되면 되기 때문이다.

반면에 어도는 전돌이나 거친 넓적돌로 포장된다. 어도는 동문만을 출입할 수 있게 설치되어 왕이라도 남쪽 신문을 지날 수가 없다. 종묘의 정문을 들어온 어도는 향대청과 망묘루 앞의 연못을 지나 우측으로 꺾어져 재궁 속으로 사라진다. 여기서 목욕재계하고 제사 집전을 준비한다. 다시 어도는 재궁의 서쪽문에서 시작해 정전의 동문을 향한다. 제주들은 동문을 통해 들어가 제례를 지내고 다시 동문을 통해 빠져나온다. 어도는 정전 남쪽 담장을 끼고 꺾어져 영녕전 영역으로 향하다가 다시 우측으로 꺾어져 영녕전 동문을 향한다. 이곳에서도 정전에서와 유사한 절차의 제례를 지낸다.

종묘에서 중요한 것은 의례를 집행하는 곳이다. 그러므로 종묘의 길들은 걷기 위한 것이 아니라 의식을 위해 멈추기 위한 것임을 이해할 필요가 있다. 이를 위해 곧게 뻗기보다는 꺾어지는 아이디어를 차용해 호흡을 조절한다. 너무 빨라지면 걸음을 멈추도록 제어하며 일단 멈춘 후 다시 움직임을 유도하는 길들이 계속된다. 종묘의 길들은 그 자체가 건축적 질서이며 의례이고 움직임이며 행위가 된다.

망묘루

정전에 이르는 주도로에서 우측으로 난 첫 번째 갈림길인 향로香路를 따라 들어가면 망묘루望廟樓, 향대청, 공민왕 신당이 있는 일곽에 닿는다. 망묘루는 제향 때 왕이 머물면서 "사당을 바라보며 선왕과 종묘 사직을 생각한다"는 뜻으로 붙인 이름이다. 종묘가 얼마나 철저한 격식에 의해 건설되었는지

■ 망묘루는 "사당을 바라보며 선왕과 종묘 사직을 생각한다"는 뜻이다.

는 정문 어귀에 있는 망묘루를 보면 알 수 있다. 망묘루는 왕이 휴식을 취하는 곳인데, 여기에서 왕은 의례를 치르지 않는 인간 신분이므로 어도를 설치하지 않았다. 또한 제례에 동원되는 사람들의 통로에도 별도의 표시를 하지 않았다. 건물 중 1칸이 누마루로 되어 있는데 현재는 종묘사무소로 사용중이다.

향대청

향대청은 향청과 집사청으로 구분되어 있다. 향청은 제례 의식에 사용하는 향이나 축문·예물을 보관했던 곳이고, 집사청은 제례 의식에 참가할 제관들이 대기하던 곳이다. 현재 향대청에는 제례 의식에 사용되었던 각종 용품을 전시해 제례 의식을 한눈에 볼 수 있다. 향대청 안에 전석塼石이 깔려 있는 길이 있는데 이를 향로香路라 한다. 종묘 제례 때 향과 축문을 모시는 길이라는 뜻으로 신로神路, 신향로神香路, 향어로香御路, 어로御路, 세자로世子路와 같이 존엄을 나타내기 위해 다른 길과 다르게 전석을 깔아 차별을 두고 밟고 다니지 못하게 했다. 『종묘의궤』「속류」에 향로는 향대청 밖으로 계속 이어져 남북으로 각각 외대문 앞과 어숙실 옆의 길과 연결되어 있는 것으로 그려져 있다.

공민왕 신당

종묘에는 특이하게 고려 제31대 공민왕의 초상을 모신 사당이 있다. 공민왕 신당은 망묘루 동쪽에 별당으로 공민왕을 위해 종묘 창건 시에 건립되었다고 전한다. 신당 내부에는 공민왕과 노국대장공주魯國大長公主가 한자리에 있는 영정影幀과 공민왕이 직접 그렸다고 전해지는 〈준마도駿馬圖〉가 봉안되어 있다.

공민왕은 당시 고려인의 생활 속에 뿌리내린 몽골족의 머리 형태와 복장을 과감히 폐지하고, 고려의 전통을 회복하려고 노력한 왕으로 정치를 개혁하고 옛 영토를 회복하려고 부단히 노력해 많은 업적을 남겼다. 조선왕조를 세운 이성계를 발탁한 인물도 공민왕이다. 공민왕은 이성계를 중용해 결국 고려가 망하고 조선왕조를 탄생시키는 원인을 제공했는데, 훗날 조선을 세운 이성계는 자신을 중용한 공민왕에 대해 예의를 지키고 그의 자주 정신을 높이 평가해 종묘에 신당을 마련했다고 알려진다.

■ 공민왕의 초상을 모신 사당에는 공민왕과 노국대장공주가 한자리에 있는 영정과 공민왕이 직접 그렸다고 전해지는 〈준마도〉가 봉안되어 있다.

종묘에는 공민왕 신당에 관해 전해 내려오는 이야기가 있다. 종묘를 건축할 때 갑자기 회오리바람이 불어 공민왕의 영정을 이곳에 떨어뜨렸다는 이야기로 이 때문에 태조와 신하들이 의논해 종묘에 공민왕 신당을 세웠다는 것이다. 공민왕 신당의 정식 명칭은 '고려공민왕영정봉안지당高麗恭愍王影幀奉安支堂'이다.

재궁

망묘루, 향대청, 공민왕 신당을 지나면 재궁이 나온다. 재궁은 왕과 세자

가 함께 제사를 준비하던 곳으로 어재실御齋室 또는 어숙실御肅室이라고 부른
다. 북쪽에 왕이 머무는 어재실, 동쪽에 세자가 머무는 세자재실, 서쪽에 왕
이 목욕하는 어목욕청이 있다. 왕과 세자는 재궁 정문으로 들어와 머물면서
몸과 마음을 깨끗이 한 후 서문으로 나와 정전의 동문으로 들어가 제례를 올
렸다.

정전

종묘 정전(국보 제227호)은 매 칸마다 신위를 모신 신실인 감실 19칸, 그
좌우의 협실 2칸의 박공지붕 건물이다. 그리고 협실 양 끝에서 직각으로 앞
으로 꺾여 나와 신실을 좌우에서 보위하는 듯한 형태를 취하고 있는 동서 월
랑 5칸으로 구성되어 있다. 남문인 이신문에서 보면 이중으로 된 월대가 보
이는데 동서 109미터, 남북 69미터나 되는 하월대가 넓게 펼쳐 있는데 한국
에서 단일 월대로 가장 큰 것이다. 하월대 북쪽으로 상월대가 한 단 높게 마
련되었는데, 하월대와 마찬가지로 박석이 전체 바닥을 덮고 있다. 월대 가운
데에는 신실로 통하는 긴 신도가 남북으로 나 있으며, 그 북쪽 끝에 기단이
설치되어 있다.

월대란 건물 앞에 세우는 넓은 단을 가리킨다. 주로 특별한 의식을 거행
하기 위해 마련하는데, 조선왕조에서는 궁궐의 정전이나 침전 앞에 반드시
설치했고 서울 문묘 대성전이나 명륜당에도 세웠다. 그 가운데 규모에서는
장대한 외관에서 종묘의 월대가 가장 돋보인다. 이 월대는 제례가 있을 때 제
관들이 대열을 이루어 행사에 참여하고 악공과 무녀들이 음악을 연주하고

춤을 추었다.

　종묘는 최초로 건설될 때보다 왕의 신위가 늘어나면서 정전은 계속 증축되었으며, 헌종 때 현재의 모습으로 완성되었는데 1칸의 구성은 제일 뒤에 신위를 모신 감실이 있다. 그 앞에 제사 지낼 공간이 마련되어 있으며 그 끝에 관문이 설치되어 있는데 문 밖에 툇간 1칸이 추가로 있다. 제사를 지내는 데 필요한 최소한의 공간 구성이자 최대 구성으로 볼 수 있다.

　전면에는 각 칸마다 2짝의 판문을 달았으며 문틀 아래쪽 신방목 머리에는 삼태극을 조각했다. 문 외부에는 발을 칠 수 있게 되어 있어, 제향 때 판문을 열고 발을 늘어뜨린 채 제의를 행한다. 판문의 내부 좌우에는 4개의 황색 의장儀仗을 둘러 장식했는데, 우산 모양의 용개와 봉개, 커튼 모양의 용선과 봉선이다. 후퇴칸에는 감실이 설치되었는데, 감실은 1칸의 방으로 구성되고 이들 사이는 벽이 아니라 발로 구별하고 있다. 감실에는 서쪽에 왕의 신위, 동쪽에 왕비의 신위가 봉안되어 있다.

　주춧돌은 아랫부분을 반듯하게 방형으로 가공하고 그 위에 다시 반듯한 원형주좌를 새겨 올렸는데, 그 표면은 거칠게 다듬어 네모와 원형의 딱딱한 기하학적 구성을 감싸준다. 기둥은 보통 굵기가 40센티미터 정도이며 높이는 대개 굵기의 8~9배인데 기둥의 모양이 모두 같지는 않다. 정전을 한번에 지은 것이 아니라 여러 번에 걸쳐 늘려 짓는 과정에서 모양이 달라졌고, 또 건물의 안정감과 시각적인 효과를 높이기 위해서 모양을 다르게 만들었다고 한다.

　특히 종묘의 기둥들은 건축 기법 중 잘 알려진 약간의 배흘림을 갖고 있

■ 정전은 신위를 모신 신실인 감실 19칸, 그 좌우의 협실 2칸의 박공지붕 건물로 왕의 신위가 늘어나면서
계속 증축되었다.

다. 원래 기둥의 단면 형태는 기둥 깎는 기법에 따라 원통기둥, 민흘림기둥,
배흘림기둥으로 나뉜다. 원통기둥은 기둥 위부터 아래까지 일정한 굵기를
가지는 것으로 송광사 국사전, 내소사 대웅보전이 이와 같이 건축되었다. 민
흘림기둥은 안정감과 착각(엇각) 교정을 하기 위해 기둥 위보다 아래가 작은
기둥을 말한다. 개암사 대웅전, 쌍봉사 대웅전, 화엄사 각황전, 서울 남대문
등이 이런 구조를 갖고 있다. 반면에 배흘림기둥은 기둥 높이의 1/3 정도에
서 가장 굵어졌다가 다시 차츰 가늘어 시각교정 효과를 주는 기둥으로 유명

한 그리스의 파르테논 신전 등에서도 차용하고 있다.

기둥 위의 공포는 비교적 소박한 익공식으로 기둥과 보를 함께 붙잡아주는 구조적 기능에 충실하면서 약간의 곡선 장식이 가미되어 있다. 기둥의 배흘림은 고대 여러 나라의 건축물에 나타나지만 대부분 시대의 변화에 따라 소멸되었다. 그러나 한국의 건축에서 배흘림은 생명력을 계속 유지해 조선 건축의 한 가지 특징으로 자리 잡았다는 데 특징이 있다.

내부 가구는 가운데 고주를 2개 세우고 그 위에 대들보를 걸고 다시 그 위에 종보를 올리고 대공을 세워 종도리를 받치는 평범한 것이며 서까래는 부연을 달지 않은 홑서까래다. 당시 조선시대 거의 모든 건물이 부연을 길게 달았던 것에 비해 종묘의 정전이 홑서까래로 되어 있다는 것은 이 건물의 용도가 제사를 지내는 용도라는 것을 한눈에 알 수 있도록 한다. 벽체는 전면 1칸은 개방되었고 그 안에 아무 장식이 없는 두터운 판문 2짝을 달았으며 문 밖에 발을 드리우도록 했다. 아쉽게도 정전 내부는 직접 볼 수 없게 되어 있지만 그렇다고 실망할 필요는 없다. 향대청에 있는 제2전시관에 정전의 신주를 모신 태실 1칸을 그대로 재현해놓아서 누구나 자유롭게 볼 수 있다.

지붕 역시 19칸이 지붕을 덮은 수키와, 암키와의 세로로 된 골이 끝없이 길게 옆으로 이어지며 지붕 꼭대기 용마루는 양성을 하여 회칠을 한 흰 선이 긴 수평선을 그린다. 특히 정전의 지붕은 물매가 거의 40도나 될 정도로 가팔라 지붕이 더욱 크게 눈에 띈다.

학자들은 동서 월랑을 두어 'ㄷ'자 모양의 형태를 이루고 건물 앞에 넓고 장대한 월대를 갖춘 데다 조선 건축이 지향했던 고유한 건축관과 토착

■ 칠사당은 왕실 제례 과정에 관여하는 7명의 신를 모시고 제사를 지내는 정면 3칸 측면 1칸의 맞배지붕 건물이다.

기술이 더해져서 종묘는 독특한 형태와 뛰어난 조형미를 갖춘 건축물이 되었다고 평가한다. 특히 종묘 건축이 여타 건물과 다른 독특한 형태를 취하게된 것은 건물 내부에 모실 신위의 수가 증가함에 따라 몇 차례에 걸쳐 건물을옆으로 길게 늘려 장대하면서도 엄숙한 분위기를 연출한다.

공신당과 칠사당

정전 안에 2개의 건물이 있는데 공신당과 칠사당이다. 공신당은 하월대남쪽 아래에 세워져 있는데 조선왕조 역대 공신들의 위패를 모신 곳으로 창건 때는 3칸에 불과했으나 공신들이 늘어남에 따라 16칸으로 증축되었으며역대 공신 88명의 신위가 모셔져 있다. 일반적으로 한 왕당 2~3명만이 선정되므로 선정된 공신은 가문 최고의 영예로 여겨졌다. 16칸이나 되어 한국 건축에서 가장 긴 건물이지만 매우 간소한 형태다. 왕의 신실과 한 경내에 있기 때문에 일부러 그 형식을 낮추어 그다지 눈에 띄지는 않는다.

왕실 제례 과정에 관여하는 7명의 신를 모시고 제사를 지내는 칠사당은 종묘 창건 때부터 정전 울타리 안 월대 남쪽의 왼쪽에 있던 것으로 봄에 모시는 사명과 호, 여름의 주, 가을의 국문과 태여, 겨울의 국행과 그 밖에 중류의 7사에 제사 지낸다. 정면 3칸 측면 1칸의 맞배지붕 건물로 정면에는 판문과 격자창을 두고 나머지 3면은 전돌로 벽을 쌓았다.

영녕전

영녕전永寧殿(보물 제821호)은 1419년(세종 1) 제2대 정종이 사망하자 그의 신위를 봉안하기 위해 태묘, 즉 정전의 서쪽에 별묘로 세운 것이다. 영녕전 신실 하나하나의 구성은 정전과 큰 차이가 없지만, 부재의 크기는 별정전보다 약간 작고 전체 건물의 규모도 정전보다 작다. 정전에서와 같은 장대함을 느끼지는 않지만 오히려 그 때문에 공간이 한눈에 쉽게 들어와 친근감을 더해준다.

네모난 아랫부분에 원형의 주좌를 둔 주춧돌에 둥근 기둥과 간단한 초 각을 한 익공을 짜고 1칸은 개방하고 안에는 2짝 판문을 달았다. 정전과 좌우 익실 앞으로 동서 월랑이 'ㄷ'자 형태를 이루고 그 사이를 박석을 덮은 상하 월대로 구성되어 있는 것도 동일하다. 부연 없는 홑처마로 서까래를 꾸미는 등 정전과 거의 같으며 표면도 단청을 생략하고 간단한 주칠로 마무리했다.

■ 영녕전은 제2대 정종이 사망하자 그의 신위를 봉안하기 위해 정전의 서쪽에 세운 별묘다.

영녕전도 제사를 드리는 일종의 신전 건축이므로 구조와 장식, 색채 등에서 간결함, 장중함, 상징성 등이 강조되었다.

특히 검정 기와와 붉은 기둥으로 이루어졌고, 상월대와 하월대가 있는 등 정전과 비슷해 얼핏 보기에 차이가 없이 보인다. 그렇지만 자세히 살펴보면 지붕의 모습이 다르다는 걸 알 수 있다. 정전은 지붕 전체가 일직선인데 비해 영녕전은 중앙 태실 부분이 한 단 높게 돌출되어 있다.

영녕전에는 정전에서 옮겨와 모시던 15위의 왕과 17위의 왕후가 모셔

져 있으며, 16실에는 영친왕의 신주가 모셔져 있다. 또한 영녕전에 주나라의
제도를 본받아 정중앙에 추존조追尊祖 네 왕이 모셔져 있다.

악공청

제례 때 가장 중요한 것이 음악이다. 그러므로 음악을 연주하던 악공들
이 대기하던 곳을 별도로 만들었는데 그것이 악공청樂工廳으로 영녕전 서남쪽
에 있다. 건물은 정면 6칸 측면 2칸으로 맞배지붕으로 극히 간소한 형식이며,
기둥도 완전히 둥글게 다듬지 않고 어떤 것은 8모 혹은 16모로 깎았다.

종묘제례와 종묘제례악

종묘의 건축적인 특성을 보면 장엄함과 당당함을 보여주는 한편 '사당'이라는
용도에도 맞게 단정하고 소박하면서도 단순한 면을 보인다. 그러나 종묘가 한
국을 대표하는 세계문화유산의 하나로 인정받게 된 바탕에는 중국의 제도를
그대로 따르지 않고 조선 고유의 것으로 만들었다는 점에 있다고도 볼 수 있
다. 더불어 종묘를 한 단계 업그레이드시킨 것은 2001년 유네스코의 '인류 구
전 및 무형유산 걸작'으로 선정된 종묘제례와 종묘제례악이다.

엄밀하게 말하면 유네스코 무형유산은 세계문화유산과 격과 틀을 달리
하지만, 종묘제례와 종묘제례악이 무형유산으로 지정되었다는 것은 그만큼
중요성을 부여받았기 때문이다. 종묘제례와 종묘제례악은 조선시대의 모든
제례 중에서도 가장 격식이 높은 왕실 의례인데, 이 의례가 세계적인 대우를

받는 것은 유네스코 세계문화유산인 종묘라는 조형적인 건축 공간에서 진행되는데다 1462년에 정형화된 형태를 550년 이상 거의 그대로 보존하고 있기 때문이다. 또한 세계인들이 종묘제례와 종묘제례악에 높은 점수를 주는 것은 현재까지 전수된 의례 중에서는 세계에서 가장 오래된 종합적 의례라는 점도 고려되었음은 물론이다.

종묘제례악은 종묘제례 때 의식을 장엄하게 치르기 위해 연주하는 기악樂과 노래歌와 춤舞을 말한다. 이는 조선 세종 때 궁중희례연에 사용하기 위해 만들어졌던 보태평保太平과 정대업定大業에 연원을 두고 있으며, 1464년(세조 10) 제례에 필요한 악곡이 첨가되면서 종묘제례악으로 정식 채택되었다. 종묘제례악은 이후 임진왜란을 겪으면서 일시적으로 약화되었으나 광해군 때 점차 복구되어 오늘날까지 전승되고 있으므로 세계인들이 놀란 것이다.

조선왕조는 유교 사상을 모토로 삼아 고려왕조와는 구별되는 제도와 의례를 제정하는 것을 국시로 삼았다. 특히 조선은 왕조의 정치적 원리와 정치적 권위의 일치, 정권의 구조와 모범적 운영을 위해 유교 의례야말로 정치권의 정통성을 인지하는 문화로 인식했다. 즉, 오례의 체계로 인지되는 왕실의 의례는 왕조와 왕실의 정치적 정당성과 정치적 안정을 정당화하는 기능을 수행했다. 오례 중 가장 중요하게 생각한 것은 길례, 즉 제례이고 제례에 음악이 수반되는 것은 예악禮樂 사상의 구현이다.

『주례』에 오례로 만민의 거짓을 방지해 중용의 미덕을 가르치고 육악六樂으로 만민의 감정을 방지해 화和를 가르치고자 한다고 했다. 즉, 예악을 통해 개인이나 사회의 '중화中和'를 이루는 것이 그 목적임을 밝히고 있다.

■ 종묘제례와 종묘제례악은 조선시대의 모든 제례 중에서도 가장 격식이 높은 왕실 의례다.

종묘는 단순히 국왕이 개인 차원에서 선왕에 대한 추모를 시행하는 장소가 아니라 종묘에서 제사를 주관함으로써 국가통치의 정당성을 부여받았던 곳이다. 종묘제례는 대사에 해당하고 그 제례의 대상으로는 인귀人鬼의 향에 해당한다. 따라서 민을 양육하고 보호하는 왕실 선조의 공덕을 받드는 종묘제례는 원구제와 사직제가 갖는 상징성과 함께 곧 국가의 기본으로 해석되었다. 즉 종묘·사직이 국가라는 인식이다.

조선시대에 종묘에서 거행되던 제례는 1년에 5번 정해진 때에 왕이 직접 치르는 향사와 속절, 삭망에 치르는 향사 외에 종묘에 와서 빌거나 고하는 기고 의식, 새로운 물건이 나왔을 때 종묘에 신물을 바치는 천신 의식, 왕세자·왕비·왕세자빈이 종묘 영년전에 와서 뵙는 알묘謁廟 의식이 있다.

종묘제례에 참석하는 인원이 얼마나 되느냐가 궁금한데 한마디로 만만치 않은 인원이 동원되었다. 크게 제관, 집례관, 신위를 받드는 사람과 행사를 보조하는 사람으로 구성되는데, 그 직책은 모두 27종이며 신실이 늘어나면 각 직책에 종사하는 인원도 따라서 증가했다. 그러므로 조선 말기에는 수백 명의 종사원이 참여했던 것으로 보인다. 왕은 제관 가운데 초헌관이 되고 왕세자가 아헌관, 영의정이 종헌관이 된다.

일반적으로 의례는 인간의 문화적 행동을 표현하는 것으로 추상적인 사상 이념보다는 구체적이라는 점에서 많은 사람의 주목을 받았다. 특히 제례는 정연한 행위의 연속성을 가진다. 비록 규칙이 수행자나 준수자에 의해 모두 이해될 수는 없다 하더라도 제례의 질서는 매우 중요해 절차에서 약간의 비효율적인 면이 있더라도 계속 전승되어 내려갈 수 있다.

그러므로 의례는 자신의 정체성을 확인해 역사 속에서 자신의 위치를 발견하는 존재라는 점에서 타자와의 차별화를 구현하는 형식을 불가분 갖게 된다. 종묘의례가 국가의식으로 이해된다는 것은 의례에 참여하는 왕과 신료들이 공유하는 국가의식에 대한 합의라고 볼 수 있다. 즉, 종묘의례는 왕실이 중심이지만 종묘의례 자체로서 국가의식을 각인하고 담보하려는 의례가 전개된다는 것이다.

전통문화의 상징으로 종묘에서 전개되는 종묘제례와 제례악은 유교이념에서 예가 갖는 기능을 보여준다. 제례는 통치자가 제례규범을 철저히 지킬 때 백성들이 상관에게 그들의 의무를 수행하는 데 철저하고 그들을 지배하는 데 용이하기 때문에 국가의 질서를 안정시키는 의미도 있었다. 즉, 통치자들이 도덕적으로 행동하고 제례를 준수할 때 나라는 안정될 수 있다고 여겼다. 또한 예가 수행될 때 도가 보존된다.

제례에 사용하는 음악은 천신 · 지기 · 인귀의 대상에 따라 연주 절차 · 춤의 종류 · 악조 · 악기 편성 · 연주 장소 · 연주 횟수가 정해져 있다. 이러한 내용은 『주례』에 기록되었으므로 작악作樂의 기본으로 삼았다.

종묘제도에 대해 비교적 자세히 알 수 있는 것은 『종묘의궤』가 편찬되었기 때문이다. 『종묘의궤』는 1706년(숙종 32) 종묘서도제조 판중추부사 서문중 등이 참여해 편찬했다. 이 자료는 조선시대 전반의 종묘제도를 다루지는 않았지만 적어도 조선 후기의 종묘제도에 관련해 상세한 정보를 제공해 준다는 데 의미가 있다.

우선 『종묘의궤』는 종묘의 전각, 악가, 일무, 제기, 면복, 관복 등과 관련해 당시 실제 진행된 의례 행사를 바탕으로 그림으로 남겨 설명함으로써 후대의 이해를 돕고 있다. 『종묘의궤』에 얼마나 꼼꼼하고 철저하게 종묘제례에 대해 그려졌는지는 현대에 종묘제례를 복원하는 데 착오가 없을 정도다.

종묘제례에서 선왕의 공덕을 기리는 노래를 지어 기악 연주에 맞춰 부르며 이를 춤으로 표현하는데 이를 종묘제례악이라고 한다. 즉, 국가 선왕들의 위패를 모신 사당에서 제례를 거행할 때 연행하는 악가무樂歌舞를 뜻한다. 이때 부르는 노래는 악장樂章이라 하고 춤은 여러 명의 무용수가 줄을 지어 춤을 춘다는 뜻으로 일무佾舞라 한다. 그러므로 종묘제례악은 노래와 악기 연주, 춤이 각각 개별적으로 독립된 것이 아니라 '악가무 일체'의 종합적인 구성으로 존재한다는 것이 특징이다.

종묘 제향은 정전의 경우 원래 춘하추동에 받드는 제사와 납향제(섣달) 등 5회가 있었고, 영녕전의 경우 춘추 2회였으나 1971년부터 '전주이씨대동종약원'이 정전과 영녕전 제사를 통합해 매년 5월 첫째 일요일에 한 번씩 종묘제례를 지내고 있다.

현재 종묘대제는 문화재청과 한국문화재보호재단이 주관하고 종묘대제봉행위원회가 주관하는데 주로 국립국악원 연주원, 중요무형문화재 종묘제례악 전승자들로 구성된 종묘제례악보존회가 음악을 맡고 일무는 국립국악고등학교 학생들이 맡고 있다. 또 한밤중에 횃불과 조촉을 밝히고 봉행하던 종묘제례의 시각도 1969년부터는 낮 시간으로 바뀌었다. 정전과 영녕전의 제관은 '능봉향위원회'가 주축이 되어 전주이씨가 아니더라도 각계의 인사들을 초청해 참여토록 유도한다.

2014 국제문화행사 유네스코 인류무형유산

종묘대제

종묘대제는 조선의 국가 사당이며
유네스코 세계유산인 종묘에서 조선왕조 역대 왕과 왕비의 신위를
모시고 지내는 제사로서, 유네스코「인류구전 및 무형유산 걸작」으로 선정되어
매년 5월 첫번째 일요일에 거행합니다.

2014. 5. 4 (日)

영녕전 제향 13:00 - 15:00   정전 제향 16:30 - 19:00

■ 종묘대제는 2012년부터는 1년에 2차
례씩 열리는데 '어가 행렬', '영녕전
제향', '정전 제향'으로 나뉘어져 더
품격을 높였다.

　　　2012년부터는 차원을 달리해 11월 첫 번째 토요일에도 봉행한다. 1년에
2번씩 열리는데 행사도 제례 중심에서 '어가 행렬', '영녕전 제향', '정전 제
향'으로 나뉘어져 더 품격을 높였다. 특히 어가 행렬은 서울 광화문 경복궁에
서 종묘까지 직접 행차하는 과정을 재현해 많은 사람이 길가에서도 볼 수 있
지만, 종묘에는 워낙 많은 사람이 참여하므로 사전에 예약하거나 일찍 방문
해야 한다. 보통 몇 시간씩 기다려야 하지만 세계 최고의 제례를 보면 후회하
지 않을 것이다.

제
3
장

남
한
산
성

경기도 광주시 중부면 산성리(성남시·하남시 일부 포함)에 있는 남한산성(사적 제57호)이 2014년 유네스코 세계문화유산으로 등록되었다. 남한산성은 동아시아에서 도시계획과 축성술이 상호 교류한 증거로서 군사유산이라는 점과 지형을 이용한 축성술, 방어전술의 시대별 층위가 결집된 초대형 포곡식包谷式 산성이라는 점 등이 좋은 점수를 얻었다. 포곡식 산성이란 계곡을 감싸고 축성된 산성을 말한다.

서울을 지키는 외곽에 4대 요새가 있었다. 북쪽의 개성, 남쪽의 수원, 서쪽의 강화, 동쪽의 광주였다. 동쪽의 광주에는 남한산성이 있었다. 광주산맥 주맥에 쌓은 약 528만 4,598제곱미터의 남한산성은 광주시, 성남시, 하남시 등 3개 시에 걸쳐 있으나 성의 대부분은 광주시 중부면 산성리에 속한다.

산성은 청량산이 주봉이며 북쪽으로 연주봉, 동쪽으로 벌봉과 남쪽으로 몇 개의 봉우리가 연결되어 있다. 성벽의 외부는 급경사를 이루지만 내부는 경사가 완만하고 평균고도 350미터 내외의 넓은 구릉성 분지 위에 자리잡고 있어 방어용 산성으로 천혜의 조건을 갖고 있으므로 『여지도서』는 남한산성을 '천작지성天作之城'이라고 했다. 하늘이 내려준 천혜의 자연조건을 완벽하게 갖춘 성城이라는 뜻이다. 가운데는 평평하고 바깥은 험고하며 형세가 웅장해 산꼭대기에 관을 쓴 것 같은 형상이라고 했다.

남한산성은 북한산성과 함께 한양 도성으로 가는 데 반드시 거쳐야 할 주요 길목이므로 서울을 남북으로 지키는 산성 중의 하나로 중요성을 부여받고 있었다. 남한산성의 중요성은 삼국시대에 패권을 장악하기 위해 삼국이 사력을 다해서 쟁취하려던 지역이라는 데 있다. 남한산성은 "백제 온조왕 13년(기원전 6년)에 산성을 쌓고 남한산성이라 부른 것이 처음"이라고 『고려사』와 『세종실록』「지리지」에 기록되어 있다. 그러므로 남한산성이 백제 초기에 한산漢山으로 불리기도 하여 남한산성이 백제의 왕도였다는 견해도 제기되었으며, 신라가 삼국을 통일한 후 당나라와 전쟁을 수행하면서 한강 유역을 방어하기 위해 672년에 축조한 주장성晝長城이라는 주장도 있다.

940년(고려 태조 23), 한산은 광주로 개칭되었는데 조선시대에 수도를 한양으로 정하자 남한산성은 전략적 거점으로 부각된다. 『조선왕조실록』에 1410년(태종 10)부터 남한산성에 대한 수축 논의가 시작되며, 1418년(세종 1)에도 남한산성을 수축할 것을 청하는 내용이 있을 정도로 조선에서 중요하게 생각했다. 특히 임진왜란 당시에 남한산성은 난공불락의 요새로 인식되었다. 그러나 남한산성이 한국사에 큰 획을 긋는 것은 인조대다. 인조반정 (1623) 이후 광해군대의 중립외교를 포기하고 친명배금으로 외교정책을 바꾸면서 후금後金을 자극해 조선과 후금의 전투가 불가피하게 되자 남한산성은 본격적인 역사에 등장한다.

역사의 현장, 남한산성

1625년(인조 3), 후금은 선양瀋陽으로 천도하고, 태조 누르하치의 아들 태종이 뒤를 이었다. 젊고 패기만만한 태종은 명을 정벌하기 전에, 친명반청의 정책을 내세우는 조선을 반드시 정벌해야 했다. 명나라를 공격할 때 후방에 있는 조선이 공격하면 양쪽에 적을 두고 싸우는 형세가 되기 때문이다. 더불어 명이라는 대국을 공격하기 위해서는 필요한 물자를 확보할 수 있는 보급창으로도 조선은 중요했다.

더불어 태종은 조선에 대한 정보를 많이 갖고 있었다. '이괄의 난' 주모자 중의 한 사람인 한명련韓明璉의 아들 한윤韓潤은 반란이 실패하자 잔당을 이끌고 후금으로 도망했다. 한윤은 청나라를 배척하지 않은 광해군이 쫓겨난 것과 명나라를 섬기려는 인조가 반정으로 임금이 된 것은 부당하다고 호소했다. 이를 계기로 태종의 조선정벌 의지는 더욱 굳어졌다.

후금의 태종은 1627년(인조 5) 1월, 왕자인 패륵貝勒과 아민阿敏에게 군사 3만 명을 주어 조선을 공격하도록 명령했다. 이를 정묘호란이라 한다. 그들은 순식간에 의주를 점령한 다음 둘로 나뉘어 주력 부대는 용천, 선천을 거쳐 안주성 방면으로 진격했고 일부 병력은 평안도 가도椵島에 주둔하고 있던 명나라의 모문룡毛文龍 부대를 격파하고 황해도 평산까지 진입했다.

전세가 불리해지자 조선 조정은 김상용金尙容을 유도대장에 명해 한성을 지키게 하고 소현세자는 전주로 내려 보냈으며 인조 자신은 강화도로 피신했다. 후금이 계속 도성을 향해 진격하자 김상용은 창고에 보관된 식량을 모두 태워버렸다. 더불어 임진왜란을 통해 전투 경험을 쌓은 의병들이 후금의 배후를 공격하기 시작하자 후금은 더는 남하하지 못하고 황해도 평산에 진을 치고 조선에 화의를 제의했다.

조선 조정은 화친을 주장하는 화친론자와 이를 반대하는 척화론자로 갈려 치열한 논쟁이 벌어졌지만, 화친론자 최명길 등이 나서서 화의 교섭을 했다. 사실 후금이 조선을 공략한 가장 큰 목적은 조선을 점령해 통치하겠다는 것이 아니라 명을 공격할 때 배후 세력인 조선을 묶어두기 위한 전략이었으므로 조선과 형제의 예를 갖추는 선에서 화친을 맺었다.

특히 "두 나라는 각기 경계를 잘 지켜 원수로 삼지 않는다"라는 서약서도 서로 교환해 조선으로서는 비교적 무난하게 전란을 마무리한 셈이다. 그런데 후대의 학자들을 놀라게 한 것은 조선이 정묘년에 청군에 호되게 당하고도 아무런 대책을 세우지 않았다는 점이다. 조선 역사상 최대의 치욕은 이미 예견된 일이나 마찬가지였다.

정묘호란 뒤에 후금의 2대조인 태종 황타이지皇太極는 나라 이름을 후금에서 '청'으로 바꾸었다. 그런데 청나라가 내몽골을 정벌하고 북방의 패자가 되자 정묘조약과는 달리 조선에 엄청난 세폐歲弊를 요구했고 '아우의 나라'에서 '신하의 나라'가 되라고 요구했다. 더구나 명나라와의 군신관계를 청산하고 청나라를 섬기라는 굴욕적인 요구도 가미하자 조선은 이들의 요청을 거부했다. 이에 발끈한 태종이 조선을 공략하는데 이것이 병자호란이다.

1636년 12월 9일, 청 태종은 청군 7만, 몽골군 3만, 한족군 2만 등 도합 13만 명을 이끌고 직접 압록강을 건너 순식간에 안주까지 진격했다. 청군은 조선의 명장 임경업林慶業이 의주의 백마산성을 철통같이 수비하고 있음을 알고 백마산성을 피해 곧바로 한양으로 직행했다. 백마산성을 지키고 있던 임경업은 인조에게 청의 수도 선양을 공격하면 전세를 역전시킬 수 있다는 뛰어난 전략을 제안했지만 이 제안은 실행되지 않았다.

12월 13일 청군이 평양에 도착했고 청군 선발대가 14일 개성을 통과하자 대국인 청과 전쟁을 하자던 대신들조차 왕이 피난을 빨리 가야 한다고 주장했다. 인조는 강화도 수비를 명령한 후 우선 종묘사직과 원손元孫, 둘째아들 봉림대군(효종), 셋째아들 인평대군을 강화도로 피난시킨 후 도성을 탈출코자 했다.

그런데 남대문을 나서려는데 청군 선발대가 이미 지금의 서울시 불광동 일대인 양철평良鐵坪을 통과했다는 보고를 받고 강화도로 피신을 포기하고 수구문水口門으로 통과해 남한산성으로 향했다.

원래 조선은 청의 침입에 대비해 강화도로 피난한다는 계획을 세우고 식량과 군비를 강화도에 집중시켰는데, 인조가 강화도가 아니라 예정에도 없던 남한산성으로 피신했으므로 곧바로 문제점이 생기기 시작했다. 인조가 남한산성으로 피신했을 때 성 안에 비축된 양곡 1만 4,300석, 소금 90여 석뿐으로 이것으로는 50여 일의 식량에 지나지 않았다. 인조는 성 안에 있던 1만 3,000명의 병사에게 성을 지키라고 하고 각지의 장병을 모집하고 명나라에 원병을 청했다. 그러나 남한산성에서는 식량 등이 부족하므로 장기간 버틸 수 없다며, 강화도로 방향을 돌려야 한다는 주장이 제기되었다. 인조가 이를 수용해 남한산성을 나와 강화도로 출발했으나 눈보라가 심하게 몰아치는 것은 물론 길이 얼어붙어 남한산성으로 다시 돌아왔다.

반면에 청군은 큰 저항을 받지 않고, 12월 16일에 선봉이 남한산성에 당도해 산성 밑 탄천에 포진했다. 조선군은 포위된 상태에서 몇 차례에 걸쳐 별동대를 성 밖에 보내 적병과 교전, 수십 명을 사살하는 전과를 올리기도 했다. 그러나 전국 각지에서 출병한 구원병들이 모두 남한산성에 도착하기 전에 궤멸되거나 흩어졌고 의병들마저 별 도움이 되지 않았으며 명나라의 원병도 중간에 풍랑으로 인해 되돌아가게 되었다.

남한산성이 고립무원의 절망적인 상태가 되자 성 안의 조선 조정에서는 점차 강화론이 힘을 얻어가고 있었지만 결사항전도 만만치 않았다. 결국 대세는 강화도로 결론났지만 시간을 벌고 있었는데, 그 와중인 1637년 1월 22일 강화도가 청군에 함락당하면서 피신해 있던 왕자와 군신들의 처자 200여 명이 청군에 포로로 잡혔다.

기선을 잡은 청군은 곧바로 남한산성에 대한 총공세를 벌여 조선군의 사상자는 점점 늘어났고, 1월 25일에는 청군의 화포 공격으로 성벽 일부가 무너졌다. 당시 청군의 병력은 남한산성 병력의 10배에 달했고 더불어 식량의 고갈, 왕자가 포로가 되는 등 모든 정세가 불리해지자 인조는 항복을 결심

남한산성

해 최명길과 김신국 등이 조선의 대표로 청과 항복 조건을 조율토록 했다.

청에서는 항복의 예로 두 가지 방법을 제시했다. 첫째는 두 손을 묶고 빈관을 메고 가는 것이었다. 죽을 죄를 지었으니 죽어도 달게 받겠다는 의사를 표하는 것이다. 둘째는 항복단 아래서 삼배구고두三拜九叩頭(청나라 황제를 알현할 때 하는 인사법으로 3번 절하고 9번 이마를 찧는 것)하는 것이다. 결론은 두 번째 방법이었다. 결국 1월 30일 인조가 성을 나아가 삼전도三田渡에서 청 태종을 향한 삼배구고두를 행했다.

병자호란 당시 인조가 남한산성을 빠져나가 삼전도에서 청 태종에게 항복한 것은 남한산성이 함락 당해서가 아니라 구원병이 궤멸되고, 강화도가 함락되어 왕자가 포로가 된 상태에서 더는 저항하기가 어려운 상태에 몰렸기 때문이다. 그렇지만 왕실이 피신해 45일간이나 항전할 수 있었던 것은 남한산성과 같은 보장지保障地가 있었다는 것을 염두에 둘 필요가 있다.

일부 학자들이 병자호란 당시 인조가 남한산성에서 출성出城해 항복했다는 하나의 사실만으로 남한산성을 굴욕과 치욕의 장으로 인식하는 것은 편협한 역사인식의 결과라고 주장하는 이유다. 여하튼 병자호란 당시 척화론을 주장하다가 청에 끌려가 죽음을 당한 오달제, 윤집, 홍익한 등 삼학사의 영혼을 모신 현절사가 1688년 남한산성에 세워지면서 남한산성은 도리어 항청抗淸 의식의 정신적 중심지 역할을 했고, 이런 정신적 유산 등이 유네스코가 인정하는 세계문화유산이 된 것이다.

2001년 11월 남한산성 행궁터 서쪽 바깥 담장과 안쪽 담장 사이에서 초기 백제시대 토기 조각 2개의 저장용 구덩이 시설이 확인됨으로써 남한산성이 백제 영토였음이 증명되었다.

남한산성 돌아보기

남한산성은 통일신라 시기인 7세기부터 18세기 조선 영조 때까지 축성을 거듭한 흔적이 고스란히 남아 있는 것은 물론 조선시대의 성곽이 갖춰야 할 성내 시설이 완벽한 곳이다. 또한 본성 외에 봉암성, 한봉성 2개의 외성을 갖추고 있다. 1636년 병자호란의 현장이고, 1895년 을미사변 직후 일제에 맞선 의병들이 항쟁의 중심지로 활용하기도 했다.

남한산성의 역사성은 성곽 안에 왕이 궁궐 밖 행차 때 잠시 머무르던 별궁인 행궁行宮을 비롯해 지정문화재와 비지정문화재가 다수 소재하는 것으로도 알 수 있다. 지정문화재는 남한산성이 1963년 1월 21일 사적 제57호로 지정된 이래로 경기도 유형문화재 6개소, 경기도 문화재자료 2개소, 경기도 기념물 3개소 등이며, 비지정문화재는 산성관리청인 수어청을 비롯해 장대 3개소, 사지 6개소, 옹성 5개소, 봉화대 2개소다.

성벽에는 4대문 외에 16개의 암문이 있으며, 성벽 위에는 1,940여 개의 여장女墻 하나를 뜻하는 타垜로 구성되고, 각 타에는 원총안과 근총안이 설치되었다. 성벽 안쪽에는 125개에 달하는 군포가 구축되어 있다. 군포와 군포 사이에는 90여 군데의 소금을 묻어둔 매염터와 숯을 묻어둔 매탄터가 있었다. 또한 수구문, 우물터 6개소, 비석 43여 개, 포루와 돈대 20여 개 등이 있다.

2000년 한국토지공사 토지박물관 지표조사에 의하면, 여장의 옥개전 중심선을 기준으로 측량한 수평거리의 경우 남한산성 성벽의 전체 규모는 둘레가 1만 2,356미터, 폐곡선을 이루지 않는 한봉성을 제외한 성 내부의 면적은 214만 5,268제곱미터로 확인되었다. 그중 남쪽의 두 돈대를 제외할 경우 전체 둘레는 1만 2,101미터이며, 성 내부의 면적은 220만 6,901제곱미터이며, 외성과 옹성을 제외한 원성의 규모는 둘레가 7,545미터이고 성 내부의 면적은 212만 6,637제곱미터다.

남문

남한산성의 성문은 각 방향으로 하나씩 모두 4개가 있다. 남문은 지화문至和門, 동문은 좌익문左翼門, 북문은 전승문全勝門, 서문은 우익문右翼門으로 모두 홍예문이며, 문루가 있다. 남문은 성곽의 서남쪽에 있는 4대문 중 가장 크고 웅장한 중심문으로 유일하게 문루에 현판이 걸려 있으며, 1778년(정조 2) 성곽을 개보수할 때 개축해 지화문이라 칭했다.

남한산성의 남문은 성곽의 서남쪽에 있는 4대문 중 가장 크고 웅장한 중심문으로 유일하게 문루에 현판이 걸려 있다. 남문은 역사의 현장으로 병자호란 당시 인조가 성 안으로 들어온 문이며, 강화도로 가기 위해 문을 나섰다가 추위로 인해 강화도 행을 포기하고 다시 들어온 곳이기도 하다. 현재 홍예문을 비롯해 문루가 비교적 잘 남아 있으며, 판목으로 만들어 철린을 입힌 성문에는 총구멍도 남아 있다. 남문의 폭은 335센티미터이며 높이는 475센티미터인데, 홍예기석 위에 17개의 홍예석을 올려 반원형의 홍예문을 구축했

■ 남한산성의 남문은 성곽의 서남쪽에 있는 4대문 중 가장 크고 웅장한 중심문으로 유일하게 문루에 현판이 걸려 있다.

다. 문루는 정면 3칸측면 4칸이며, 지붕은 팔작지붕에 용머리 망와로 마감했다. 연등천장이며 기둥은 주심포식에 초익공의 포를 갖추었고 굴도리 가구다.

암문

남문에서 계속 길을 걸으면 영춘정迎春亭이 맞이한다. 정자의 이름이 '봄

■ 남한산성에 현재 남아 있는 암문은 모두 16개인데, 제6암문은 1637년 한밤중에 습격해온 청군을 크게
물리친 곳이라 하여, 이 부근을 '서암문 파적지'라고 부른다.

을 맞는 정자'라는 뜻이며, 곧바로 제6암문(서암문)이 보인다. 암문暗門은 성문의 한 종류로, 문루 없이 석축 부분에 있는 사잇문을 말하며 적에 노출되지 않고 출입할 수 있도록 문을 닫으면 성벽처럼 보인다. 성내에 필요한 병기와 식량 등을 운반하고 적에게 포위당했을 때 극비리에 구원을 요청할 수 있고 적을 엄습할 수 있는 통로로도 사용되었다.

남한산성의 특징 중 하나가 한국 성곽 중 가장 많은 암문이 있다는 점이다. 그 이유는 성곽의 규모가 크고 굴곡이 많은 지형과 성 외부에 외성이나 포대, 옹성 등과의 원활한 통행을 위해서다. 남한산성에 현재 남아 있는 암문은 모두 16개다. 본성에 11개, 봉암성에 4개, 한봉성에 1개 등이다. 서암문은 그중의 하나다. 너무 많아 이름 붙이기 쉽게 아예 번호로 매겼다. 제2암문과 제6암문만 개구부開口部가 평거식平据式이고, 나머지는 전부 홍예식인데 암문의 규모를 기능과 위치에 따라 매우 다르게 한 점도 특징적이다. 제6암문은 1637년(인조 15) 한밤중에 습격해온 청군을 크게 물리친 곳이라 하여, 이 부근을 '서암문 파적지'라고 부른다.

수어장대

다소 가파른 오르막길을 오르면 남한산성 최고봉으로 해발 506미터인 청량산靑凉山에 이른다. 청량산은 옛날엔 남한산, 또는 한산이라 부르기도 했다. 남한산성 최고봉 청량산에 수어장대守禦將臺가 있다. 장대는 전쟁 때나 군사훈련을 위해 마련한 장수의 지휘소를 말한다. 성내의 지형 중 높은 곳으로 지휘나 관측이 용이한 곳에 설치한다. 성이 넓어 한 곳의 장대에서 지휘를 할 수 없는 경우 각 방면에다 장대를 마련했는데, 장대는 전투시에는 지휘소인 반면 평상시에는 성의 관리와 행정 기능도 수행했을 것으로 추정된다. 정상에 올라가면 성내는 물론이고, 멀리 양주·양평·용인·고양·서울의 풍광을 볼 수 있으며 날씨가 좋은 날은 멀리 인천의 낙조까지 조망할 수 있다. 병자호란 때는 인조가 40일간 머물면서 직접 군사를 지휘·격려하며 결사적인 항전을 했던 곳이다.

일반적으로 성의 장대는 규모가 크지 않은 단층 형식이 대부분이나 남한산성이나 수원 화성처럼 중층 누각 형태의 장대도 있다. 남한산성에는 동,

■ 장대는 전쟁 때나 군사훈련을 위해 마련한 장수의 지휘소여서 성내의 지형 중 높은 곳, 즉 지휘나 관측이 용이한 곳에 설치한다.

서, 남, 북 각 방면에 각각 하나씩 4개의 장대와 봉암성에 외동장대를 설치해 5개의 장대가 있었다. 남한산성에 건설된 5장대 중 동장대를 제외한 4장대는 17세기 말엽까지는 단층 누각건물의 형태로 남아 있었는데, 18세기 중후반 서장대와 남장대가 2층 누각 형태로 건립되었으며 그중 서장대인 수어장대만이 지금까지 존속된 것으로 보인다.

경기도 유형문화재 제1호로 지정된 수어장대는 당초에는 단층으로 지어 서장대라 불렀으나 1751년(영조 27) 복층으로 증축하면서 외부 편액은 수어장대, 내부 편액은 '무망루無忘樓'라 이름했으며 서대라고도 불렸다. 무망루는 병자호란 때 인조가 겪은 시련과 8년간 청나라에 볼모로 잡혀갔다 귀국해 북벌을 이루지 못하고 승하한 효종의 원한을 잊지 말자는 뜻에서 영조가 지은 것이다.

아래층은 정면 5칸 측면 3칸이고 위층은 정면 3칸 측면 2칸인 익공계 팔작지붕이다. 1층 평면은 내진과 외진으로 구분되어 있는데 내진부에는 전돌, 외진부에는 긴 마루를 깔았다. 낮은 축대 위에 한 단 높여 다듬은 돌로 기단을 놓았으며, 기단 전체는 자연석을 허튼층 막돌쌓기로 쌓았다. 기둥은 모두 민흘림의 둥근기둥이다. 천장은 높은 기둥 위에 대들보를 건너지르고 그 위에 동자기둥을 세워 마루보를 받쳤으며 위층은 창을 내고 매 칸마다 2짝 판문을 달았으며 모로단청을 했다. 영조와 정조는 여주 영릉의 효종 능묘를 참배하고 돌아올 때면 언제나 이곳에 들러 하룻밤을 지내면서 잊을 수 없는 치욕사를 되새겼다고 한다.

수어장대 입구에 청량당, 앞마당 한쪽에 매바위가 있다. 청량당은 성벽을 쌓을 때 억울하게 죽은 축성 담당자였던 이회李晦 장군을 기리기 위해 세운 사당이다. 그의 두 부인과 실제로 성벽을 쌓았던 벽암대사의 초상화가 걸려 있다.

이회는 남한산성 축성 때 남쪽 부분 공사를 맡았는데, 어느 날 공사비를 횡령했다는 모략을 받고 사형대에 오르게 되었다. 이회는 변명 한마디 하지 않고 "무릇 일이란 사필귀정이니 내가 죽는 순간 매 한 마리가 날아오리라. 만일 매가 오지 않으면 내게 죄가 있는 것이 분명하지만 매가 오거든 나에게 죄가 없음을 알라" 하는 유언 한마디를 남기고 형을 받았다.

이회가 절명하려는 순간 과연 매 한 마리가 날아와 사형대 옆 바위에 앉아 이회의 마지막을 슬프게 바라보았다. 이회가 죽은 후 '공사비 횡령' 사건을 다시 검토해 이회가 누명을 벗었으나 이미 이승 사람이 아니었다. 한편 남편의 임무 완수를 빌며 행상으로 공사비를 보태고 있던 이회의 아내는 남편이 억울하게 죽었다는 비보를 듣고 송파나루 앞에 있던 쌀섬여울에서 몸을 던졌다고 알려진다.

매바위는 모함으로 참수형을 당한 이회 장군의 말대로 매가 날아와 앉아 무고함을 알렸다는 바위다. 이곳은 이천 부사가 군사 2,000명을 거느리고 우부별장이 되어 지킨 곳이기도 하다. 서장대가 있는 산이 청량산이므로 청량당이라 이름지었다고 한다.

서문

수어장대를 지나면 서문인 우익문右翼門이 나온다. 동문을 좌익문左翼門이라 부르며 서문을 우익문이라고 정조 때 명명했다. 서문은 산성의 동북쪽 모서리 부분의 해발 450미터 지점에 있다. 이곳에서 서쪽 사면의 경사가 급해 물자를 이송하기는 어렵지만 광나루나 송파나루 방면에서 산성으로 진입하는 가장 빠른 길이다. 문루는 정면 3칸 측면 1칸의 팔작지붕이며 겹처마를 두르고 누대의 용마루는 치미를 올려 장식했다. 기둥 양식은 주심포에 2출목익공식 포를 장식했다.

군포와 매탄지

군포는 군인들의 초소로 『중정남한지』에 의하면, 산성 내에 125개소가 설치되었는데 매 군포는 2~3칸 정도의 작은 목조 건물로 지붕에 기와를 얹고 벽체는 토석벽을 둘렀다. 또한 군포는 초소건물의 기능에 맞추어 정면은 트여 있고 온돌은 설치하지 않았다. 군포 좌우측에는 소금이나 숯 등을 묻어두는 매탄지를 설치했는데 서문을 지나면 곧바로 매탄지가 나온다. 이처럼 숯과 소금을 묻어둔 것은 유사시에 사용하기 위한 것으로 전쟁에 대비해 비축해놓은 것이다. 『중정남한지』에는 산성 내에 숯가마니를 묻은 곳이 94개소에 2만 4,192석이었다고 기록하고 있다. 현재 성내에서 군포 자체는 발견되지 못했지만 서벽 안쪽의 평탄하고 기와조각이 많이 발견되는 대부분의 지역에 군포가 있었을 것으로 추정된다.

옹성과 치

매탄지에서 얼마를 걸으면 제5암문이 나오는데 이 암문은 연주봉 옹성으로 연결되는 통로다. 서쪽에는 성벽에서 2미터 정도 돌출된 치雉가 있고, 북쪽으로는 직선 길이 150미터 정도의 연주봉 옹성이 연결된다. 옹성은 성문에 접근한 적을 포위·공격하기 위해 성문 밖으로 한 겹 더 성벽을 쌓아 성문을 이중으로 지키는 시설물이다. 성내로 진입하기 위해서는 이 옹성을 먼저 통과해야 하는데, 성벽 밖으로 돌출되어 있어 성문으로 접근하는 적을 삼면에서 입체적으로 공격할 수 있는 시설물이다. 남한산성에는 남쪽에 제1, 2, 3 남옹성, 북쪽에 연주봉 옹성, 동쪽에 장경사신지 옹성이 설치되어 있다.

그런데 남한산성의 옹성은 기본적으로 성문을 방어하기 위한 시설이 아니므로 일반적으로 옹성이라기보다는 치雉나 용도甬道라고 할 수 있다. 그러므로 치성과는 달리 모두 체성과 직접적인 연결됨이 없이 체성벽의 기저부를 옹성의 상단으로 하여 축조했고, 암문을 통해 연결되도록 했다. 옹성의 말단부에는 포루를 설치했다는 특징이 있다.

성곽 중 일부가 돌출한 구조로 성곽 아래의 적을 측면에서 공격할 수 있다. 산성의 경우 성벽과 능선이 교차되는 높은 지점에 치를 만들었고 평지성의 경우에는 산성보다 일정한 간격을 유지하면서 치를 설치했다. 치는 이미 중국 홍산문화의 후대인 샤자뎬 하층문화(기원전 2000년경)를 이어 삼국시대를 거쳐 줄기차게 동이족의 터전에서 건설되어 한민족의 전유물처럼 알려진 축성법이다. 한편 일반적으로 산성에는 지형을 따라 성벽이 축조되는 과정에서 자연스럽게 굴곡을 이루게 되어 별도의 치가 필요 없는 경우가 많다.

남한산성에도 치가 거의 필요 없을 정도로 성벽의 굴곡이 심하고, 특히 암문은 성벽이 능선을 따라 회절하는 곳에 인접해 설치했다. 원성의 경우 1남 옹성과 3남 옹성, 연주봉 옹성 부분에는 폭 12미터, 길이 3미터, 하단부의 폭 약 3미터를 돌출시켜 치를 구축했다. 원성에 설치된 4개의 치 외에 봉암성에서 한봉성으로 넘어가기 직전의 평탄 지역에도 치가 설치되어 동쪽의 완경사면과 한봉성의 성벽으로 접근하는 적은 방어할 수 있도록 했다.

북문

북문인 전승문全勝門까지 800미터 정도의 거리를 걸어야 하는데, 그 직전에 북장대터가 흔적으로만 전하고 있다. 북문은 성곽 북쪽의 해발 367미터 지점에 있는데, 조선시대에 수운을 통해 걷어들인 세곡을 등짐으로 운반해 이 문을 통해 산성 안으로 들어갔다고 한다.

북문은 병자호란 당시 치열한 전투가 벌어진 현장이기도 하다. 절대 열세의 군사력이지만 조선군은 성문을 열고 청군에 기습공격을 감행했는데 역사는 계획대로만 진행되는 것은 아니라는 것을 북문의 전투로도 알 수 있다. 병자호란 당시 영의정 김류의 주장에 의해 군사 300여 명이 북문을 열고 나가 청군을 공격했으나 적의 계략에 빠져 전멸하고 말았다. 이를 '법화골 전투'라고 하는데, 병자호란 당시 남한산성 내의 최대의 전투이자 최대의 참패였다. 정조 때 이를 잊지 말고 앞으로는 꼭 승리하자는 의미로 전승문이라 명명한 것으로 전해진다.

벌봉

북문을 나서면 제4암문인 북암문이 나오는데 이 암문은 북문의 보조기능을 하도록 설치한 것으로, 1킬로미터 정도 내려가면 하남시 상사창동에 도달하게 된다. 제3암문인 봉암성 암문도 300미터 정도에 있다. 봉암성 암문은 다른 문에 비해 규모가 큰데 봉암성은 본성의 동장대 부근에서 동북쪽의 능선을 따라 벌봉(일명 봉암) 일대에 쌓은 외성을 말한다. 벌봉은 해발 512.2미터로, 남한산성 정상인 청량산보다 높지만 남한산성의 외성에 있고 다른 봉우리이기 때문에 청량산이 남한산성에서 가장 높다고 한다. 벌봉에서는 남한산성의 서쪽 내부와 동벽이 넓게 보인다. 봉암성에도 모두 4개의 암문과 2개의 포대 · 치성 등이 있다. 봉암성 암문은 또 본성과 봉암성을 연결하는 매우 큰 주출입구로 동장대터로 되돌아 나오는데 동장대터도 해발 513미터다.

여장과 포루

여장女墻은 체성 위에 설치하는 구조물로 적의 화살이나 총알에서 몸을 보호하기 위해 낮게 쌓은 담장을 말한다. 이 여장을 여담, 여첩, 치첩, 타, 여원 등으로도 부르며 고대에는 성각휘, 성가퀴, 살받이터 등으로 불렸다. 또한 설치하는 목적에 따라 치폐, 첩담, 비예, 희장 등으로도 부른다. 여장의 종류에는 평여장과 凸형여장, 반원형여장 등이 있는데 남한산성의 여장은 모두 평여장이다. 여장 하나를 1타垜로 표기하는데 여장과 여장 사이의 틈을 타구垜口라고 하고 평여장은 크기가 일정한 장방형의 형태를 하고 있다.

남한산성의 경우 위치에 따라 약간의 차이가 있지만 1타의 길이는 대략 3~4.5미터, 여장의 높이는 낮은 곳은 70센티미터, 높은 곳은 약 135센티미터다. 타와 타 사이 타구의 폭은 30센티미터, 타구의 높이는 56센티미터로 대략 여장 높이의 1/2 정도다. 여장의 폭은 76센티미터, 타와 타 사이의 간격은 약 15센티미터이나 중앙부를 '∧' 형태로 뾰족하게 처리해 좁지만 상대적으로 넓은 면적의 조망이 가능하다. 남한산성 여장의 경우, 급경사 지역의 일부 지역에서는 경사면의 중간에 단을 두어 계단과 같이 축조했으나, 대부분은 단을 두지 않고 바닥의 경사면과 평행하게 여장을 설치했다.

일반적으로 여장의 경우 체성벽의 상단에 미석을 설치하고 여장을 쌓는다. 미석은 체성벽에서 3치 정도 밖으로 돌출하도록 했는데, 체성벽 맨 윗단의 높이를 일정하게 맞추는 역할과 의장적인 요소도 포함되어 있다. 수원 화성은 미석을 기본으로 했는데 남한산성은 이러한 미석이 거의 발견되지 않는 것으로 보아 축성시 미석을 설치하지 않았던 것으로 추정된다.

현존하는 여장은 대부분 성벽의 정상부에 지대석을 놓고 그 위에 20~30센티미터 정도의 할석으로 30센티미터 정도 허튼층 막쌓기 형태로 쌓고 그 윗부분에는 방전을 사용해 쌓고, 내부에는 생석회 잡석다짐을 했으며, 정상부에는 옥개전을 덮었다.

포루는 중화기 공격을 위해 성곽에 구멍을 낸 것으로 지휘는 위의 누각에서 한다. 남한산성의 포루는 상당히 많지만 현재 7개소가 확인되었다. 포루들은 대부분 신남성 방향이나 한봉 방향을 향하고 있는데 그것은 사방의 산이 험준해 적의 화포 공격이 가능한 곳은 이 두 군데 밖에 없기 때문이다.

각 포루는 체성벽의 안쪽에 폭 130센티미터, 높이 150센티미터 정도의 공간을 구축하고 성벽 쪽에는 폭 50×50센티미터 정도의 구멍을 내어 포신을 걸칠 수 있도록 포루를 만들었으며, 좌측이나 우측벽에는 화약이나 무기들을 비치할 수 있는 작은 이방耳房을 구축했다.

장경사

동장대터를 지나면 장경사신지 옹성 암문이 나온다. 다른 암문은 본성 축조 시 함께 만들어져 사전에 계획된 반면, 이 암문은 장경사신지 옹성을 쌓으면서 신축한 암문으로 보인다. 또한 한봉성과 봉암성의 방어를 주목적으로 설치했다. 한봉성은 동문 밖으로 봉암에서 남쪽으로 약 1.2킬로미터, 본

■ 장경사는 1894년 갑오경장으로 승군제도가 없어질 때까지 전국에서 뽑힌 270여 명의 승려가 교대로 산성을 보수하거나 경계하는 역할을 수행했다.

성 동문에서 동쪽으로 0.8킬로미터 지점에 있는 한봉을 연결하는 성곽이다.

곧이어 장경사에 다다른다. 1624년(인조 2) 남한산성을 고쳐 쌓을 때 승려 벽암 각성覺性을 팔도도총섭으로 삼고, 전국의 승려들을 번갈아 징집해 성을 쌓게 했다. 축성 후에도 승군들이 주둔했다. 장경사는 이들의 숙식을 위해 1638년(인조 16)에 건립한 절이다. 1894년 갑오경장으로 승군제도가 없어질 때까지 전국에서 뽑힌 270여 명의 승려가 교대로 산성을 보수하거나 경계하는 역할을 수행했다.

인조 이전부터 있던 망월사·옥정사를 비롯해 인조시대에 새로 건축된

개원사 · 한흥사 · 동림사 · 국청사 · 천주사 · 남단사 · 장경사 등 남한산성의 9개 사찰은 팔도의 승군들이 머물렀던 호국 의지가 담긴 사찰이다. 현재까지 온전히 보존되어온 사찰은 장경사뿐인데 몇몇 사찰은 일제강점기에 일본인들이 파괴했다는 설이 지배적이다.

장경사에는 조선 후기 다포계 양식에 팔작지붕을 얹은 대웅전 건물과 요사채 3동이 있다. 산성 축성 때 세운 국청사는 일제 때 폭파당하고 터만 남아 있었는데, 1968년 보운普運 승현화상承賢和尙이 재건했으며, 최근에 망월사가 복원되었다.

장경사 암문인 제1암문도 지척거리에 있다. 다른 암문들은 우측의 성벽을 돌출시켜 적의 공격을 대비한 반면, 이 암문은 좌우 성벽을 돌출시키지 않았다. 바깥에서 안쪽으로 들어오면서 점점 더 넓어지는 형상을 하고 있다.

성벽

성벽을 따라갈수록 남한산성이 천혜의 요새라는 사실에 감탄하지 않을 수 없다. 이 남한산성을 함락시킬 수 있을 자가 누가 있겠느냐는 뜻으로 오죽했으면 '천작지성'이라 했을까 싶다. 실제로 청군이 화포 등으로 무장했다고 하지만 조선군의 정황이 조금만 좋았더라도 남한산성을 함락시키기 어려웠을 것이라는 데 공감한다. 물론 역사는 '만약'이라는 단어와는 거의 연계가 없으므로 이런 생각조차 부질없는 일이다.

성벽의 높이는 낮은 곳이 3미터, 높은 곳은 7미터 내외이며 성벽의 축성 방법은 축성과 개축 시기에 따라 차이가 있다. 인조 때 축성한 원성의 경우

■ 성벽을 보면 남한산성이 천혜의 요새라는 사실에 감탄하지 않을 수 없다. 오죽 했으면 '천작지성'이라고
했을까?

지반 위에 잘 다듬은 장대석을 쌓고 막힌줄눈 바른층 쌓기를 했다. 성돌의 지

대석의 크기는 약 50 × 30센티미터, 그 위로 33 × 22센티미터, 40 × 20센티미

터, 43 × 18센티미터, 33 × 18센티미터, 32 × 20센티미터, 50 × 19센티미터

정도의 네모서리를 다듬질한 면석을 사용해 쌓았으며 뒤에는 잡석으로 뒷채

움을 깊게 했다.

　각 돌의 높이는 대체로 20센티미터 내외이며 폭은 30~50센티미터, 높

이 대 폭의 비율은 1 : 1.5~2.3 정도다. 이러한 성돌의 비율은 삼국시대에서 통일기의 석축산성에 비해 상당히 확대된 수치다. 삼국시대와 통일시대의 경우 성돌은 높이 약 15센티미터, 높이 대 폭의 비율은 1 : 3.2~4.8 정도다. 삼국시대에 비해 높이는 높아지고 폭은 좁아졌다. 특히 남한산성에서는 원성과 같이 수평줄눈을 맞추지 않고 올라 쌓았다. 크기가 일정치 않은 방형 석재를 쌓고 사이사이에 작은 돌을 끼워 넣는 방식도 많이 보인다. 이것은 무거운 돌을 운반할 수 있는 기구가 사용되면서 성돌이 커지고, 이에 따라 각 성돌 사이에는 틈 없이 서로 결합하는 면이 넓어지도록 함으로써 성벽의 안정성을 높인 것이다. 이러한 축성 기법은 정조 때 정약용에 의해 시공된 수원 화성 때 절정을 이룬다.

동문

좁은 성벽 사이를 지나면 송암정터라는 이정표가 나온다. 송암정松岩亭은 우리말로 '솔바위 정자'란 뜻이다. 남한산성 일대는 수도권 최대 소나무 군락지로 알려져 있다. 다양한 모양의 소나무가 여기저기 군락을 이룬 모습을 볼 수 있다는 점도 남한산성이 갖고 있는 매력이다. 서울과 경기 지역에서 노송이 집단서식하고 있는 곳은 남한산성이 최대로 남한산성의 소나무군집은 전체 식생면적 중 19.07퍼센트에 해당한다.

송암정터를 지나면 곧바로 동문이 나온다. 동문은 일반적인 성문 구조로 되어 있으며, 거칠게 다듬어진 자연석을 막돌쌓기로 하고 면만 바르게 쌓았다. 문루는 초익공계 양식을 따랐고, 팔작지붕에 홍예문을 두었다. 문루 오른쪽에는 지형에 따라 층단을 두고 석축을 쌓았다.

마지막 성문인 동문 옆으로 조그만 계곡이 있다. 포곡식 산성의 모습을 확인할 수 있는 곳이다. 남한산성 동문은 성곽의 동쪽에 있는 출입문으로 광지원으로 향한다. 이 성문은 본성 축조 당시 축조된 성문으로 1778년(정조 2) 성곽을 개보수할 때 성문을 보수하고 좌익문左翼門이라 칭했다. 다른 문에 비해 가장 낮은 지대에 축조되었기 때문에 성문을 지면에서 높여 계단을 구축했는데, 동문의 서쪽 성곽은 1973년 남한산성-광지원 간 도로 확장공사로 성벽이 잘렸다. 산성 내 도로로 인해 성벽이 단절된 유일한 구간으로 도로를 건너야 성벽으로 계속 갈 수 있다.

그런데 보통 동쪽이 오른쪽이고, 서쪽이 왼쪽인데, 남한산성은 거꾸로다. 이는 한양 도성에서 보았을 때 왼쪽이 동쪽이기 때문이다. 동문은 낮은 지대여서, 계단을 쌓고 그 위에 성문을 축조했다. 따라서 물자의 수송은 동문 아래, 즉 수구문水口門 남쪽에 있는 제11암문을 이용했을 것으로 보인다.

남한산성은 해발 370미터 이상, 400미터 정도의 산능선을 따라 축성되어 있으며 분지 형태의 성 내부는 서고동저西高東低의 지형에 가깝다. 특히 산성 내에 80개의 우물과 45개의 연못이 있을 정도로 수원이 풍부한 것이 장점이다. 성내에는 크게 4개의 개울이 있었는데 일제강점기에 이 개울물로 물레방아 8개를 돌릴 수 있을 정도로 수량이 풍부했다고 한다.

수구문의 바닥에 깔린 돌에는 폭 23센티미터 정도 간격으로 직경 9~12센티미터, 길이 6~9센티미터 정도의 구멍이 파여 있다. 천장석에도 직경 7센티미터, 깊이 9센티미터 정도의 홈이 파여 있는데, 철심이 박혀 있는 것으로 보

■ 동문은 일반적인 성문 구조로 되어 있으며, 거칠게 다듬어진 자연석을 막돌쌓기로 하고 면만 바르게 쌓았다.

아 수구문을 통한 적의 침입을 막기 위해 쇠창살을 가로질러 놓았던 것으로 보인다.

동암문

도로를 건너 도달하는 제11암문인 동암문은 조선시대 말 천주교 박해 때 희생당한 시신이 이 문을 통해 버려져 천주교인의 성지순례 장소이기도

남한산성

하다. 다시 다소 가파른 길로 연결된다. 남쪽은 특히 가파른 구간이 많다. 제10암문, 제3남옹성, 제9암문, 제2남옹성, 제8암문, 제7암문, 제1남옹성을 연이어 지난다. 제2남옹성 부근엔 남장대터와 제2남옹성 치도 있다.

남한산성 행궁

남한산성 성벽을 일괄적으로 먼저 답사한 후 남한산성 로터리로 들어가지만, 남한산성 로터리 인근을 먼저 답사하고 산성에 도전하는 것도 한 방안이다. 남한산성 로터리 인근에는 남한산성 행궁, 숭렬전, 현절사, 침괘정, 지수당, 연무관 등이 있다.

산성의 서문 안 일장산 중턱에 있는 숭렬전은 백제의 시조 온조왕과 산성 축성 당시 책임자였던 수어사守禦使 이서李曙의 영혼을 함께 모시고 음력 9월 5일 제사를 모시는 곳이다. 숭렬전은 원래 백제의 시조이며 남한산성을 처음 축조한 온조왕의 넋을 기리는 초혼각招魂閣이었다. 신분이 다른 왕과 신하를 함께 모신 것이 특이한데, 이는 병자호란 당시 인조의 꿈과 관련이 있다. 당시 온조왕이 인조의 꿈에 나타나 청군의 기습을 알려주어 도움을 받자 사당을 세웠다. 그런데 온조왕이 꿈에 다시 나타나 혼자는 외로우니 충직한 신하한 사람을 보내달라고 했는데 다음날 이서 장군이 병사했다. 인조는 온조왕이 이서 장군을 데려간 것으로 생각해 함께 사당에 모시게 했다는 것이다. 이서는 영의정으로 추서되었고 시호는 충정공이다. 1795년(정조 19)에 '숭렬전'이란 편액을 내렸으며 경기도 유형문화재 제2호다.

■ 현절사는 병자호란 때 적에게 항복하기를 끝까지 반대했던 홍익한, 윤집, 오달제의 우국충절을 기리는 사당이다.

현절사는 병자호란 때 적에게 항복하기를 끝까지 반대했던 홍익한, 윤집, 오달제 3명의 우국충절을 기리는 사당으로 동문 안 북쪽에 있다. 이들은 병자호란 때 적에게 항복하는 것을 끝까지 반대했던 사람이다. 이로 인해 청나라에 강제로 잡혀가 많은 회유를 받았음에도 끝내 굴복하지 않아 갖은 곤욕을 치르면서 참형을 당했다. 1688년(숙종 14) 이곳에 현절사를 짓고 '삼학사'의 영령을 위로하는 사당으로 삼았다. 부속건물을 포함해 3동으로 구성되었는데 단아하고 소박하여 조선의 선비를 연상시키는 건물이다. 1699년(숙종 25) 삼학사와 함께 항복하기를 거부한 김상헌, 정온의 위패도 함께 봉안했다.

침괘정은 처음에 무기제작소라 알려져 왔으나 온돌과 마루방, 회랑처럼 된 툇마루 등 건물 구조로 보아 집무실로 쓰인 것으로 추정된다. 최초의 건립 시기는 명확하지 않으나 명나라 사신 정룡이 '총융무고摠戎武庫'라 이름했다는 것으로 보아 그 이전부터 있었던 것으로 보인다. 무기제작소과 무기창고는 침괘정 인근에 있었던 것으로 보인다.

지수당은 1672년(현종 13)에 건설한 정자다. 건립 당시에는 정자를 중심으로 앞뒤에 3개의 연못이 있었다고 하나 현재는 2개의 연못만 남아 있다. 연못 가운데 '관어정'이라는 정자가 있었으나 현재는 사라지고 빈터만 남아 있다.

남한산성이 여타 산성과 다른 것은 비록 짧은 기간이지만 왕궁의 역할을 했던 역사적인 장소인 행궁이 함께 있기 때문이다. 행궁이란 정궁正宮에 대비되는 용어로 왕이 궁궐을 벗어나 거둥行幸할 때 머무는 별궁別宮 또는 이궁離宮, 임시궁궐臨時宮闕을 말한다.

조성 목적은 왕이 능행陵幸을 목적으로 한 화성행궁을 비롯해 전란에 대비한 남한행궁, 북한행궁, 강화행궁, 전주행궁, 월미행궁, 격포행궁 등이 있으며 휴양休養 공간(온양행궁, 초수행궁, 이천행궁 등) 혹은 왕이 궁궐을 벗어나 거둥하면서 중간 휴식지로 이용(사근평 행궁)하는 것 등 모두 포함한다.

이러한 행궁은 삼국시대 이래 조선시대까지 지속적으로 조성되어왔다. 행궁에 대한 기록은 백제 때부터 나타난다. 『삼국사기』「백제 본기」진사왕辰

斯王 8년(392년)에 왕이 구원행궁狗原行宮에서 사망했다는 기록이 있다. 『고려사』에도 40건의 기록이 확인된다.

조선시대 초기에 조성된 행궁은 풍양궁豊壤宮과 온양행궁, 초수행궁, 이천행궁 등이 해당한다. 임진왜란 이후 인조에서 숙종대까지는 남한행궁, 북한행궁, 강화행궁, 전주행궁, 격포행궁, 월미행궁 등이 있으며, 정조대에 화성행궁, 시흥행궁, 과천행궁 등을 조성했다.

한편 유네스코 세계문화유산으로 지정된 남한산성은 1624년(인조 2) 백제 때의 토성을 석성으로 개축하고 광주읍치를 광주군 서부면에서 성내로 옮기면서 한층 비중 있는 산성으로 부각된다. 산성 내에 관읍이 설치되었다는 것은 성곽 그 자체의 부대시설은 물론 관읍을 유지하기 위한 시설, 즉 수많은 건물을 함께 갖추었다는 것을 의미한다.

남한산성의 행궁은 1624년(인조 2) 산성을 개축하면서 함께 신축되어 1626년 11월에 완공되었다. 특히 병자호란 당시 단순한 행궁이 아니라 임시 궁궐로 사용되었다는 데 중요성이 있다. 원래는 상궐上闕 73칸, 하궐下闕 154칸 등 총 3단 227칸으로 이루어진 행궁으로 후대에 지방관인 유수留守의 집무실로 사용된 것으로 추정된다. 조선시대 건물에서 왕궁처럼 격식에 맞추어 건설하는 경우는 거의 없다. 궁궐 건축은 삼문삼조三門三朝를 갖추는 것을 기본으로 하고 남향을 취하는 것이 일반적이다.

그러나 행궁은 정궁에 비해 격이 낮기 때문에 구성 배치에서 궁궐의 기본적인 요소는 갖추되 다소 자유롭게 건설했다. 즉, 행궁의 구성과 배치는 정궁의 기본적인 요소를 갖되 목적이나 지형 또는 용도에 따라 다소 자유롭게

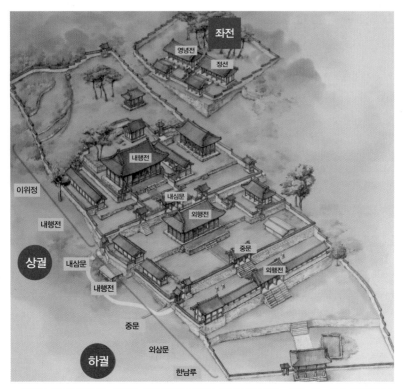

■ 행궁은 정궁에 대비되는 용어로 왕이 궁궐을 벗어나 거동할 때 머무는 별궁 또는 이궁, 임시궁궐을 말한다. 남한산성 행궁 배치도.

건설했다. 따라서 행궁은 크게 왕이 머무르는 침전 구역과 정무를 보는 편전 구역의 두 구역으로 구성되지만, 각 행궁별로 목적에 맞는 독특한 특성을 갖기도 한다.

일반적인 행궁은 궁궐이 갖는 삼조三朝와 전조후침前朝後寢의 배치 원리를 적용한 형태로 외조外朝에 해당하는 진입부, 치조治朝에 해당하는 정전正殿부분, 연조燕朝에 해당하는 침전寢殿 부분의 세 영역으로 구성된다.

남한산성 행궁의 기본적인 구조는 상궐上闕, 하궐下闕, 한남루漢南樓라는 외삼문의 누문을 갖춘 구조로 이들을 둘러싸고 연결된 행각을 갖추고 있다. 전체적인 배치는 상부부터 내행전과 외행전, 그리고 문지를 서고동저西高東低의 완만한 경사면을 이용해 3단의 층단식層段式으로 둠으로써 안으로 들어갈수록 단을 높이는 방식이며, 좌향을 동남향으로 취함으로써 기본적으로는 궁실 건축의 형태를 따랐다.

남한산성 행궁의 규모는 행궁에 관한 내용을 기록하고 있는 『남한지南漢志』·『여지도서輿地圖書』 등 문헌마다 명칭이 다소 다르며 규모 또한 일정치 않다. 따라서 정확한 규모를 파악하는 것이 간단하지 않지만 대체로 상궐은 70여 칸 내외로 추정된다. 그리고 하궐 154칸과 기타 좌전 26칸, 우실 4.5칸, 인화관 68칸 등을 합해 모두 약 325칸에 이른다. 이것은 정조대에 건설된 화성행궁(576칸)과 더불어 이 시기에 조성된 것 중 가장 큰 규모다. 이처럼 남한산성 행궁의 규모가 확대된 것은 행궁이 광주부의 치소로 사용되었기 때문으로 추정된다.

조선조 최고의 성곽 축조기술을 보여주는 남한산성과 역사를 함께하고 있는 행궁은 1999년부터 발굴조사를 실시한 후 복원공사가 착수되어 2002년 상궐, 2004년 좌전, 2010년 하궐 등이 옛 모습을 찾았다.

2002년에 복원된 내행전은 정면 7칸 측면 4칸인 왕의 침전으로 중앙 3칸은 대청, 양 옆은 온돌과 마루방으로 되어 있는데 대청을 제외한 3면으로 퇴가 있다. 창경궁의 침전인 통명전, 환경전과 동일한 평면으로 궁궐 침전의 법

■ 좌승은 '앉아서 이긴다'라는 뜻으로 반드시 이길 만한 계책을 써서 적을 물리친다는 의미다. 남한산
　성 행궁 내의 좌승당.

도를 그대로 적용했다. 내행전의 기둥 상부 공포는 새의 날개처럼 생긴 부재
를 2개 겹쳐 쌓은 이익공 형식으로 행궁 내 건물 중 가장 격식이 높다. 지붕은
팔작지붕이며 용과 봉황 문양의 막새기와를 사용했다.

　　상궐 내행전의 담 밖에 있었던 좌승당은 광주부 유수의 집무실이다. 이
건물이 건설되기 전 광주부 유수는 내행전을 집무실로 사용했다. 좌승坐勝은
'앉아서 이긴다'라는 뜻으로 반드시 이길 만한 계책을 써서 적을 물리친다는

의지를 담고 있다. 발굴에 의해 정면 6칸 측면 3칸의 팔작지붕으로 밝혀져 2002년 복원되었다.

2004년에 복원된 외행전은 하궐의 중심 건물로 '정당'이라고도 부르는데, 정면 7칸 측면 4칸의 상궐 내행전과 같은 규모이지만 바닥 면적이 다소 작다. 병자호란 당시 인조가 병사들에게 음식을 베푸는 호괘를 이곳에서 시행했다. 발굴 당시 통일신라시대의 관련 유구들이 발견되어 행궁 내의 전시관에서 별도로 보관하고 있다.

좌승당 후원에 있는 이위정以威停은 2010년에 중건되었는데 광주부 유수가 활쏘기 위해 만든 정자다. 이위以威란 "활로써 천하를 위압할 수 있지만 활과 화살이 아닌 인의와 충용으로도 천하를 제압할 수 있다"라는 뜻을 갖고 있다.

남한산성 행궁은 종묘와 사직을 갖고 있는 것이 특징으로 이 용도로 건립한 것이 1711년(숙종 37) 좌전左殿과 우실右室이다. 이 건물은 행궁을 중심으로 전통적인 도성 배치원리인 좌묘우사左廟右社의 원칙을 적용해 건설했다. 즉, 행궁을 도성의 정궁으로 보고 종묘봉안처宗廟奉安處인 좌전左殿을 행궁의 왼쪽, 사직봉안처社稷奉安處인 우실右室은 행궁의 오른쪽에 두었는데 2010년 복원되었다.

이외에 광주부 읍치의 성격을 보여주는 일장각日長閣, 재덕당在德堂·유차산루有此山樓·이명정以明亭, 인화관人和館 등이 있었다. 인화관은 객사 건물로 왕을 상징하는 전패를 모시고 매달 초하루와 보름날 궁궐을 향해 예를 올리거나 외국 사신, 중앙에서 내려오는 관리들의 숙소로 사용되었다. 이러한 건축물들은 행궁이 조성된 인조대부터 순조대에 이르기까지 지속적으로 조성되었는데, 후대로 갈수록 행궁 본래의 기능보다는 광주부 치소로서 행정적 기능이 강화되었다.

남한산성 행궁은 지리적 입지 때문에 병자호란 때의 인조 외 숙종·영조·정조·철종·고종 등이 여주, 이천 등의 능행길에 머물러 이용했다고 전한다. 행궁 입구 현판은 한남루漢南樓다. 이는 한강 남쪽 성진城鎭의 누대라는 뜻이다.

산성 축조와 건축물 설립 부역에는 대개 승군僧軍이 동원되었다. 인조는 승도청僧徒廳을 두고 각성대사覺惺大師를 도총섭으로 하여 8도의 승군을 동원해 항마군降魔軍이라 했다. 이미 있던 망월사·옥정사 외에 국청사·동림사·개원사·천주사·장경사 등 7개의 사찰을 추가로 건립해 모두 9개의 사찰에 승군들을 머물게 하면서 훈련과 수도방위를 꾀했다. 성을 따라 돌다 보면 곳곳에서 사찰을 만날 수 있는데, 당대에 남한산성 전체가 도량인 듯하다.

백
제
역
사
유
적
지
구

2015년 5월 이코모스ICOMOS(국제기념물유적협의회)에서 '백제역사유적지구에 대한 등재 권고 평가 결과보고서'를 받은 유네스코 세계유산위원회는 2015년 7월 독일 본에서 열리는 제39차 세계유산위원회에서 유네스코 세계문화유산에 이들을 등재하기로 결정했다. 백제는 기원전 18년에 고구려에서 내려온 온조가 한강 유역에 위례성을 쌓으며 세운 나라로 약 500년 동안 한강 유역에 도읍지를 정했다. 그런데 475년에 도읍지를 남쪽으로 옮겨야 했는데, 이는 고구려의 침략 때문이다.

백제 제21대 왕인 개로왕은 고구려에서 보낸 첩자 도림道林의 말에 속아 왕권을 키우고 나라의 강성함을 나타내기 위해 대규모 토목 사업을 벌여 국력을 낭비했다. 이때를 틈타 장수왕이 이끄는 3만 고구려군이 백제를 공격해

개로왕은 아차산성 전투에서 살해된다. 개로왕의 뒤를 이어 왕위를 이은 문주왕은 백제의 도읍이 폐허가 되자 도읍지를 남쪽으로 옮겼는데 이곳이 웅진(공주)이다. 웅진은 북으로 차령산맥과 금강에 둘러싸여 있고, 동남쪽으로는 계룡산이 막고 있어서 고구려와 신라의 침략을 막을 수 있는 요새 중의 요새였다. 이어 부여로 천도했는데 '백제역사유적지구'는 이들 웅진, 부여, 익산 지역을 포괄한다.

그러므로 유네스코 세계문화유산으로 등재된 백제역사유적지구는 경주역사유적지구와 마찬가지로 매우 넓은 지역과 유적을 포함한다. 이들은 공주 공산성, 공주 송산리 고분군, 부여 관북리 유적·부소산성, 부여 능산리 고분군, 부여 정림사지, 부여 나성, 익산 왕궁리 유적, 익산 미륵사지 등 모두 8개 유적이다. 이들을 구체적으로 분류하면 공주는 공산성과 송산리 고분군 2곳, 부여는 관북리 유적·부소산성과 능산리 고분군, 정림사지와 부여 나성의 4곳, 익산은 왕궁리 유적과 미륵사지 2곳을 합친 8곳이다.

공주

공주는 한때 백제의 왕도였지만 역사의 무대에 등장한 사연은 다소 기구하면서도 복잡하다. 북진책을 펴던 개로왕이 강성한 고구려 장수왕의 칼에 전사하고 한성마저 함락당해 어쩔 수 없이 밀려 내려온 곳이 바로 공주이기 때문이다. 그렇지만 문주왕대부터 성왕이 좀더 비옥하고 뜻을 펼칠 수 있는 곳을 찾아 부여로 다시 도읍을 옮기기까지 475년부터 538년까지 64년 동안 백제의 수도였다. 물론 백제 자체로만 보면 동성왕과 무령왕대에 다시 나라의 기력을 되찾고 문물을 활발히 진작시켜 성왕 때의 기력을 되찾을 수 있었으므로 공주로서는 짧은 시기이지만 역사에서 제 역할을 다했다고 볼 수 있다.

공주 공산성

백제의 수도였던 공주는 충청남도의 도청소재지였던 적도 있었지만 매우 한적하고 조용한 작은 도시다. 그러나 서울에서 공주에 '입성'하려면 반드시 금강을 가로지르는 금강교를 건너야 한다. 금강교를 가로질러 공주 시내에 들어가기 전 왼쪽으로 공주 시가를 외호하고 있는 둔덕을 만나는데 그곳이 바로 공산성(사적 제12호)이다. 백제의 공주 도읍 때에 궁성이 있었던 곳으로 백제 역사에서 웅진성을 의미한다. 백제의 웅진성은 토성으로 추정되며 지금 있는 석축은 조선 중기에 새로 쌓은 것이다. 동서로 길고 남북으로 폭이 좁은 산성의 전체 길이는 약 2.2킬로미터다.

공산성의 답사는 금서루(서문)부터 시작한다. 금서루는 원래 유지遺址만 남아 있었는데, 이후 성내로 진입하는 차도로 이용되다가 1993년에 복원되었고 입구 우측으로 당대 공주 벼슬들의 선정비가 줄이어 있다. 문루의 규모는 동문과 같이 정면 3칸 측면 3칸의 중층건물이다. 금서루에 오르면 공산성을 답사하는 길은 좌측과 우측으로 나뉘는데 대부분 우측부터 시작한다.

우측으로 오르면 왕궁지, 쌍수정, 쌍수정 사적비, 임류각이 나온다. 왕궁지는 백제가 한성에서 웅진으로 수도를 옮긴 웅진시대 초기의 왕궁터다. 1980년대 발굴 조사 때 10칸, 20칸 등의 대형 건물터와 돌로 쌓은 둥근 연못

■ 금서루는 공산성 답사의 시작이다. 원래 그 터만 남아 있었는데 성내로 진입하는 차도로 이용되다가 1993년에 복원되었다.

터, 목곽의 저장시설 등 각종 유적이 확인되었다.

쌍수정雙樹亭(문화재자료 제49호)은 특이한 이력을 갖고 있다. 인조가 1624년 이괄의 난을 피해 일시 파천播遷하면서 5박 6일간 머문 곳이다. 쌍수에 기대어 왕도를 걱정하던 인조가 이괄을 평정했다는 소식을 듣고 기뻐하며 이 쌍수에 통훈대부通訓大夫의 칭호를 부여했다는 데 유래한다. 쌍수정사적비(도지정유형문화재 제35호)도 있는데 인조가 이곳에 머물렀다는 내용을 새긴 비문이다. 비문은 인조 때 영의정을 지낸 신흠申欽이 지었고 글씨는 숙종 때 영의정을 지낸 남구만南九萬이 썼다.

진남루는 1971년에 신축한 것으로, 진남루 앞의 넓은 터는 백제 때의 궁궐터로 짐작된다. 광복루 못미처 임류각터가 있는데『삼국사기』동성왕 22년(500)조에 "왕궁의 동쪽에 높이가 5척이나 되는 임류각이란 누각을 세우고 또 연못을 파 기이한 새를 길렀다"고 한 그 자리로 짐작되며 근래에 지은 2층 누각이 있다.

임류각에서 10여 분 능선을 따라 가면 공산성의 서남쪽 끝으로 동문터와 광복루(문화재자료 제50호)가 나온다. 이곳에 명국삼장비明國三將碑(도지정유형문화재 제36호)가 있는데, 정유재란 때 왜적의 위협을 막고 선정을 베푼 명나라 장수 이공李公, 임제林濟, 남방위藍芳威에 대한 송덕비다. 광복루는 원래 공산성의 북문인 공북루 옆에 있던 누각을 현 위치로 옮기고 8·15 광복을 기린다는 의미로 광복루라고 개칭했다.

이어서 계속 산성을 따라가면 연지(충청도기념물 제42호)가 나오는데 공산성 안에 있는 연못 중 하나다. 계단 형태로 석축을 정연하게 쌓았으며 동서 양측에 넓은 통로를 두었다. 연못과 금강 사이에 만하루라는 정자가 있다. 또한 1458년(세조 4)에 건설하고 임진왜란 때 승병의 합숙소로 사용된 영은사도 인근에 있다.

계속 걸으면 공북루(도지정문화재 제37호)가 나오는데 공북루가 공산성의 북문이다. 옛 망북루의 터에 신축한 것으로 조선시대 문루 건축의 좋은 예로 강변에 있어 강 사이를 왕래하는 남북 통로의 관문이다. 계속 길을 재촉하면 전망대인 공산정이 나온다. 이곳에서 공주를 연결하는 금강교 등 공주 일원

■ 공북루는 공산성의 북문이다. 옛 망북루의 터에 신축한 것으로 강 사이를 왕래하는 남북 통로의 관문이다.

이 잘 보여 전략적인 목적으로 공산성을 건설한 이유를 이해할 수 있다.

공산성 안내도판은 공산성 둘러보기 코스를 친절하게 설명하고 있다. 시간에 따라 3코스로 설명하는데 성곽길 전체를 도는 데는 약 1시간 30분으로 계산했다. 시간이 없는 사람들을 위해서는 30분에 주파할 수 있는 왕궁지 코스로 금서로-쌍수정-쌍수정사적비-왕궁지와 진남루를 거쳐 금서루로 되돌아오는 코스다. 반면에 금강을 만끽하려면 45분 정도 걸리는데 금서루에서 좌측으로 방향을 잡아 공산정-공북루-연지와 만하루-영은사를 거쳐 금서루로 되돌아온다. 어느 길을 택하느냐는 시간에 따라 선택하는 것이 좋다.

공산성은 백제의 혼이 살아 있는 곳이지만 근대의 흔적도 곳곳에 남아 있다. 특히 갑오농민전쟁 때에 이곳이 치열한 격전지여서 공산성을 발굴할 때 관군의 것으로 보이는 대포알이 여러 개 발견되었다.

공주 송산리 고분군

유네스코 세계문화유산으로 지정된 송산리 고분군은 공주시 중심지에서 서북쪽으로 1킬로미터 정도의 지점에 있는 높이 130미터의 나지막한 구릉에 있는데 이곳은 예부터 '송산宋山所'이라고 불리던 곳이다. 이곳의 지형은 금강과 연접하고 있는 곳으로 북쪽이 막혀 있고 남쪽이 트여 있는 구릉 지역이다. 구릉 중턱 남쪽 경사면에 계곡을 사이에 두고 동서로 3채와 4채로 갈라져 고분이 모두 7채가 남아 있다. 현재 확인되고 있는 고분은 벽돌무덤인 무령왕릉과 6호분이 있고, 이외에 굴식 돌방무덤인 1~5호분이 노출되어 있다. 송산리 고분군의 고분 배치는 구릉의 윗부분에 1~4호분이 하나의 그룹을 이루고 있으며, 그 남쪽 사면에 무령왕릉과 5호분과 6호분이 또 하나의 그룹을 형성하고 있다. 그러나 학자들은 아직 봉분이 분명하지 않은 고분이 주위에 수십 기 분포되어 있다고 말한다.

1호부터 6호까지의 고분들은 모두 일제강점기 때 발굴 조사되었는데 1호분부터 5호분까지는 모두 자연할석으로 돌방을 쌓은 굴식 돌방무덤으로 벽면에는 강회를 발랐다. 이것은 한성시대부터 내려오던 백제식 무덤 축조 방식이다.

5호분은 할석으로 4벽을 구축했는데 바닥에서 1미터 정도는 수직으로 쌓고 그 위부터는 25도 정도 안으로 좁히면서 맞조여 쌓아 올림으로써 궁륭형 천장을 이루었으며, 정상에는 1매의 대판석을 덮고 있다. 또한 널길은 남

■ 송산리 고분군은 나지막한 구릉에 있는데, 이곳은 예부터 '송산소'라고 불리던 곳이다.

벽에 설치했는데 남벽의 동쪽에 치우치게, 즉 동측의 장벽에 잇대어지게 하고 있다. 이 5호분의 내부 돌방은 할석으로 쌓아진 형태로 남아 있으나 본래는 벽면에 두껍게 진흙을 발랐던 것으로 보인다. 4호분의 벽면에 두껍게 진흙이 발라져 있어 이들 돌방무덤의 널방 대부분이 이처럼 흙을 발랐던 것으로 추정된다.

6호분만은 벽돌을 쌓아 만들었고 4벽에 진흙과 호분을 바른 위에 벽화를 그려놓아 '송산리 벽화고분'이라고도 부른다. 벽에는 청룡, 백호, 주작, 현무의 사신도와 동그랗게 표시한 해와 달, 별들이 그려져 있다. 이 벽화는 부여 능산리 고분과 함께 오직 둘뿐인 백제의 벽화다. 오랜 세월의 습기 때문에 물감이 얼룩얼룩해지고 그림이 군데군데 떨어져 나갔지만, 고구려 벽화무덤에 그려진 사신도에 비추어 선이 매우 부드럽고 우아하다.

송산리 고분에 있는 고분들의 주인공에 대해서는 처녀분으로 지석誌石이 출토된 무령왕릉을 제외하고는 알려지지 않았는데, 단지 6호분이 성왕릉이 아닐까 하는 추정을 하고 있을 따름이다. 1985년부터 무령왕릉의 모형전시관이 마련되어 일반에게 공개되고 있다.

무령왕릉

백제를 생각하면 잔존하는 유물이 거의 없어 아쉬움을 준다. 수많은 신라의 유물이 우리의 눈앞에서 감탄을 자아내고 있었음을 보면 문화인이었던 백제는 우리를 놀라게 할 유산으로 가득차 있었을 것으로 생각한다. 그러한 면에서 백제의 간판스타라고도 볼 수 있는 무령왕릉이 발견되었다는 것은 그야말로 한국인들의 아쉬움을 일거에 불식시킨 쾌거라고도 볼 수 있다.

무령왕릉이 발견된 것은 우연한 일에 의해서다. 1971년 7월 5일, 송산리 고분군 가운데 전축분塼築墳인 6호분과 석실분石室墳인 5호분 주위에 자꾸 물이 차 오르자 지하수를 차단하기 위한 배수공사를 진행하던 중 바닥이 일반 흙으로 되어 있지 않은 것을 발견했다. 좀더 파 들어가자 검은 벽돌이 나타났고 아치 모양의 벽돌 구조도 발견되었다. 당시 고고학계를 깜짝 놀라게 한 무령왕릉은 이렇게 해서 후손들에게 모습을 드러냈는데, 놀라운 것은 다른 고분들과는 달리 도굴되지 않은 처녀분이라는 점이다.

무령왕은 40세의 늦은 나이에 즉위했지만 한성에서 공주로 옮겨오지 않

■ 무령왕릉의 구조는 단순한데, 자연 암반을 파내어 공간을 만든 뒤에 벽돌을 쌓은 것이다. 무령왕릉 내부 모습.

을 수 없었던 격변기를 극복하고 공주시대의 번영을 이룬 백제 '중흥의 왕'이다. 『삼국사기』에 따르면 키가 8척이나 되어 훤칠하며 풍모가 준수했을 뿐 아니라 성품도 인자관후하여 민심이 스스로 와서 따랐다고 한다.

무령왕릉의 구조는 단순하다. 자연 암반을 파내어 공간을 만든 뒤에 벽돌을 쌓은 것이다. 이를 위해 먼저 입구에서 방까지 긴 연도를 만들어놓고 안쪽에 부부를 합장한 방을 꾸며 놓았다. 입구에서부터 둥글게 모아지는 궁륭형 천장을 하고 있어 벽돌 쌓는 기술이 상당했음을 알 수 있는데, 벽돌 무덤은 중국 남조의 무덤 양식을 받아들인 것으로 추정되며 당시 양나라와 활발했던 교류 관계를 입증한다. 연꽃 모양을 새겨 구운 벽돌은 특히 2장을 맞대야 한 송이가 이루어지도록 한 점이 흥미로운데 묘실 내부 전체가 극락세계가 되는 불교적 내세관을 보여준다.

원형인 분구의 지름은 약 20미터이며, 현실의 바닥에서 분구의 가장 높은 지점까지는 7.7미터였는데, 토압土壓이 현실에 적게 미치도록 분구의 중심을 현실의 중앙보다 5.8미터 위쪽에 조성·축조했다. 봉토는 현실 주위의 풍화암반을 평평하게 깎아낸 후 석회를 섞은 흙으로 쌓아 원형을 만들었다. 현실은 장방형의 단실분單室墳으로 남북 4.2미터, 동서 2.72미터이며 높이는 3.14미터에 이른다. 현실의 내부는 남쪽의 벽면에서 1.09미터를 제외하고 모두 바닥보다 21센티미터 높게 하여 왕과 왕비의 합장관대合掌棺臺로 했다. 네 벽 가운데 남북 벽면은 아래에서 천장부까지 수직으로 올라갔고 동서 벽은 벽면의 상부에 이르러 차츰 안으로 기울어져 아치형 천장을 구성했다.

아치형 천장의 구성은 남북의 수직벽 최상부의 좁아진 부분에서 작은모쌓기를 생략하여 벽면을 좁혔으며, 동서의 벽은 7단, 8단에서 작은모쌓기에 키가 작은 사다리꼴의 벽돌을 사용하거나, 길이모쌓기도 벽돌을 3개로 줄이고, 그중 1개는 횡단면이 사다리꼴로 된 것을 사용해 점차 만곡도彎曲度를 증강시켜 완성했고 천장에서 벽돌의 이음새에는 석회를 발라 견고하게 했다.

연도 입구에 놓여 있던 지석에 의하면 무령왕은 523년 5월에 사망 525년 8월에 왕릉에 안치되었고, 왕비는 526년 11월에 사망 529년 2월에 안치되었다는 설명이다. 각기 사후 28개월 만에 본릉으로 안장되었는데 28개월 동안은 능 부근에서 빈장殯葬의 상태로 머물러 있었다. 이것은 당시에 삼국에서 모두 유행한 장례 형식이다. 전축분은 중국 남조의 영향이 짙게 풍기고 있으며 부장품의 상당량이 중국제의 수입으로 보인다.

무령왕릉의 출토 유물

무령왕릉에서 출토된 유물은 모두 108종 2,906점에 이르고 있으며 국보로 지정된 유물만도 12점에 달한다. 그중 가장 흥미를 끄는 것은 이 무덤이 무령왕의 것임을 밝힌 지석誌石과 토지신에게서 땅을 샀다고 새겨 놓은 매지권買地券이다. 무령왕의 지석은 연도 가운데에 놓여 있었는데 41×35센티미터 크기의 돌에 모두 53자가 새겨져 있다. 거기에는 "영동대장군 백제 사마왕(사마왕은 무령왕 생전의 칭호이고, 무령왕은 사망한 후 붙인 이름이다)이 62세가 되는 계유년(523) 5월 7일에 돌아가시니 을사년(525) 8월 12일에 장사를 지내고 다음과 같이 문서를 작성한다"는 내용이 담겨 있다.

이 지석에서 매우 특이한 단어를 발견할 수 있다. 무령왕의 죽음을 '훙薨'이라 적지 않고 '붕崩'으로 표시했다는 것이다. 고대 사회에서 죽음에 대한 대우가 모든 사람에게 동일했던 것은 아니다. 전제 군주국가에서는 개인의 능력보다 출신 성분이 가장 중요한데, 그 신분은 살았을 때는 물론 죽었을 때에도 따라 다닌다. 또한 그 신분에 따라 죽음을 달리 부른다.

천자, 즉 황제가 죽었을 경우는 붕崩을 사용하여 붕어崩御라 했고 제후나 왕공, 귀인의 죽음은 훙薨을 사용하여 훙거薨去·훙서薨逝·훙어薨御라 불렀으며 대부大夫가 사망하면 졸卒을 사용하여 졸거卒去라 했다. 그 외 일반인이 죽은 경우에는 사死를 사용하여 사망·사거死去라 불렀다. 그러므로 무령왕의 죽음을 '훙薨'이 아니라 '붕崩'으로 표시했다는 것은 백제왕의 위상이 당시에 왕이라 칭해지긴 했어도 실제 황제와 버금가는 위치에 있었던 왕임을 알려준다. 즉, 당시 백제왕은 백제에 소속된 각 지역의 수장(왕)들을 통솔하는 존재였다는 것이다.

또한 지석에서 설명하는 문서란 매지권을 말하는데, 토지신에게서 땅을 샀음을 밝힌 것이다. 매지권에는 "돈 일만문文과 은 일건件을 주고 토왕土王, 토백土伯, 토부모土父母와 상하 지방관의 지신들에게 보고하여 (왕궁의) 서서남방의 땅을 사서 묘를 만들었다"는 내용이 적혀 있다. 학자들은 매지권이야말로 토지신을 인정하는 토착종교의 한 면을 보여주며, 왕의 장례는 3년상을 치렀음을 알려준다고 설명한다. 이 매지권은 왕비가 사망해서 합장하게 되자 그 뒷면에 왕비에 관한 글을 새겨 왕비의 지석으로도 삼았다. 지석 위에는 중국 돈 오수전五銖錢 한 꾸러미가 놓여 있었으니 실제로도 땅값을 치른 셈이다. 지석과 매지권은 국보 제163호다.

지석 뒤에는 국보 제162호인 진묘수鎭墓獸가 남쪽을 향해 지켜서 있었다. 진묘수는 무덤을 지키는 짐승으로 악귀를 막고 사자를 보호하려는 뜻에서 놓은 것으로 중국 한대 이래의 풍습을 차용한 것으로 추정된다. 그러나 중국의 것이 대체로 흙으로 빚은 반면 무령왕릉의 진묘수는 석재로 백제인들의 뛰어난 문화적 소화력을 보여준다. 특히 진묘수는 도교사상과 깊은 관계가 있으므로 당시에 도교, 특히 신선사상과 결합한 신선도교가 백제 사회에 열풍이 일고 있었음을 보여주는 증거다.

무령왕릉의 출토품 중에서 압권은 왕과 왕비의 금제관식이다. 국보 제

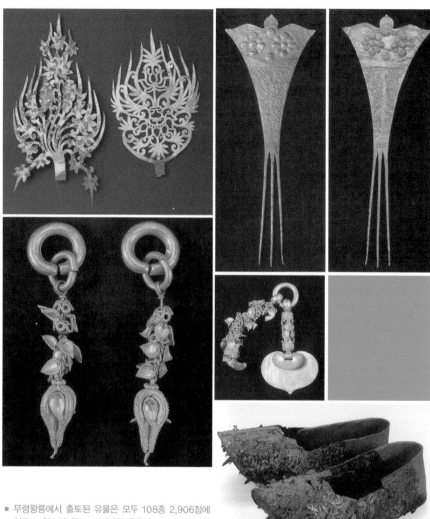

■ 무령왕릉에서 출토된 유물은 모두 108종 2,906점에
 이르고 있으며 국보로 지정된 유물만도 12점에 달한
 다. 왼쪽부터 관모, 금제 뒤꽂이, 왕비 귀걸이, 왕비
 금동 신발.

154호인 금제관식 한 쌍은 왕의 널 안쪽 머리 부근에서 포개진 상태로 발견되었는데, 금판을 뚫어서 덩굴무늬를 장식하고 줄기가 불꽃이 타오르는 듯한 모양새를 하고 있으며 앞면에는 구슬 모양의 꾸미개를 금실로 꼬아서 달았다.

국보 제155호는 왕비의 관장식 한 쌍으로 모두 좌우 대칭이다. 중앙에 연꽃 받침이 있고 그 위에 병이 있으며 병 위에는 활짝 핀 꽃 한 송이가 보인다. 중간 윗부분의 가장자리는 불꽃무늬로 되어 있다. 왕비의 관장식은 왕의 관장식에 비해 크기가 작고 단정하며 구슬도 달지 않았다. 왕의 관장식이 불꽃처럼 화려하고 강렬하다면 왕비의 것은 한 송이 꽃봉오리인양 단아하고 간결하다.

국보 제157호인 금제수식부이식은 왕비가 사용하던 귀걸이로 누금과 감옥嵌玉 기법을 사용하여 제작한 것이다. 굵은 고리를 중심으로 탄환이나 잎사귀 모양의 누금한 작은 장식들을 연결하고 담녹색 둥근 옥을 매달아 대단히 정교하고 화려하게 꾸몄다. 누금이란 가는 금줄과 작은 금알을 늘여 붙여서 물형을 만드는 정교한 세공기법으로 누금기법은 필리그리filigree기법이라고도 부른다. 원래 이집트에서 발생한 후 중앙아시아를 거쳐 중국과 한반도까지 전파되었다.

이에 비해 감옥은 금테두리 안에 여러 가지 색깔의 옥을 받는 공예기법으로 이른바 다채 장식 양식으로 알려져 있는데, 기원 초 그리스·로마 등지에서 유행하다가 페르시아와 중앙아시아를 거쳐 중국과 한반도에 전해졌다. 이 두 기법은 고구려에서는 드물지만 백제나 신라에서는 널리 이용되어 장

신구 장식 기법의 하나로 정착되었다.

무령왕릉은 고대 유리제품의 진열장을 방불케 할 정도로 계통을 달리하는 여러 가지 유리구슬이 혼재해 있다. 금박을 입힌 금박구슬Gold-foil Glass Bead은 원래 기원전 3세기경에 처음으로 흑해 연안에서 나타나 이집트, 서아시아, 이란, 인도, 중국, 동남아시아 등지에서 유행했다. 경주 금관총에서도 이런 구슬이 보이는데 그 형태나 성분 등을 볼 때 2세기 이후에 동남아시아 특히 타이 지역에서 유행하던 것과 밀접한 관계가 있는 것으로 추정된다. 또한 '무티살라 구슬'이라고 불리는 주황색 소옥은 인도에 기원을 두고 있는데 남방 해상루트를 통해 들어왔을 것으로 추정된다.

왕비의 허리 부분에서 발견된 3센티미터 크기의 유리동자상 2개는 학자들을 흥분케 만든 것 중에 하나다. 하나는 완전하고 하나는 반쯤 부서진 상태인데 학자들은 호신용 부적으로 사용되었을 것으로 추정했다. 현재까지 발견된 유리제품 가운데서 한국적 이미지를 가장 잘 나타나는 작품이며 유리제 단독 조각상으로는 유일한 것이다. 눈, 코, 입이 간결한 선으로 표현되고 두 손을 앞가슴에 가지런히 모으고 있는 이 동자상은 왕비가 생전에 늘 품에 지녔던 호신불로 추정하기도 한다.

국보 제161-2호인 청동신수경에 새긴 신성한 동물무늬도 북방유목문화에 속하는 무늬다. 그리고 금동제품의 도금은 아말감야금법을 사용하여 당시 백제의 금 제련과 정련 기술이 뛰어났음을 알려준다. 또한 섬세한 동탁은잔은 사비시대의 금동대향로와 더불어 백제 금속공예의 백미를 이루고 있다.

무령왕릉은 백제 역사 연구의 거의 절반 이상을 차지하는 중요성 때문에 단순한 무령왕릉 연구가 아닌 '무령왕릉학'이란 말이 나올 만큼 연구 범위가 광범위하지만 공주시는 무령왕릉의 보존을 위해 왕릉문을 완전히 폐쇄했다.

부여

'부여' 하면 한국인들은 거의 모두 잃어버린 백제를 떠올린다. 삼국 중에서 가장 풍요하고 찬란한 문화를 갖고 있었지만, 강성해지는 고구려에 밀려서 점점 남하하다가 마침내는 나당연합군의 말발굽 아래 사라진 나라라는 인식이다. 특히 황산벌에서 5,000결사대와 함께 목숨을 바친 계백 장군, 낙화암에서 떨어진 3,000궁녀 등 비장한 감이 드는 내용이 부여에 대한 생각의 거의 전부다.

이런 생각이 앞서는 것은 백제인들의 600년 넘는 역사 중에서 부여가 가장 찬란했던 123년이나 존속했음에도 이들을 알려줄 흔적들이 너무 적기 때문이다. 1,000년 사직을 지켜온 도성터며 사찰터가 곳곳에 자리하고 있는 경주와는 천양지차다. 부여의 시내 한가운데 있는 정림사터 오층석탑 등이 백제의 도읍지였음을 간신히 느낄 수 있을 뿐이다. 그렇다고 해서 부여가 마냥 백제 향기의 불모지만은 아니다. 정림사터 오층석탑과 그에 상응하는 지하건축물인 능산리 고분군의 무덤들도 발견되었다. 고분들 중에는 사신도가 그려진 무덤도 있다.

부소산성도 백제의 향기를 느낄 수 있다. 부여의 진산인 부소산의 남쪽 기슭에 왕궁터가 있고, 산성 안에는 해맞이하는 영일루와 달을 보내는 송월루 등의 누각 자리가 있어 백제 사람들의 풍류를 감지할 수 있다. 부소산성을 정점으로 해서 부여를 빙 둘러가며 수도 방위의 외곽시설인 나성도 남아 있다.

부여 관북리 유적과 부소산성

부소산은 부여의 진산으로 부여의 북쪽인 쌍북리(현재 관북리)에 있는 해발 100미터 정도의 나지막한 구릉이다. 북으로 강을 두르고 바로 산이 막아서 북에서 침공하는 고구려 군사를 방비하기 위한 목적의 공주 공산성과 흡사하여 왕궁과 시가를 방비하는 최후의 보루였던 백제의 부소산성(사적 제5호)을 건설했다. 산성이 완성된 것은 성왕이 538년에 수도를 사비(부여)로 옮기던 무렵이지만 그보다 앞서 선왕인 동성왕이 산봉우리에 산성을 쌓았고, 후대에 무왕이 605년에 고쳐 다시 쌓았다.

국립부여문화재연구소에 의하면 부소산성은 산정에 테뫼식(머리띠식)으로 산성을 쌓고, 부소산 전체 외곽을 아우르는 포곡식으로 둘렀으며 축조 방식은 흙과 돌을 섞어 다진 토석 혼축식이다. 경사면에 흙을 다진 축대를 쌓아 더욱 가파른 효과를 낸 성곽이 2,200미터에 걸쳐 부소산을 감싸고 있다. 발굴조사에 의하면 백제의 성곽은 중국에서 기원한 판축공법을 백제인들이 독특하게 개량한 모습을 보여주고 있다. 백제에서는 점토와 마사토를 번갈아 가면서 다져올려 성벽의 강도를 높였고, 석재로 토성의 외부를 한 번 더 강화했으며 이러한 진전된 공법은 이후 백제 유민들에 의해 일본에 전해졌다는 것이다.

부소산성 입구로 들어가 오른쪽 길로 접어들면 삼충사三忠祠가 있다. 백

■ 부소산은 해발 100미터 정도의 나지막한 구릉으로 이곳에 고구려 군사를 방비하기 위한 목적으로 왕궁과 시가를 방비하는 최후의 보루였던 부소산성을 건설했다. 부소산성 입구.

제 말의 세 충신인 성충·홍수·계백의 위패를 봉안한 사당으로 1957년에 처음 세워졌고 1981년에 대대적으로 신축했다. 곧이어 영일루가 나오는데 사비성의 동대東臺가 되는 영일대가 있던 자리다. 지금의 건물은 1964년 홍산에 있던 홍산문루를 옮겨 지은 것인데, 아침 해돋이가 일품으로 '해 맞는 곳'으로 불린다. 그 아래쪽으로 군창터가 있는데 백제 때에 군대 곡식창고였다고 한다. 지금도 땅을 조금만 파면 불에 검게 탄 쌀이나 보리, 콩이 나온다고 하는데 나당연합군이 쳐들어오자 백제군이 군량을 빼앗기지 않으려고 불에 태웠다고 알려진다. 움집도 복원되어 있는데, 백제 때 군인들이 거주하던 움막이다.

부소산의 가장 높은 곳에는 사자루泗疵樓가 있으며 바로 아래쪽으로 백마강을 내려다볼 수 있는 육모지붕의 백화정이 절벽 위에 자리 잡고 있으며 아래쪽으로 낙화암이 있다. 사비가 나당 연합군에 유린될 때 3,000궁녀가 꽃잎처럼 백마강에 몸을 던졌다는 전설이 깃든 곳이다. 절벽 아래쪽의 유람선 선착장에서 백제대교가 놓인 규암나루까지 왕복하면서 백마강을 보여주는 황포돛대를 타고 낙화암을 보면 3,000궁녀가 저런 곳에서 어떻게 떨어졌겠는가 또는 과연 3,000궁녀가 있었느냐는 생각이 들겠지만 백제의 마지막을 알리는 이야기 중에서 3,000궁녀가 가장 장엄하고 백제의 패망을 극적으로 알려주는 콘텐츠임은 틀림없다.

가파르게 내려가는 계단 길 왼쪽에 약수가 유명한 고란사皐蘭寺가 있다. 바위 절벽 좁은 터에 법당 한 채를 돌아가면 바위틈에서 흘러나오는 약수물을 한번 맛보려는 사람들로 늘 북적북적하다. 왕에게 약수물을 올릴 때 반드시 띄웠다는 고란초를 찾는 사람들도 있지만 공연히 힘을 뺄 필요는 없다. 이들 유적은 부소산성 입구를 통하지 않고 유람선 나루터에서 유람선을 타고 고란사 선착장을 통해 답사한 후 배를 타고 되돌아오거나 부소산성 입구로 나갈 수도 있다.

관북리 유적은 백제 후기 6대왕에 걸쳐 123년간 도읍이 있었던 지역의 왕궁이 들어섰던 곳이다. 조선시대에는 부여현의 치소治所이기도 했다. 이 일대의 옛 지명으로는 관북官北, 구아舊衙, 아사골, 거무내, 구드래로 다양하며,

이 지명들의 유래를 살펴보면 관습과 연결된 것이 대부분이어서 조선시대 이전부터 큰 고을로 부소산성의 입구에서 좌측으로 유람선 나루터로 가는 중간에 있다.

부여 능산리 고분군

많지 않은 부여의 유적 중 많은 사람에게 인상을 주는 곳은 해발 121미터의 나지막한 능산리 산자락에 자리 잡고 있는 능산리 고분군(사적 제14호)이다. 부여 근방에 백제 고분 수백 기가 수십 군데에 흩어져 있지만 형체가 제대로 남은 것은 드물고 또 대부분 도굴되어 온전한 것도 많지 않다. 능산리 고분군은 그 많은 고분 가운데 부여에서 가장 가까우면서도 봉분이 비교적 잘 남아 있고, 규모 면에서도 큰 축에 드는 무덤들이 모여 있다.

고분군 입구에서 왼쪽이 세계를 떠들썩하게 했던 금동대향로가 나온 곳인데 이곳이 부여 나성의 중앙 부분이다. 입구에서 안쪽으로 5분쯤 걸어 들어가면 왼쪽 언덕에 고분 7기가 남향으로 들어서 있는데 예전부터 왕릉으로 알려졌던 곳이다. 사비시대 왕이 6명이었으므로 역대 왕들은 대체로 이곳에 묻혔을 것으로 추정되지만, 무덤의 주인을 알 수 있는 지표가 전혀 없어 누구의 무덤인지는 알지 못한다. 다만 전북 익산에 무왕과 왕비의 능이라고 전해지는 쌍릉이 있으므로 무왕은 여기에 묻히지 않았을 것으로 추정된다.

외형은 봉토분으로 밑 지름이 20~30미터쯤 되며 아래쪽에 호석護石을 두른 것도 있다. 내부 구조는 돌방을 쌓고 옆으로 문을 낸 굴식 돌방무덤이며 일찍이 도굴되어 파편으로 된 부장품들만 발견되었다. 능산리 고분들은 일

■ 능산리 고분군은 그 많은 고분 가운데 부여에서 가장 가까우면서도 봉분이 비교적 잘 남아 있고, 규모 면에서도 큰 축에 드는 무덤들이 모여 있다.

제강점기 초기인 1915년경부터 일본인들이 발굴했는데, 그중 '동하총(1호 분)'으로 불리는 고분벽화가 있는데 동화총에는 사신도 벽화가 그려져 있다. 고구려의 전유물로 알려지는 고분벽화가 백제 고분에서 나왔다는 것은 이 무렵 백제와 고구려의 문화 교류가 활발한 것은 물론 사신도가 발견되는 것을 볼 때 백제에서도 도교가 수용되고 있었음을 말해준다.

1호분은 굴식 돌방무덤으로 현실과 연도를 갖추고 있는데, 현실의 벽면과 천장은 각각 1매짜리 거대한 판석을 세우고 덮었다. 돌의 표면을 물갈이하고 그 위에 주, 황, 청, 흑색의 안료를 써서 동쪽 벽에는 청룡, 서쪽 벽에는 백호, 북쪽 벽에는 현무, 남쪽 벽에는 주작의 사신도를 그렸다. 또 천장에는 연꽃과 구름이 그려져 있지만 세월의 흐름은 무시할 수 없어 선명하지는 않다. 이 고분의 지형지세도 동쪽에는 청룡, 서쪽에는 백호가 되는 능선이 감싸고 있고 앞으로는 동서로 하천이 흐르고 있으며, 멀리 남쪽으로는 주작이 되는 안산이 자리하고 있어 풍수지리적인 측면으로도 사신에 싸여 있는 자리다. 이들은 일반에게는 공개하지 않고 전문 연구자들에게만 연구용으로 공개하고 일반인들에게는 모형전시관에서 정교하게 복제해 보여준다. 모형이 워낙 정교해 일반인들이 차이를 발견할 수 없다.

그러나 정작 송산리 고분벽화 원본은 벽화의 기능을 완전히 상실했다고 전해진다. '사신도'가 형태를 알아볼 수 없을 만큼 망가진 것이다. 일제강점기만 해도 벽화의 모양을 어느 정도 확인할 수 있었는데 지금은 윤곽조차 쉽게 분간하기 힘든 형편이라는 지적이다. 문화재 보존전문가 5명이 고분을 조사한 결과 고분 네 면 모두 바탕층과 채색층에 균열과 박락剝落 현상이 진행되고 있다고 한다.

보존 상태가 급격히 악화된 것은 1972년 고분을 개방하면서 무덤 내 환경이 평형 상태를 잃었기 때문으로 추정된다. 공기 중의 각종 유해인자가 고분 내부로 들어가면서 재질이 약화되고, 안료 또한 퇴색했다는 것이다. 고분은 1990년대부터 봉쇄되었고, 현재 항온·항습장치가 가동중이나 훼손을 막기에는 역부족이었던 것이다. 고분 내부의 미생물 번식 방지를 위해 습도를 건조하게 유지했는데, 이것이 벽화 점토 바탕층에 미세한 균열을 일으킨 것 같다. 벽돌들의 균열도 가속화되어 고분 자체의 안정성도 떨어진 것으로 조사되어 응급 대수술이 필요하다. 제시된 대안으로는 친환경적 공기조절시스템 개발, 훼손 부위 보강 등이며 석회·모래·점토 등 벽화 바탕 재질이 정확하게 파악되어야 한다는 것이다.

부여 나성

부소산성이 왕궁의 방위를 위한 것이라면 부여 나성羅城(외성으로 성 밖에 겹으로 쌓은 성, 사적 제58호)은 청산성靑山城, 청마산성과 함께 수도인 사비의 외곽 방어선을 담당하는 토성이다. 성왕대(523~553)에 웅진에서 사비로 천도하기 위해 쌓기 시작한 것으로 보이며 완성된 시기는 7세기 초인 무왕대로 추정된다. 동아시아에서 새롭게 출현한 외곽성의 가장 이른 사례다. 또한 나성은 곧 사비 도성이라고 볼 수 있으므로, 그 안에는 왕궁과 관아, 민가, 사찰 등이 있다는 것이 자연스러운 추정이다.

나성은 크게 동쪽, 남쪽, 서쪽 나성으로 나눌 수 있다. 부소산성의 동문 부근을 기점으로 동쪽으로 약 500미터쯤에 있는 청산성을 거쳐 석목리 필서봉 상봉을 지나 염창리 뒷산의 봉우리로 해서 금강변까지가 동쪽이다. 부소산성 서문 바깥에서 관북리·구교리·유수지遊水池·동남리·군수리·성말리로 연결되어 있는데, 동쪽 나성문지는 구아리로 통하는 서북문지와 장승배기 남쪽에서 규암으로 통하는 서문지가 있다. 남쪽 나성은 동리·중리·당리의 뒷산에 연결하여 축조했다. 이들을 연결하면 약 6.6킬로미터에 이르는 거대한 규모가 되는데 대부분의 유적들이 파괴되었지만 부여읍 외곽을 두르는 선처럼 군데군데 토성이 남아 있다.

청산성 동쪽 약 200미터와 석목리에서 동문다리, 필서봉에서 염창리까

■ 나성은 수도인 사비의 외곽 방어선을 담당하는 토성이다. 성왕대에 웅진에서 사비로 천도하기 위해 쌓기 시작한 것으로 보이며 완성된 시기는 약 7세기 초다.

지 흔적이 남아 있다. 이곳에는 동쪽으로 논산으로 왕래하는 동문지와 공주로 통하는 동북문지가 있다. 동문지 부근의 나성 단면을 조사한 결과 하부 13미터, 상부 4미터, 높이 5.2미터이며 황토질흙으로 토축되어 있다. 이곳에서 서쪽 약 300미터 지점에 1978년 상수도사업으로 나성의 단면이 드러났는데 저변 13미터, 상변 2미터, 높이 5.2미터의 토성이었으며 진흙으로 다져서 만든 판축版築의 흔적이 있다. 표고 121미터의 가장 높은 필서봉에는 횃불을 올린 봉수터와 건물터가 남아 있다.

부여에서 나성의 모습을 쉽게 알아볼 수 있는 곳은 능산리 고분군 앞쪽 길 양 옆, 즉 금동대향로(국보 제287호)가 출토된 사찰터 외곽으로 능산리 고분군과 함께 정비가 잘 되어 있어 쉽게 볼 수 있다.

　백제 때의 유구가 거의 남지 않은 부여에서 제자리를 지키고 있는 것은 정림사터 오층석탑(국보 제9호)밖에 없다고 해도 지나치지 않을 만큼 정림사지 오층석탑은 백제시대의 부여를 대표한다. 중국 역사서인 『북사』에는 '사탑심다寺塔甚多'라 할 정도로 백제에 탑이 많다고 기록되어 있다. 그처럼 불교가 융성하여 수많은 백제의 불교 탑들이 존재했을 것으로 보지만, 현재까지 남아 있는 탑은 익산 미륵사터 탑과 부여의 정림사터 오층석탑 2기뿐이다.

　정림사는 백제시대에 주로 활용한 남북 자오선상에 중문과 탑과 금당과 강당이 차례대로 놓인 일탑식 가람 배치를 하고 있으며 사찰 구역 전체를 회랑이 둘러싸고 있다. 특이하게 중문과 탑 사이에 연못을 파서 다리를 통해 지나가게 했는데 현재 복원된 2층 기단 위에 정면 5칸 측면 3칸의 금당이 자리 잡고 있다. 강당은 금당보다 조금 더 커서 정면 7칸 측면 3칸의 건물로 추정되며 역시 복원되었다.

　정림사터 탑은 백제 석탑의 완성된 형태로 한국 석탑 중 최고 수준이다. 특히 미륵사터 탑이 작은 부재들로 만든 흔적이 보여 목탑에서 석탑으로 번안한 모습으로 추정되는 데 비해, 정림사터 탑은 부재들이 한결 단순해지고 정돈되어 비로소 석탑으로서 완성미를 보여준다.

　백제탑으로서 정림사터 탑의 특징은 기단이 단층으로 1층 지붕돌의 비례에 견주어 훨씬 좁고, 면석의 모서리 기둥은 위로 갈수록 좁아져 목조 기둥

■ 정림사지에서는 여러 시대에 걸친 유물이 출토되었지만, 그중에서 정림사지 탑은 백제 시대의 부여를 대표한다.

의 배흘림 수법이 남아 있으며, 지붕을 받치고 있는 받침돌이 지붕돌과는 다른 돌로서 두공처럼 모서리를 둥글게 다듬어 마무리했다는 점이다. 전체적으로 키가 크면서 상승감을 보이는데, 지붕돌의 너비가 차차 줄어져 가파른 기울기를 보이기 때문이다.

높이 8.33미터의 정림사지 탑은 한동안 백제를 멸망시킨 당나라 장수 소정방이 세운 것이라고 잘못 알려져왔다. 그것은 1층 탑신부 한 면에 새겨진 '대당평제국비명大唐平濟國碑銘'이라는 글자 때문이다. 학자들은 그 글자는 소정방이 백제를 멸망시킨 뒤에 그것을 기념하려고 이미 세워져 있는 탑에 새긴 것으로 추정한다.

정림사지(사적 제301호)는 여러 시대에 걸친 유물이 출토되고 있으나, 창건기인 백제시대와 중건기인 고려시대의 유물들이 집중적으로 출토되었다. 백제시대 불교와 관련된 유물로는 삼존불입상, 소조불, 토용 등이 출토되었다. 이들은 정림사지 탑 우측에 건설된 정림사지박물관에 전시되어 있다.

강당 자리에 전체 높이 5.62미터의 고려 때의 석불 좌상(보물 제108호)이 있는데 현재는 전각을 복원하여 그 안에 모셔 놓았다. 얼굴이나 몸체가 모두 비바람에 씻겨 형체가 제대로 드러나지 않지만, 현재까지 남아 있는 여러 징후를 볼 때 매우 단정한 고려 때의 불상임을 미루어 짐작되며 11세기 불상으로 추정된다.

익산

전라북도의 문화적 토대는 단연 백제인데 그중에서도 익산은 마한·백제 문화권의 중심을 이룬다. 익산은 전라북도 북서부에 있으며 노령산맥의 천호산과 미륵산 동부에 준험한 산체山體를 이루고 있고 서북부에 함라산 줄기가 이어져 서부로 향하는 구릉과 대하천으로 비옥한 평원을 이룬다. 북으로는 금강 줄기를 사이에 두고 충청남도 부여군과 논산시와, 남으로는 만경강을 끼고 김제시와 닿아 있다. 사방이 평야로 둘러싸여 교통이 편리한 까닭에 예나 지금이나 전라도로 들어서는 초입이 된다. 호남선이나 전라선 열차를 타면 충청남도

강경을 지나 익산 땅에 들어서고 호남고속도로를 통하더라도 충청남도 논산을 지나 익산시 여산면으로 들어선다.

동남쪽으로는 전북평야, 서남쪽으로는 군산시의 임옥평야, 서북쪽으로는 충청남도 논산시의 강경평야와 연계되어 익산은 전라북도에서 김제시 다음으로 경지율이 높고 쌀 생산량이 많은 곳이다. 그뿐만 아니라 금강과 만경강 덕분에 수로교통이 편리해 신석기시대 이래 농경문화가 번창했고, 삼한시대부터 여러 시대에 걸쳐 인근 지역의 정치·문화 중심지가 되었다.

익산 땅에서도 역사적으로 큰 의미를 갖는 곳은 오늘날의 금마면과 왕궁면을 포괄하는 옛 금마 지역이다. 백제의 시조 온조는 마한을 병합한 후 이곳을 금마저金馬渚라 불렀다. 백제 문화의 전성기였던 600년 무렵, 무왕은 금마저를 도성으로 삼고 미륵사, 제석사와 같은 거대 사찰과 왕궁평성을 쌓았다. 백제가 멸망한 후 그 역사 기록이 철저히 인멸되어 백제의 진면목을 볼 수 있는 자료가 많지 않은데 근래의 발굴 결과로 백제 중엽 이래 이 지역이 공주, 부여와 함께 백제 문화의 또 하나의 중심지를 이루고 있었음이 확인되고 있다. 통일신라 문무왕 때는 고구려 유민 안승의 보덕국이 있었으며 후삼국시대에는 후백제왕 견훤의 세력이 이곳에서 고려 태조 왕건과 치열한 싸움을 벌였다.

이러한 역사를 간직한 금마 땅에는 익산토성, 미륵산성, 낭산산성, 왕궁평성 등 고대 국가의 성터들이 있으며 미륵사터, 왕궁리 오층석탑, 쌍릉, 동고도리 석불입상, 태봉사 삼존석불, 연동리 석불좌상 등 유물·유적이 밀집되어 있는데 이 중 왕궁리 유적과 미륵사지가 유네스코 세계문화유산으로 등재되었다.

익산 왕궁리 유적

미륵산에서 남으로 이어지던 산자락이 끝나는 얕은 구릉의 능선 위로 보이는 탑이 왕궁리 오층석탑이며, 그 주변의 구릉지대가 예부터 마한 또는 백제의 궁궐터였다고 전해오는 왕궁평으로 '왕검이', '왕금성'으로도 불렀다. 이곳의 지명인 왕궁리도 궁궐이 있던 곳이라는 데서 유래했다.

왕궁지의 특이 사항은 유적지 내에서 왕궁 건물터와 금당 등의 사찰 건물터가 상당수 발견된다는 점이다. 발굴 조사에 의하면 백제 무왕 때 왕궁으로 건설했는데 신라통일 초기에 사찰로 변경된 것으로 본다. 따라서 왕궁 유적과 사찰 유적이 혼재해 있다.

왕궁터에서 발견된 가장 큰 건물은 전면 7칸 측면 4칸으로 왕궁의 남북 중심축에 있다. 규모나 건축 기법, 위치 등을 볼 때 대규모 연회나 집회를 열었던 장소로 추정된다. 이 건물터에는 대형 기둥을 받치기 위한 독특한 건축 기법이 사용되었다. 즉, 커다란 구덩이를 파고 그 속에 점토로 단단히 다진 후 기둥을 세운 토심土心 구조다. 부여 관북리에서도 이와 규모와 건축 기법이 유사한 건물 유지가 발견되었다.

사찰 유적인 왕궁리 오층석탑(국보 제289호)은 익산의 미륵사탑을 본떠서 만든 백제계 석탑으로 높이 9미터, 기단 면석에 두 탱주를 갖추었다. 1층 몸돌은 우주를 돋을새김한 기둥 모양의 돌로 네 모서리를 세우고 탱주를 새긴 4장의 중간 면석을 짜맞춰 만들었다. 2층은 4면 1석씩, 3층 이상은 2매씩으로 되어 있으며 각각 우주를 조각했다. 3단의 층급받침을 지붕과 별도로 4매의 돌로 조성하고 그 위에 지붕돌을 얹었으며, 지붕돌의 경사는 완만하고 네 귀가 약간 들려 있다.

단층기단과 얇고 넓은 지붕돌 등 전체적 이미지가 부여 정림사터 오층석탑과 많이 닮았다. 그래서 미륵사탑이나 정림사탑과 같은 시대에 조성된 백제탑이라는 설이 있다. 그러나 탑신부의 돌짜임 기법과 3단으로 된 지붕돌 층급받침의 기법에서 신라 석탑의 양식이 보이고 사탑 주변에서 '왕궁사', '관궁사', '대관관사', '대관궁사'라 적힌 통일신라시대 명문기와가 다수 발견되므로 통일신라 초기의 탑으로 보는 설도 있으며 고려 초기에 건립된 탑이라는 견해도 있으나 아직 결론이 난 것은 아니다. 1965년 기울어짐을 바로잡기 위해 시행한 해체·복원 공사중, 1층 지붕돌과 기단부에서 양식상 고려 초기의 것으로 보이는 금제 사리함과 사리병 등 사리장엄구(국보 제123호), 19매의 금판에 새겨진 금강경, 청동여래입상 등이 나왔는데 이 탑의 기초를 보면 원래 목탑이었을 가능성도 있으며 백제시대의 유적 위에 세워졌음이 확인되었다.

백제왕궁터에 있는 왕궁리유적전시관에 왕궁터에

■ 왕궁리 오층석탑은 익산의 미륵사탑을 본떠서 만든 백제계 석탑으로 높이 9미터, 기단 면석에 두 탱주
를 갖추었다.

서 발견된 중국청자편, 명문기와 등 3,000여 점의 유물을 전시하고 있으며 인근에 무왕릉으로 알려진 쌍릉(사적 제87호)과 고려시대 문화재인 고도리 석불입상(보물 제46호)도 있다. 익산 쌍릉은 동서로 약 200미터 사이를 두고 있는데 동쪽의 것은 대왕릉, 서쪽의 것은 소왕릉이라 부른다. 부여 능산리 고분과 같은 형식인 굴식 돌방무덤으로 대왕릉이 다소 큰 편이다. 발굴 조사 이전에 도굴되어 유물은 거의 발견되지 않았으나 대왕릉에서 부식된 목관과 관장식, 토기편 등이 수습되었다. 쌍릉은 석실 구조, 호화로운 목관 장식 등을 감안해 무왕릉으로 추정된다.

고도리 석불입상은 높이 4.2미터로 200여 미터의 거리를 두고 서로 마주 서 있는 다소 특이한 형태다. 토속적인 수호신의 표정을 보이고 있어 속칭 '인석'이라 부른다. 고려시대에는 신체가 극히 절제화된 석상이 많이 조각되었는데, 이 석불입상이 이러한 계통의 작품으로 일반 불상에 비해 매우 신선한 감을 느낄 것이다.

익산 미륵사지

금마의 진산에 해당하는 미륵산(용화산)의 남쪽에 한국에서 가장 큰 사찰 터인 미륵사터가 있다. 전라북도 익산시 금마면의 미륵사는 백제 무왕(600~641년) 때 창건되었으며 고려 때까지도 성황을 이루었으나 조선 중기 이후 폐찰된 것으로 추정된다. 동서로 172미터, 남북으로 148미터에 이르는 사찰터에는 서석탑(국보 제11호), 1993년에 복원된 동석탑, 당간지주 2기, 목탑터, 금당터 3곳, 회랑과 강당과 승방의 자취, 남문과 중문의 흔적이 남아 있다. 또 석등 지붕돌, 연꽃잎이 새겨진 석등 받침, 원래의 용도를 잘 알 수 없는 여러 가지 석물 부재를 곳곳에서 볼 수 있다.

미륵사라고 이름이 붙은 것은 불교 신앙에 근거한다. 미래불인 미륵이 3회의 설법으로 미래의 중생을 모두 제도한다는 용화삼회설에 입각해 전殿, 탑, 낭무廊廡를 각각 3곳에 세우고 미륵사라고 한 것이다.

미륵사는 일반 석탑에서 볼 수 없는 형태를 갖고 있다. 기단부는 목탑과 같이 낮고 작은 편이며 초층탑신은 각 면이 3칸인데 중앙 1칸에는 사방에 문을 마련해 내부로 통하게 했으며 사람이 드나들 수 있는 공간이 있다. 그 내부 중앙의 교차되는 중심에 사각기둥(찰주)을 세워 탑을 지탱하게 했는데, 이 기둥은 목조 건물에서나 볼 수 있는 양식이다. 옥개석은 얇고 넓은데 네 귀퉁이에 이르러 약간의 반전을 보이며 옥개석 끝(처마 끝) 부분에서 옥개받침까지 사이가 넓다. 2층 이상의 옥개석은 위로 올라갈수록 폭이 줄어들었을 뿐 두공 양식의 3단 옥개받침이나 지붕 귀퉁이의 반전 등 초층과 같은 수법을 보인다.

특히 초석 위에 기둥을 세운 이중기단과 아래로 내려갈수록 굵어지는 배흘림기둥도 목조 건물의 기둥을 닮았다. 옥개석 추녀 끝이 살짝 올라간 반전도 목조 건물의 지붕을 연상시킨다. 이런 특징 때문에 이 탑은 목탑에서 석탑으로 전환한 최초의 탑으로 알려진다.

서석탑은 높이 14.24미터, 6층만 남아 있으므로 7층설과 9층설이 분분했으나 석탑의 노반석露盤石(맨 꼭대기에 붙는 돌)이 발견되어 9층탑으로 결론나자 1991년 9층으로 동탑을 복원했다. 그렇다면 탑의 높이는 28미터로 아

■ 동서로 172미터, 남북으로 148미터에 이르는 미륵사터에는 서석탑(위), 1993년에 복원된 동석탑, 당간지주 2기 등이 남아 있다.

파트 10층 높이에 해당한다. 그런데 미륵사는 탑이 2개뿐이 아니다. 미륵사탑과 일직선상에서 다른 탑터가 발견되었는데, 크기와 형태는 현재 남아 있는 미륵사탑과 동일하므로 모두 3개가 설치되어 있었다. 학자들은 이 탑을 한국 최고의 석탑으로 추정하는데, 탑의 양식이 이전에 성행했던 목탑의 각부 양식을 나무 대신 돌로 충실하게 재현했기 때문이다.

탑의 건립 연대에 대해서는 과거 일본 학자들이 통일신라시대로 비정한 바 있고, 국내 학자들이 백제의 공주 도읍기인 동성왕대로 추정하기도 했으나 『삼국유사』에 보이는 기록과 석탑의 형식 등을 감안해 백제 말기인 무왕대에 건립된 것으로 추정된다.

미륵사는 약 16만 5,289제곱미터로 신라의 최대 사찰인 황룡사보다 2배나 된다. 금당터에서는 녹색 유약을 바른 기와가 다량으로 출토되었다. 녹유와綠釉瓦는 국내에서 처음으로 발견된 것으로 서까래 끝에 붙어 서까래의 부식을 막으며 건물을 치장한다. 이러한 금당이 모두 3채 있는데 가운데 금당은 2층이다. 이들 금당의 초석은 마름모꼴로 다듬어져 있고 그 위에 원형 주좌柱座가 높게 마련되어 있다. 각 원 앞에는 전체 길이 172미터에 이르는 긴 행랑 건물이 배치되었고 각 원으로 들어가는 중문이 세 군데에 설치되었다. 각 금당과 탑 사이에는 석등이 있었다. 미륵사터 석등의 연꽃받침은 석등 연꽃받침 가운데 가장 오래된 것이다. 미륵사에서 가장 큰 강당터는 400여 명이 들어갈 수 있을 만큼 넓다. 미륵사에 상당히 많은 사람이 있었다는 것은 10명을 수용할 수 있는 승방이 총 32개나 된다는 것으로도 알 수 있다.

미륵사를 건설한 사람은 〈서동요〉로 유명한 백제 제30대 무왕이다. 『삼국유사』,「무왕조」의 미륵사 창건 부분을 보면 나와 있다. 발굴 결과 『삼국유사』의 기록이 사실이었음이 밝혀졌다. 이런 배치는 일반적인 백제계 가람 배치와는 매우 다르며, 탑을 중심으로 동·서·북에 3개의 금당이 배치되었던 고구려의 회탑식回塔式 가람 배치나 고신라의 일탑삼금당一塔三金堂 형식과도 다른 특이한 형태다. 미륵사가 미륵삼존을 위해 창건되었고 또 세 차례의 설법을 통해 중생을 용화세계로 이끈다는 미륵이므로 세 군데에 설법처를 마련하기 위해 이러한 형식이 나왔으리라 여겨진다.

무왕이 미륵사를 건설한 이유를 학자들은 금당터에서 찾는다. 금당터엔 다른 건물에선 볼 수 없는 유난히 키가 큰 초석들이 남아 있다. 다른 건물들과 비교했을 때 주춧돌의 높이가 무려 90센티미터 정도로 높은데 이는 기둥 아래 부분에 홈을 파고 마루청을 갈아 초석의 높이만큼 지하 공간을 만들었기 때문으로 추정된다. 이 지하 공간은 배수구가 있던 자리로 생각되는데, 감은사의 금당터에도 이런 지하 공간이 있다. 기록에 의하면 용으로 변한 문무왕이 돌아와 쉴 수 있도록 지하 공간을 만들었다고 하는데, 미륵사의 지하 공간도 유사한 용도로 만들었다는 것이다.

금당은 미륵불상을 모신 신성한 공간인데 용이 드나들 수 있도록 한 것은 용이 미륵의 화신으로도 여겨졌기 때문이다. 그러므로 미륵불을 모신 금당에 용의 거처를 만든 것은 미륵에 대한 간절한 염원 때문으로 볼 수 있다. 미륵신앙은 미래 부처인 미륵이 이 땅에 내려와서 사람들을 구원한다는 믿음에서 기초한 일종의 메시아 신앙이다.

무왕이 즉위할 무렵 백제는 전성기에 확보했던 많은 영토를 잃고 그 입지가 상당히 줄어들었을 때였다. 고구려에 이어 신라에 한강 유역을 빼앗기고 가야 지역마저 신라가 차지한 상태였다. 무왕은 이렇듯 절박한 상황에서 강력한 왕권을 구축해 나라를 다시 일으킬 목적으로 미륵사를 건설한 것이다.

미륵사를 조사한 학자들을 놀라게 한 것은 두 탑 사이에 양쪽의 석탑터보다 2배나 큰 탑의 흔적이 발견되었다는 점이다. 탑이 3개나 있었다는 전설도 사실로 드러난 것이다. 기단 한 변은 19.2미터, 대각선은 22미터, 탑의 높이는 일반적으로 기단 대각선의 2배이므로 이를 근거로 하면 전체 높이는 무려 50~60미터나 된다. 탑터를 조사한 결과 수막새와 숯, 불탄 흔적으로 목탑이었음을 알 수 있다.

미륵사지 석탑이 목탑을 원형으로 하여 건축했다는 것은 여러 부분에서 발견할 수 있다. 기단부는 목탑에서와 같이 낮고 작게 설계되었다. 사방으로 4개의 출입구를 낸 것도 목탑 구조를 따른 것이다. 1층 한 면은 4개의 기둥으로 되어 있어 3칸 건물임을 알 수 있는데, 모서리에 각을 준 사각형 기둥이 위쪽은 좁고 아래로 올수록 두껍다. 이러한 기둥을 민흘림기둥이라고 하는데 이는 목조 건축의 기법이다.

또 탑신부의 중심에 거대한 방형석주가 있는데, 이것의 용도는 석탑의 심주로서 목탑을 축조할 때 사용하는 방식이다. 이 사각형의 심주는 목탑에서와 마찬가지로 세계의 중심 기둥이라는 상징성을 지니고 있다. 3단의 받침이 옥개석을 받치고 있는데 이것 또한 목조 건물을 건축할 때 사용하는 방식이다. 특히 처마는 목조 건축의 복잡한 구조를 생략하고 간단한 층단 받침으로 처리했다. 지붕은 매우 완만하게 기울어져 평온한 느낌을 준다. 그런데

2층부터 꼭대기층까지는 층 간격이 매우 짧다. 당시의 목탑에서는 2층부터 내부에 공간을 만들 수 없어 외형상 상징적인 공간을 보여주었던 것으로 추정된다.

탑 주위의 네 귀퉁이에 수호 석인상이 있다. 서남쪽 것은 없어졌고 세월의 풍파로 형체를 알 수 없지만 세 구 자체는 존재한다. 그 가운데 동남쪽 귀퉁이에 앉은 것이 비교적 제 모습을 많이 지녔다. 일부 학자들은 이들이 불교 조형물 속에 끌어들여진 백제의 전통적 수호신상으로, 돌장승이나 돌하르방 같은 한국 토속신앙 조형물의 원형으로 생각한다.

일반 사찰터에는 절 문 앞에 1기씩 당간지주가 있지만, 보물 제236호인 미륵사터 당간지주는 동서 두 석탑의 남쪽으로 각각 64미터 되는 곳에 각각 1기씩 있다. 두 당간지주는 높이가 모두 3.95미터이고 양식과 구성 수법도 같다. 이들 당간지주는 별도로 세워진 것이 아니라 하나의 가람 배치 계획 속에서 조영된 것으로 추정된다. 장대석을 맞추어 만든 기단의 네 면에는 안상이 새겨져 있다. 지주의 양쪽 바깥면에는 둘레를 따라 테두리선을 도드라지게 했고 가운데에도 한 줄의 선을 돋을새김했다. 양식 수법으로 보아 통일신라 중기 이후의 것으로 추정된다. 학자들은 거대한 석탑을 조성하면서 수천 개의 석재를 일일이 짜 맞춘 한국 최초의 미륵사지 석탑의 조형기술에 찬탄하지만 백제인들의 기술로는 그리 어려운 일이 아니었다.

서석탑은 1910년경 탑의 상당 부분이 붕괴되자 1915년 일제가 150톤의 콘크리트를 발라 '계단피라밋' 형으로 석탑을 고정시켜 석탑 전체의 파괴를 방지했다. 150톤이 넘는 엄청난 양의 시멘트가 탑의 하부구조에 좋은 영

■ 서석탑 해체 과정에서 통일신라시대, 고려시대, 조선시대의 유물들이 발견되어 학자들을 놀라게 했다.
  해체 보수 중인 서석탑.

향을 주었을리는 없지만 다행하게도 일본인들이 원형을 크게 훼손하지 않은 것으로 드러났다. 그러나 탑의 원형이 워낙 변형되었고 천재지변 등으로 훼손이 계속되자 1990년대 들어 미륵사지탑을 해체 보수·복원해야 한다는 의견이 대두되자 뜨거운 논란이 일었다. 위험한 상태에서 해체에 들어갈 경우 자칫 더 큰 파괴를 가져올 수 있다는 것이다. 그러나 언제 무너질지 모르기 때문에 빨리 해체·복원해야 한다는 의견이 우세를 보이자 1997년 해체·보수로 결론짓고 해체에 들어갔다.

　그런데 2층 해체 과정에서 나온 유물들은 학자들을 놀라게 했다. 발견된 유물들은 통일신라시대에 만들어진 것으로 보이는 작은 항아리 파편과 고려시대의 기왓장 조각(고려 충숙왕 4년), 조선시대 동전인 상평통보(조선 정조 2년 이후) 등이다. 백제 때 건립된 석탑에서 이처럼 다양한 시대의 유물들이 나온 것은 이 탑이 그간 수차례 개보수를 거쳤다는 것을 암시한다.

석탑의 원재료인 화강암 산지産地도 밝혀졌다. 바로 미륵사지 뒤편의 미륵산(용화산)에서 나오는 이른바 황등석이다. 익산 지역은 쥐라기에 이루어진 화강암지대로 지금도 전국에서 가장 선호하는 화강암 석재가 황등석이다.

학자들이 감탄하는 것은 백제인들이 돌을 떡 주무르는 듯한 석재 가공 기술 때문이다. 목재 건물을 짓는 것처럼 기둥과 평면석을 따로따로 만들어 시공했다. 더구나 석재에 정밀한 홈을 파고 다른 석재를 연결해 세월이 가더라도 틈이 벌어지지 않게 했고 처마 부분에 목조 건물에서 하듯 지붕마루나 기와 무늬 등을 세밀하게 표현한 것이다.

미륵사의 복원에는 최첨단 복원기술이 동원되었다. 사진, 동영상 촬영은 기본으로 '3D스캐너'를 사용하는데, 3D스캐너는 석탑 각 부분에 레이저를 쏘아 입체적인 형상을 얻어내는 기계다. 하지만 3D스캐너의 치명적인 단점은 형체 위주이기 때문에 실거리 파악이 약하다. 이를 보완할 장치로 '광파측정기'가 사용된다. 이는 LPGA에서 골프공이 날아간 거리를 측정할 때 쓰는 기계와 같은 것으로 기준점에서부터 각 부재 모서리에 찍어놓은 세 점에 레이저를 쏘아서 되돌아오는 시간으로 거리를 측정한다.

오랜 세월을 두고 저절로 생긴 이끼 같은 36가지 미생물도 제거 대상이다. 국립문화재연구소는 부재를 다치지 않고 이들 미생물만 없애는 약품을 개발 중이다. 이런 최첨단 과학을 동원한 해체작업 덕분에 가와이 하야오河合 準雄 일본 문화청 장관을 비롯해서 유네스코 산하기관과 중국 국가 문물국 관계자, 이탈리아 문화재 보존 관련 학자 등이 이곳을 다녀갔을 정도로 세계적인 관심을 끌었다.

그동안 탑의 붕괴 원인으로는 『삼국사기』에 신라 성덕왕聖德王 18년(719)에 "미륵사지가 벼락을 맞았다"는 기록을 근거로 벼락 때문이었다는 설이 있었다. 그런데 벼락의 흔적은 지금까지 발견되지 않았다. 그러므로 이번 해체 과정에서 탑의 내부가 심하게 변형되고 외부도 서쪽으로 많이 기울어진 점 등을 고려해서 탑 붕괴의 진짜 원인이 무엇인지는 밝혀내야 할 것이다.

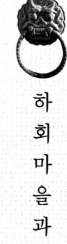

제
5
장

하
회
마
을
과
양
동
마
을

2010년 하회마을과 양동마을이 '한국의 역사마을'로 묶여 유네스코 세계문화유산으로 등재되었는데, 이는 한국의 세계유산 숫자 하나가 늘어났다는 의미를 뛰어넘는다. '역사도시' 또는 '역사마을'은 단순히 마을이 오래되었거나 고건축물이 많다고 해서 등재되는 것이 아니기 때문이다. 그런 면에서 하회마을과 양동마을이 세계문화유산으로 등재된 것은 거의 기적이나 마찬가지다.

특정한 유산이 유네스코 세계문화유산이 될 기회는 오직 한 번밖에 없다. 유네스코는 한 유산에 대한 세계유산 등재 심사를 2번 이상 하지 않는다. 그런 까닭에 등재 여부를 최종 판가름하는 유네스코 세계유산위원회에 앞서 각국은 등재 가능 여부를 면밀히 따져 해당 유산이 등재될 가능성이 없다고 판단하면, 회의 직전에 등재 신청 자체를 철회하는 일이 많다.

등재 후보지가 '문화유산'일 때는 이코모스라는 자문기구가 현지 실사를 포함한 해당 유산에 대한 광범위한 심사를 한다. 그런데 '한국의 역사마을'은 이코모스의 사전 평가보고서에서 '등재 보류Refer' 판정을 받았다. 등재 보류란 말 그대로 세계문화유산으로서 가치는 있지만, 현재로서는 여러 가지 미비점으로 말미암아 등재를 '보류'해야 한다는 뜻이다.

'보류'가 등재 신청 자체를 해당 국가에 돌려보내는 '반려Defer'나, 등재 자체가 아예 불가능하다는 '등재 불가Not Inscribe'에 비해서는 훨씬 좋은 평가이긴 하지만, 등재를 장담할 수 없는 것이라는 사실 또한 부인할 수 없다.

통상 '등재 보류' 판정을 받으면, 세계유산위원회 회의 직전에 등재 신청을 철회하고, 다음 기회를 노리기 마련이다. 단 한 번밖에 기회가 없기 때문이다. 실제로 2009년 조선 왕릉과 함께 정부가 동시 등재를 추진한 '남해안 지역 백악기 공룡 해안'은 등재 보류 판정을 받자 등재 신청을 사전에 철회했다.

그렇지만 정부는 하회마을과 양동마을에 대해서는 이런 우회 방법을 쓰지 않고 정공법을 채택했다. 한국은 비록 이코모스 평가보고서에서는 '등재 보류' 판정을 받기는 했지만, 그것을 뛰어넘을 수 있다는 판단이 섰기 때문이었다. 이를 위해 무엇보다 하회마을과 양동마을이 왜 등재 보류 판정을 받게 되었는지, 그 이유를 분석했다. 결론은 두 마을의 역사ㆍ문화적 가치를 볼 때 대표적 양반 씨족마을인 두 마을을 한데 묶어 '연속유산'으로 등재할 필요성은 충분하게 이해했으나 행정구역이 다른 두 마을에 대한 통합관리 체계를 문제로 삼았다는 것이다. 다행히도 이와 유사한 예도 있었다. 2008년 말레이시아의 역사도시인 말라카Malacca와 교치시喬治市(조지타운 시)가 이코모스에서 '보류' 권고를 받았음에도 보완책을 마련해 세계문화유산에 등재된 전례가 있었다.

원인 진단이 나오면 처방전도 나오기 마련이다. 정부는 이코모스가 지적한 문제점을 보완하는 대책 마련에 나섰다. 즉 지자체, 문화유산보존활용 전문가와 마을 주민대표까지 모두 참여한 통합관리 체계인 '역사마을보존협의회'를 구축했다. 이런 체제를 구축한 후 등재 여부를 결정하는 키를 쥔 세계유산위원회 21개 위원국에 대해 이코모스가 우려한 통합관리 체계를 적극적으로 홍보해 마침내 두 마을을 세계문화유산으로 만드는 데 성공한 것이다.

세계유산위원회가 하회마을과 양동마을에서 주목한 것은 이곳에 이어져 내려오는 유교문화였다. 세계문화유산 등재에 성공한 이유는 "유교 본산지인 중국보다 철저히 지켜온 한국 전통의 유교문화가 세계의 인정을 받은 셈"이라고 평가한다. 즉, 유교를 이념으로 한 유·무형의 문화와 한민족이 갖고 있는 전통을 고스란히 보존·계승해온 '살아 있는 유산'이라는 점을 높이 평가받은 것이다.

유네스코는 등재 결의안에서 하회마을과 양동마을에 대해 "주거 건축물과 정자, 서원 등 전통 건축물들의 조화와 전통적 주거문화가 조선시대의 사회 구조와 독특한 유교적 양반문화를 잘 보여주고 있으며 이러한 전통이 오랜 세월 동안 온전하게 지속되고 있는 점이 세계문화유산으로 등재되기에 손색이 없다"고 평가했다. 또 문집, 예술작품, 조선 유학자들의 학술적·문화적 성과물, 세시풍속과 전통 관혼상제 등 무형유산이 잘 전승되고 있는 점도 높이 평가했다. 하회마을과 양동마을은 조선시대의 대표적 유형인 씨족마을 중에서 역사가 가장 길고 경관도 탁월한 곳이다.

하회마을

엘리자베스 영국 여왕과 조지 부시 전 미국 대통령 부자父子가 방문해 세계적으로 널리 알려진 하회마을은 풍산 류씨가 모인 씨족마을로 행정구역으로는 경북 안동시 풍천면 하회리다. 씨족마을이란 같은 성씨가 혈연집단을 이루고 있는 유교문화 특유의 마을로 장자 상속을 근간으로 한다.

하회마을이 한국에서 민속적 전통과 건축물들이 가장 풍부히 보존된 마을이지만, 처음에 마을은 화산의 산기슭에 김해 허씨와 광주 안씨가 자리 잡았다. 그러므로 풍산 류씨는 화천 주변의 현 하회마을에 정착했다. 이들 세 성씨는 17세기 중엽까지 마을에 함께 살았으나 점차 두 성씨가 사라지면서 하회마을은 류씨 동족마을이 되었다.

하회마을은 경북 안동시의 서남쪽 방향에 있는데 하회마을이 속해 있는 풍천면 주변은 동쪽으로 풍산읍, 서쪽으로 예천군 지보면, 남쪽으로 의성군 신평면, 북쪽으로는 예천군 호명면이다. 태백산에서 뻗어온 지맥이 이곳에 와서 봉우리를 맺은 화산과 북애北崖를 이루었고, 일원산에서 뻗어온 지맥이 남산과 부용대를 이루었다. 부용대는 하회마을의 상징으로 절벽이 절경을 이루는데 부용이란 연꽃을 달리 부르는 이름이다. 그 사이를 낙동강이 S자형으로 감싸 돌아가므로 하회마을을 연꽃이 물에 떠 있는 형국인 연화부수형蓮

花浮水形(다리미형)이라고 설명된다. 하회河回라는 이름도 강河이 마을을 감싸고 돈다回는 뜻이다. 풍수지리상 하회마을(양동마을 포함)은 '완사명월형浣紗明月形', 즉 비단옷을 밝은 달빛 아래 깔아놓은 명당이다. 그 덕인지 두 마을은 비단옷 입은 귀인들을 수없이 배출했다.

한국의 4대 길지

하회마을처럼 마을이 강가에 바로 붙어 있는 경우는 극히 드물다. 십중팔구 수해의 위험이 있기 때문이다. 하회마을이 수해를 받지 않는 이유는 낙동강의 흐름이 다른 곳과 달리 특별하기 때문이다. 이중환은 영남에서 4곳을 길지로 적었는데 봉화 유곡마을, 안동 도산의 토계 부근, 하회마을과 양동마을이다. 마을의 집터도 풍수사상이 반영되어 풍수적으로 마을 중앙의 삼신당三神堂을 중심으로 풍수길지에 자리 잡았다.

하회마을의 형상은 두 가지 점에서 특이하다. 삿갓이나 대접을 엎어 놓은 것처럼 가운데가 도톰하게 솟아 있고 바깥쪽으로 갈수록 점점 낮아졌다는 점과 집들의 분포가 대충 원형을 이루고 있다는 사실이다. 자연히 마을의 전체적인 형상은 비행접시 모양을 하고 있다. 앞에서 말한 연화부수형이 바로 이런 형상을 뜻한다.

■ 하회마을은 한국에서 민속적 전통과 건축물들이 가장 풍부히 보존된 마을이다. 하회마을 전경.

마을이 원형을 이루고 있는 까닭은 산기슭에 자리 잡고 있지 않기 때문
이다. 전형적인 마을은 산을 등지고 앞쪽으로 강을 낀 이른바 배산임수 형태
를 갖고 있는데, 하회마을은 산과 멀리 떨어진 채 강폭에 휩싸여 있으므로 강

하회마을과 양동마을

줄기의 흐름을 따라 둥글게 분포되기 마련이다.

하회마을의 물길이 S자 모양을 하고 있다고 하지만 학자들은 S자보다는 태극 모양을 하고 있다고 설명한다. 물이 태극 모양을 이루고 흐르면 땅도 으레 태극 모양을 이루기 마련이다. 하회마을을 두고 수태극, 산태극이라고 하는 이유인데 풍수지리적으로 볼 때 태극형을 매우 귀하게 여긴다. 이는 태극도설의 철학적 이치와 관련되기 때문이다. 특히 강과 산은 음양의 관계로 태극 형상으로 맞물려 있으므로 특별한 의미로 해석된다.

하회마을은 현재 세계가 부러워하는 유네스코 세계문화유산이지만 하회마을의 현재와 과거가 매우 달라졌다는 매우 흥미로운 이야기가 있다. 하회마을의 주산은 화산이고 하회마을의 수구맥이는 화천인데 하회마을의 별칭도 꽃과 관련이 있다. 하회마을에는 옛날에 배나무가 많아서 늦은 봄이면 배꽃으로 온 마을이 하얗게 뒤덮었다고 한다. 배나무를 정원수로 썼기 때문이다. 그래서 하회마을을 '이화촌梨花村'이라고도 했다.

그런데 하회마을에서 배나무가 거의 사라진 것은 새로운 조경관 때문이다. 마을에서 정원수를 신식으로 조성하면서 향나무를 많이 심었다. 그런데 향나무와 배나무는 상극이다. 향나무의 포자 때문에 배나무가 잘 자라지 않기 때문이다. 사과나무도 마찬가지로 향나무 때문에 과수나무가 곤욕을 치른 셈이다. 하회마을이 세계문화유산으로 지정되자 하회마을의 옛 정서를 되살리기 위해 향나무가 아닌 배나무를 다시 살려야 한다는 주장이 제기되었다. 이런 과거의 낭만과 향기를 찾는 일이 진척될지는 시간을 두고 볼 일이다.

■ 하회마을의 물길이 S자 모양을 하고 있다고 하지만 학자들은 S자보다는 태극 모양을 하고 있다고 설명한다. 하회마을 전경.

3년을 적선하라

하회마을에 처음부터 풍산 류씨가 터전을 잡은 것은 아니다. 처음에는 김해 허씨가 마을을 개척했고 이어서 광주 안씨가 문중을 이루었는데, 풍산 류씨가 들어와 잔치판을 벌였다고 말해진다. 한마디로 세 번째 들어온 풍산 류씨가 하회마을 자체를 인수한 격이다.

여하튼 풍산 류씨들이 하회마을에 자리 잡기 시작한 것은 고려 말이다. 류절柳節을 시조로 하는 풍산 류씨는 공조전서工曹典書를 지낸 류종혜柳從惠 때 이곳에 정착했다. 풍산 류씨는 본래 풍산 상리에 살았으므로 본향本鄕이 풍산

豊山이지만, 류종혜가 화산에 여러 번(가뭄, 홍수, 평상시) 올라가서 물의 흐름이나 산세며 기후조건 등을 몸소 관찰한 후에 이곳으로 터를 결정했다고 한다.

입향에 관한 전설을 보면 집을 건축하려 했으나 기둥이 3번이나 넘어져 크게 낭패를 당하던 중 꿈에 신령이 현몽하기를 여기에 터를 얻으려면 3년 동안 덕을 쌓고 적선을 하라는 계시를 받고 큰 고개 밖에다 초막을 짓고 지나가는 행인에게 음식과 노자와 짚신을 나누어주기도 하고, 참외를 심어 인근에 나누어주기도 하면서 수많은 사람에게 봉사하고서야 하회마을에 터전을 마련할 수 있었다고 한다. 입향 후 풍산 류씨들은 후손들이 계속 중앙관계에 진출하면서 점점 성장했다.

특히 입암立巖 류중영柳仲郢, 귀촌龜村 류경심柳景深, 겸암謙菴 류운룡柳雲龍, 서애西厓 류성룡柳成龍 등의 배출로 더욱 명성을 높여 조선 중기 이후 풍산 류씨 세거지로서 경향 각지에 국반國班으로 널리 인정받았다. 즉, 명문세가의 한 상징적 마을로 또는 유교문화의 전형적 마을로 주목받았는데 여기에는 겸암과 서애에 힘입은 바 크다.

겸암은 퇴계가 향리 도산에 서당을 열었을 때 제일 먼저 찾아가 배움을 청했다. 겸암이 부용대 남쪽 기슭에 정사를 지어 학문에 정진할 때 '겸암정사'라는 이름을 지어준 것도 퇴계다. 겸암은 30대 들면서 관직에 나가 의금부도사, 한성판관, 원주목사 등을 지냈으나 부모를 모시기 위해 몇 차례 관직에서 물러났다. 임진왜란이 터지자 당시 좌의정이었던 아우 서애는 선조를 수행해 한양을 떠났지만, 겸암은 벼슬을 그만두고 팔순 노모를 업은 채 고향 하회마을로 돌아왔다. 57세에 잠시 원주목사에 있었으나 노모를 위해 사직하고 다시는 벼슬에 나가지 않았다. 저서로는 『겸암집』, 『오산지』외 여러 권의 책을 남겼다.

서애는 겸암의 아우로 임진왜란이라는 국난을 슬기롭게 극복한 조선의 명신 중의 한 명이다. 류성룡은 1542년(중종 37) 의성현 사촌 마을의 외가에서 아버지 류중영과 어머니 안동 김씨 사이에서 둘째 아들로 태어났고, 17세 때 세종대왕의 아들 광평대군의 5세손 이경의 딸과 혼인했다. 부친인 류중영은 1540년에 문과에 급제한 후 의주목사 · 황해도관찰사 · 예조참의를 두루 거친 강직한 관료였다.

류성룡은 4세 때 이미 글을 깨우친 천재로 알려진다. 21세의 류성룡은 형 류운룡과 함께 퇴계 이황의 문하로 들어가 학업에 매진해 추후 퇴계의 학통을 잇는다. 23세에 사마시司馬試의 생원, 진사 양과에 합격했으며 25세에 문과에 급제해 관계에 진출했으나 여러 차례 사직하여 물러났다. 43세에 예조판서, 46세에 형조판서에 제수되었고 50세에 좌의정이 되었고 임진왜란이 일어나자 병조판서를 겸임하여 명실공히 전시 행정의 총수가 된다. 왜군이 파죽지세로 조선을 휩쓸 때 선조가 한양을 버리고 북으로 피란길을 오르는데 그 행방이 분분할 때 서애는 "만일에 왕이 한 걸음이라도 조선 땅을 떠나면 조선을 잃는다"며 의주로 가서 끝까지 본토를 사수해야 한다고 주장하여 선조가 이를 따랐다. 피란 중에도 당쟁이 끊이지 않아 영의정 이산해가 탄핵을 당하고 그 후임으로 서애가 임명되어 왜군 퇴치에 혁혁한 공을 세운다. 특히 류성룡은 임진왜란에 대비해 이순신 장군과 권율 장군을 발탁하여 왜의 침략에서 조선을 구하는 데 기여했다. 류성룡이 임진왜란의 전 과정에 대해 기록한 『징비록』은 국보로 지정되어 있다.

임진왜란이 끝나기 한 달 전에 모함을 받아 57세의 나이로 고향으로 돌아오는데 뒤에 무고함이 밝혀져 공신으로 직첩을 받는다. 서애는 벼슬길에 나간 지 30년, 재상의 자리에만 10년간 있었으나 청빈하여 끼니를 잇기가 어려울 만큼 가난한 생활을 한 것으로도 유명하다.

풍산 류씨는 류중영과 그의 장남인 류운룡이 종손이면서 불천위 제사를 받아 두 신위를 모시는 양진당이 대종택大宗宅이 되었다. 또한 류성룡도 불천위로서 별도의 사당에 모시게 되자 그의 종손이 대대로 살고 있는 집이 충효당이 되었다. 불천위란 공신이나 대학자 등에게 영원히 사당에 모시도록 나라에서 허락한 신위를 말하는데, 불천위로 인정되면 4대조까지 올리는 제사의 관행을 깨고 후손 대대로 제사를 올릴 수 있다.

풍산 류씨들이 하회마을에서 터전을 잡아나가자 허씨와 안씨들은 상대적으로 위축되어 마을을 떠나기 시작했다. 17세기 초의 기록에 의하면 당대에 몇 사람의 허씨와 안씨가 살고 있었다. 그런데 현재는 이들 성을 가진 사람이 단 한 가구도 없으므로 완전히 대체되었다는 것을 알 수 있다.

전통적인 유교마을

하회마을의 길은 거미줄처럼 얽혀 있다. 마을의 지리적 중심부를 이루는 삼신당을 중심으로 동서남북 사방으로 길이 방사선형으로 뻗어 있어 방천과 농로 또는 마을 바깥으로 나가는 길과 만난다. 또한 마을 외곽을 순환하는 도로가 방천길과 농로로 이어져 감싸고 있을 뿐 아니라 마을 중심부의 순환도로 사이에 또 하나의 순환도로가 있어서 결국은 방사선의 길과 몇 겹의 순환도로가 만나서 거미줄처럼 얽혀 있는 길이 마을을 일정한 영역으로 나누어준다. 이러한 길의 구조는 마을의 형상과 긴밀하게 연계된다.

일반 마을들은 주거지가 산기슭을 따라 가로로 길게 분포되어 있거나 산의 골짜기를 따라 세로로 길게 분포되어 있게 마련이다. 그런데 하회마을은 산기슭이나 골짜기에 터를 잡지 않고 하안河岸의 둔덕에 자리를 잡았으므로 소위 연화부수형으로 주거지가 분포되었다. 이 때문에 도로도 마을 중심부에서 방사선형으로 형성되어야 주변부와 소통이 원활하게 된다. 당연히 집의 방향도 제각각이 되지 않을 수 없다.

마을의 골목길도 집의 분포에 따라 집과 집을 이어주는 소통 체계로 형성되었다. 도로가 집의 향向에 따라 방향이 바뀌므로 복잡하기 짝이 없는데 특히 골목길이 집 뒤쪽으로 통하지 않게 만든 것이 더욱 복잡한 길을 유도한다. 집 뒤가 바로 길에 인접해 있어도 집과 같은 담장을 사이로 소통이 차단된다. 따라서 대문을 찾아 들어가려면 뒤편의 담장을 길게 따라 돌아가서 집의 전면부인 대문 앞까지 가야 한다. 이런 고집이 오히려 하회마을은 참 맛을 느끼게 함은 물론이다.

하회마을의 담장이 대부분 돌을 사용하지 않은 황토흙으로 만든 것도 하회마을의 특성 중의 하나다. 이들 토담은 양쪽에 판자를 대고 나무틀을 짠 뒤에 그 속에다 작두로 썬 짚을 넣어 반죽한 진흙을 채워 넣고 발로 다진 후에 굳어지면 판자를 뜯어내어 완성한 것이다. 담 쌓는 과정이 돌담보다 다소 번거롭고 힘들지만 그렇게 한 이유가 있다.

첫째는 하회마을에 돌이 없다. 돌담을 쌓으려면 최소한 돌이라는 재료가 있어야 하는데, 하회마을은 하안에 있으므로 산의 암석을 채취해오기도 어렵고 강변은 모두 모래톱이나 뻘로 형성되어 있어 자갈조차 구경하기 힘들다.

둘째는 풍수지리설 때문이다. 하회마을은 행주형行舟形이자 연화부수형이라고 하는데 행주형이란 배를 의미한다. 배에 돌을 실으면 가라앉는다. 또한 물 위에 뜬 연꽃에 돌담을 쌓으면 연꽃이 상한다. 우물을 파지 않고 화천의 물을 길어다 먹었는데 돌담을 쌓지 않고 흙담을 쌓는 까닭도 여기에 있다.

흙담이기 때문에 관리를 하지 않으면 엉망이 되기 마련이다. 비가 많이 오면 흙담이 쉽사리 무너진다는 것을 모르는 사람은 없다. 그러므로 담장에 지붕 못지않게 기와나 이엉으로 잘 이어둔 까닭도 흙담이라는 재질의 특성 때문이다.

하회마을이 임진왜란이나 6 · 25 전쟁 때 피해를 입지 않았다는 것이 불가사의라고 말하지만 이 역시 하회마을의 지형 때문이다. 마을에 일단 들어오면 나아갈 길이 없다. 하회마을이 민속마을로 일찍부터 지정되었고 이후 유네스코 세계문화유산에 지정된 것도 이런 이유 때문이다. 자연 환경과 조선의 유교적 이념과 제도, 주민들의 문화적 역량이 오늘의 하회마을을 만들어낸 것이다.

하회마을이 방사선형으로 구성되어 복잡하기 짝이 없다고는 하지만 그래도 큰 틀의 경계는 있다. 화천花川의 흐름에 따라 남북 방향의 큰 길이 나 있는데, 이를 경계로 하여 위쪽으로 북촌, 아래쪽으로 남촌이 나뉘어진다.

북촌의 양진당養眞堂과 북촌택北村宅, 남촌의 충효당과 남촌택南村宅은 역사와 규모에서 서로 쌍벽을 이루는 전형적 양반가옥이다. 이 큰 길을 중심으로 마을의 중심부에는 류씨, 변두리에는 각성各姓들이 살았다. 또한 마을 전체가 농경지(생산 영역)-거주지(생활 영역)-유보지(의식 영역)로 나누어져 유교적 의식이 강조되는 독특한 특징을 유지하고 있다. 특히 가장 유교적이라 할 수 있는 의식 공간에는 정자 등이 세워져 학문과 교육, 사교의 중심으로서 문화의 산실 역할을 했다.

마을 전체가 역사 유물

하회마을의 역사가 600여 년에 이르는 만큼 중요한 국보 · 보물 등의 문화재도 많다. 하회마을에 있는 류성룡의 『징비록』이 국보 제132호, 하회탈과 병산탈이 국보 제121호이며, 하회마을의 '하회별신굿탈놀이'는 중요무형문화재 제69호다. 류성룡 종가 문적 11종 22점이 보물 제160호이며, 류성룡 유물 3종 27점 등 고문서류가 보물 제460호다.

또한 건물로는 보물 2건, 중요민속자료 9건이 있다. 이들 지정된 가옥은 풍산 류씨 종가인 양진당(보물 제306호), 류성룡의 생가인 충효당(보물 제414호), 북촌택(중요민속자료 제84호), 원지정사遠志精舍(중요민속자료 제85호), 빈연정사賓淵精舍(중요민속자료 제86호), 작천고택鵲泉古宅(중요민속자료 제87호), 옥연정사玉淵精舍(중요민속자료 제88호), 겸암정사謙菴精舍(중요민속자료 제89호), 남촌택(중요민속자료 제90호), 주일재主一齋(중요민속자료 제91호), 하동고택河東古宅(중요민속자료 제177호) 등이 있고 인근에 병산서원 등 수많은 문화재가 있다.

하회마을과 양동마을

양진당

양진당은 하회마을의 대표적 건물의 하나로 풍산 류씨의 대종가大宗家다. 풍산 류씨의 하회마을 입향조入鄕祖 류종혜가 13세기 입향 당시에 처음 자리 잡은 곳에 지어진 건물로 전해진다. 류종혜가 입향하기 전에 화산 자락에 이미 살고 있던 김해 허씨와 광주 안씨의 마을을 피해 이곳에 자리 잡았다고 알려진다. 하회마을이 사회적으로 명문 반열에 오른 풍산 류씨의 집성촌으로 기반을 굳힌 것은 류종혜의 5대손인 류중영과 그의 두 아들인 겸암 류운룡, 서애 류성룡이 배출되면서부터다. 겸암의 하회마을 큰 종택은 양진당, 서애의 종택은 충효당으로 하회마을의 중심을 이루는데 양진당과 충효당은 서로 길을 사이에 두고 있다.

양진당은 하회마을 풍산 류씨 문중의 상징으로 문중의 대소사가 이곳에서 논의되었는데, 하회마을의 중추임에도 남향이 아니다. 이는 하회마을의 높은 지점인 마을의 중심 삼신당을 등지지 않았기 때문이다. 건물은 1600년대에 건립된 것으로 추정되는데 솟을대문이 우뚝 솟아 있고 좌우로 문간채와 행랑채가 길게 이어져 있고, 'ㅁ' 자형의 안채와 그 북쪽에 합각지붕으로 된 5×2칸 규모의 사랑채(양진당)를 '일一' 자형으로 배치했다. 4칸에 온돌방을 만들고 6칸 대청의 3면에 사분합문을 달았다. 안채와 사랑채는 부엌과 광 등이 사이에 있어 신발을 신고 다녀야 하지만, 안채와 사랑채는 모두 방과 마루로 이어져 있어 버선발로 오갈 수 있도록 지어졌다. 다만 사랑채만 마당 건너 북쪽에 별채로 자리잡고 있다.

양진당은 사랑채와 안채의 기단 양식이 다소 다르다. 사랑채 기단은 막

돌 바른층 쌓기이며 안채는 막돌을 사용하는 허튼층쌓기 방식을 택했다. 사랑채의 규칙성과 안채의 융통성이 기단 양식에서 드러나는 셈이다. 무엇보다도 두드러지는 것은 사랑채의 기단이 매우 높다는 것이다. 따라서 대청에 오르면 5단 높이의 돌계단을 올라야 한다. 종택의 사랑채다운 품격을 갖고 있다는 뜻이다. 반면에 행랑채의 기단은 상대적으로 낮다. 측면에서 보면 지붕이든 기단이든 앞쪽은 낮고 뒤쪽은 높게 되어 있다.

　　사랑채 주변으로 계자난간 툇마루를 달아 건물의 위상을 높였는데, 처마 아래에 걸려 있는 '입암고택立巖古宅' 현판은 류운룡의 부친인 입암 류중영을 지칭한다. 당호인 '양진당'은 겸암의 6대 자손인 류영柳泳의 아호雅號에서 유래했다. 한석봉이 사랑대청의 현판을 썼다고 한다. 사랑채에는 여러 현판이 걸려 있는데 졸재 류원지가 부용대에서 마을을 내려다본 느낌을 시로 적은 '하회 16경' 현판이 눈에 들어온다.

안채는 막돌로 초석을 놓고 사랑채의 원형기둥과 달리 사각기둥을 세웠다. 그러나 전면 4개의 기둥은 원형이다. 안방 전면에는 기둥에다 장대로 시렁을 만들어 얹어서 손님 접대용 상과 광주리 등을 올려놓을 수 있도록 했다. 물론 이런 실용성인 장치를 했음에도 양진당은 실용성 면에서는 떨어진다. 그것은 건물의 연대가 상대적으로 높은 고려시대의 건축 양식을 모방했기 때문이다. 당시의 집은 실용성보다 관례가 존중되었다. 즉, 실용성보다 종택의 권위를 중요시한 것으로 바로 이점이 양진당으로 하여금 하회마을에서 우뚝 서는 최고의 집으로 인식되는 것이다. 현재 사랑채의 대청은 학술과 문화 단체들의 모임 공간으로 널리 이용되고 있다.

우측 북쪽에는 2개의 사당이 있는데, 정면의 큰 사당은 류중영의 불천위 사당이며 작은 사당은 류운룡의 불천위 사당이다. 임진왜란 때 일부가 소실된 것을 17세기에 중수하여, 고려 말 건축 양식과 조선 중기 건축 양식이 공존하는 고택으로 99칸으로 전해오지만, 지금은 54칸이 남아 있다.

충효당

충효당은 문충공 서애 류성룡의 종택으로 양진당과 함께 하회마을을 대표하는 가옥이다. '서애종택'이라고 부르지만, 현재의 충효당은 엄밀한 의미에서 서애 생존 시의 집은 아니며 서애 사후에 지은 집이다. 충효당은 전면에 보이는 화천과 원지산의 경관을 한눈에 바라볼 수 있도록 서쪽을 향하고 있다. 류성룡은 현재 충효당이 지어지기 이전의 집에서 소년기와 만년을 보냈는데, 이 당시의 집은 극히 단출했다고 알려진다.

류성룡은 64세 때인 1605년 하회마을이 수해를 당해 풍산읍 서미동으로 거처를 옮겨 그곳에서 기거하다가 1607년 삼간초옥 농환재에서 타계했으므로 선생의 문하생과 사림이 건물을 완성했다. 이후 증손자 류의하柳宜河가 확장했는데 조선 중엽의 전형적 사대부 집으로 대문간채, 사랑채, 안채, 사당으로 52칸이 남아 있다.

솟을대문과 함께 '일一' 자 모양의 긴 행랑채에는 대문간을 포함한 12칸의 공간이 마련되어 있다. 대문간 오른쪽에는 대문 출입을 지키는 소위 수위실과 광, 헛간이 제각각 1칸씩 있고 왼쪽으로 마굿간 1칸, 광 2칸, 다시 마굿간 1칸, 부엌 1칸, 방 2칸, 헛간 2칸이 배치되었다. 행랑채가 독립 건물을 이루며 수위실과 2칸의 마굿간이 별도로 있는 것을 보면 이 종가의 위세를 짐작할 수 있다.

사랑채는 6×2칸 규모로 가운데 4칸 대청이 놓였는데 양진당 사랑채와는 달리 전면에 나와 있다. 이를 중심으로 왼쪽에 2칸씩의 겹방, 우측에 작은 사랑방과 마룻방이 있다. 작은 사랑방 앞마루는 문을 달아 폐쇄하고 오히려 남쪽을 개방해 독립된 공간을 이룬다. 사랑채 주변의 앞마당은 물론 대문간채 밖의 마당까지도 여러 가지 나무가 다양하게 자라고 있어 경관이 일품이다.

사랑채의 구조는 익공계이며 장대석의 기단, 계자난간, 기둥 사이의 화

■ 충효당은 서애 류성룡의 종택으로 하회마을을 대표하는 가옥이다. '서애종택'이라고 부르지만, 현재의
충효당은 엄밀한 의미에서 서애 사후에 지은 집이다.

반 수장들이 고급스럽다. 당호를 '충효당'이라고 한 것은 서애가 임종할 무렵에 자손이 꼭 지킬 좌우명으로 '충과 효 외에 달리 할 일이 없다忠孝之外無事業'는 시 구절을 받든 것이다. 충효당 편액은 전서체篆書體로 숙종 때 우의정을 지낸 미수 허목의 글씨라고 한다.

　사랑채는 'ㅁ'자 모양의 안채와 붙어 있는데 통로는 방과 마루로 연결되어 있지 않고 사랑채의 뒤쪽 문이나 대청의 후원문을 이용하여 안채에 출입하도록 되어 있다. 사랑채와 안채 사이에 불을 때기 위한 작은 부엌과 헛간이 자리 잡고 있기 때문이다. 따라서 안채로 가려면 반드시 신발을 신어야 한다. 사랑채 기단은 간지석間知石 쌓기 방식에 장대석으로 마감을 했으며 기단부의 높이도 매우 높다. 조선 중기의 건축을 볼 때 향리의 민가에 기단을 간지석으로 쌓는 예는 거의 없다. 따라서 현재의 간지석 쌓기식 기단은 보수 공사 때 고친 것으로 보기도 한다. 기단 위에 막돌을 사용하여 초석을 놓고 원형 기둥을 세웠다.

안채는 좌측 구석에 부엌을 두고 부엌 우측에 정면 3칸 측면 1.5칸의 커다란 안방을 만들고 그 우측에 사랑채 대청 크기로 안채 대청을 마련했다. 안채의 앞쪽으로는 찬모방에서부터 우측으로 마루, 광이 있으며 사잇문인 중문간과 헛간이 사랑채의 사랑방과 이어져 있다. 사랑방은 바깥마당에서 안채로 통하는 중문 곁에 있으므로 외부 사람들의 출입을 지켜볼 수 있어 관리소 같은 느낌을 준다.

사당은 서향인 본채와 달리 남향이다. 정면 3칸 측면 2칸으로 이루어져 있는데, 정면에 중문과 동협문과 서협문의 삼문이 세워져 있다. 일반적으로 삼문은 3정승 6판서와 같은 인물을 모신 공경대부의 집이 아니면 세우지 못한다. 충효당의 사당에 삼문을 낸 까닭은 이 사당에 봉안된 신위 한 분이 영의정을 지낸 류성룡이기 때문이다.

화경당

하회마을은 마을 중심을 가로지르는 길을 따라 크게 북촌과 남촌으로

나뉘는데, 북촌택은 북촌의 중심에 자리 잡고 있다. 이 건물은 지중추부사知
中樞府事 류사춘柳師春이 1797년(정조 21)에 작은 사랑과 좌우익랑을 처음 건립
한 후 경상도도사를 지낸 그의 증손 석호 류도성柳道性이 1862년(철종 13)에
안채, 큰사랑, 대문간, 사당을 지었다. 원래 만수당萬壽堂으로 불렸는데 현재는
화경당으로 불린다. 영남의 전형적인 사대부 집의 면모를 보여주고 있으며
마을 북쪽에 있는 99칸으로 알려지나 실제로는 72칸이다. 현재 하회마을에
서 가장 큰 규모의 집으로 화경당 현판 글씨는 한석봉의 글씨를 집자하여 각
刻한 것이다.

　　대문채는 정면 6칸 측면 1칸이며 대문을 중심으로 광을 좌우에 두었다.
대문을 들어서면 곧바로 사랑마당이고 전면에 보이는 건물이 본채이며 우측
에 보이는 건물이 별당인 '북촌유거'다. 북촌택의 특징은 별당의 위치로 별
당채가 독립된 사랑채의 기능을 갖도록 앞부분을 부각시켜 'ㅁ'자 안채 동
쪽이 비스듬히 놓여 있다. 북촌유거는 정면 7칸 측면 2.5칸 크기의 건물로 기
본적으로 부엌, 방, 대청이 차례로 이어져 있는 평면 구조다. 사대부 선비들
이 독서를 하며 수양을 하던 별서나 서당들은 부엌−방−대청으로 이어지는
평면 구조를 했는데, 북촌택은 이러한 형식에서 더 발전하여 방들이 겹집처
럼 2줄로 배치되어 내부 공간이 넓으며 대청과 누마루는 깊이가 2칸이나 되
는 큰 공간을 만들었다.

　　사랑채는 가운데 부엌을 중심으로 큰 사랑과 작은 사랑으로 나뉜다. 안
채는 6×2.5칸으로 깊이가 깊어졌으며 앞 툇마루가 각 방을 연결한다. 부
엌·광 등 설비 공간이 중대한 매우 실용적인 구성인데, 이는 19세기 후반에

■ 화경당은 원래 만수당으로 불렸는데, 영남의 전형적인 사대부 집의 면모를 보여준다.

주로 보이는 특징이다. 사랑채와 안채는 같은 몸체이면서도 서로 구조가 다르다. 사랑채는 사각기둥·납도리를 사용한데 반해 안채는 원기둥·굴도리를 사용했다. 사랑채가 안채보다 발달한 건축 양식을 보이는 특이한 경우다.

별당채는 다른 건물과 달리 남향이며 본채와 비스듬하게 자리 잡고 있으며 정면 6칸 측면 2칸의 '일—' 자형 집이다. 안채로 통하는 중문과 가까운 왼쪽에 넓은 방을 여럿 두고 같은 비중으로 사랑채에 가까운 우측에 대청을 둔 것이 특이하다. 이것은 별당채에 출입하는 외부 남자들이 개방된 공간인

하회마을과 양동마을

대청에 있을 경우 안채와 자연스럽게 격리될 수 있도록 한 것이다. 높은 지붕과 솟을대문은 양진당과 충효당에 도전하는 듯한 인상을 풍긴다. 별채 뒤에 소나무 한 그루가 있는데, 하회마을의 물줄기와 같은 모양을 하고 있어 '하회 소나무'라고 불린다. 북촌택은 하회마을에서 가장 책이 많은 곳이었는데 불행하게도 1,000권이 넘는 귀중한 책이 도난되었다고 한다.

염행당

충효당과 더불어 하회마을의 남쪽을 대표하는 염행당(남촌택)이 있다. 염행당은 양진당, 충효당, 화경당과 더불어 하회마을을 대표하는 4대 건축물이다. 원래 단출한 가옥이었으나 류기영이 1878년(고종 15)에 크게 확장해 하회마을 남쪽 사대부의 가옥을 대표한다. 1954년 화재로 안채와 사랑채가 소실되었는데, 많은 도서와 진귀한 골동품이 그때 소실되었다고 한다. 현재는 대문간채와 별당, 사당이 남아 있으며 1980년 낙동강 건너에 있던 백율원에서 옮겨온 정자가 있다.

건물의 특징으로 문간채는 솟을대문을 두었으며, 안채와 사랑채의 구들 연기를 하나의 큰 굴뚝으로 뽑아낸다. 별당채는 별도로 일곽을 둘러 후원 별당의 아취가 느껴진다. 벽체의 화방담은 화경당의 화방담과 쌍벽을 이룰 정도로 가식이나 과장 없이 장식했는데, 기와쪽을 이용하여 석쇠 무늬를 바탕으로 '희囍' 자와 '수壽' 자를 만들었다.

■ 염행당은 양진당, 충효당, 화경당과 더불어 하회마을을 대표하는 4대 건축물이다.

주일재

충효당 우측 뒤편에 자리 잡고 있는 주일재는 류성룡의 증손 류만하가
충효당에서 분가할 때 지었는데, 그의 아들 주일재 류후장이 증축했으므로
집 이름을 류후장의 호에서 따왔다. 마당에 들어서면 사랑채가 정면에 보이
고, 좌측에는 작은 담을 쌓아 놓았는데, 이것을 내외담이라 한다. 안채로 통하
는 문 앞에 내외담을 쌓아둠으로써 문을 열어도 안채가 바로 보이지 않게 한
것이다. 주일재는 사랑채, 안채, 중문간채, 곳간채(곡식 등을 넣어두는 곳), 사당

채로 구성되어 전체적으로 '口' 자형 배치를 이루며 하회마을에서는 보기 드
물게 정남향이다. 마당 동쪽의 곳간채 옆에 사당으로 통하는 협문이 있다.

하동고택

하회마을의 동쪽에 있어 '하동고택'이라 부르며 '하회마을 선비의 집'
으로 잘 알려져 있다. 건물은 용궁현감을 지낸 류교목柳敎睦이 1836년(헌종 2)
에 세웠다. 전체 24칸의 '궁弓' 자형 집으로 안채와 사랑채가 한 채로 이어져
있는 민도리 집이다. 특이한 점은 대문채는 초가집이지만 사랑채와 안채 등
은 기와집인데, 이 집의 창건자가 후손들에게 "세상의 모든 것은 한 차례 융
성하면 한 차례는 쇠락하므로 욕심을 내어 전부를 채우려 말고, 부족한 가운
데 노력하는 사람이 되어라"는 가르침을 주기 위한 것이라 한다. 특히 안채
가운데에서 사방을 둘러보면 모두 열린 공간으로 구성되어 있는데, 가사를
담당하는 부녀자들이 어떤 일이 생기더라도 즉각 대응할 수 있도록 지었기
때문이다.

원지정사

류성룡이 1573년(선조 6) 부친상을 당하자 하회마을에서 삼년상을 치른
후 1576년 만송정이 한눈에 들어오는 마을 북쪽에 짓고 학문을 했던 곳으로
은퇴한 후에는 정양하던 곳이기도 하다. 원지遠志는 원래 원대한 뜻으로 이해
되지만 한약재로 심기心氣를 다스려 정신의 혼탁과 번민을 풀어주는 소초小草
를 말한다. 하회마을의 안산이기도 한 원지산遠志山에서 자생하는 풀로 류성

룡이 병환이 들었을 때 약을 들어 빨리 쾌차했다고 전해진다.

이곳은 서재로 사용하기 위한 정사와 휴식을 취하는 누각으로 이루어져 있는데, 두 건물 모두 부용대를 마주보며 북향하고 있는데 우측으로 약간 틀어앉아서 옥연정사 쪽을 향하고 있다. 화천 건너 보이는 원지산을 바라보고 있다 하여 '원지정'이라 이름 붙였다고 한다. 또 다른 설명으로는 원지라는 당호와 북향하고 있는 두 건물을 생각하면 북녘에 있는 왕을 사모하는 선비의 깊은 뜻이 담겨 있는 것으로 추정하기도 한다.

이 정자는 우측에 누각을 둔 2채의 건물로 구성되어 있는데 정사 건물은 정면 3칸 측면 1.5칸의 맞배지붕으로 풍판을 달았으며 맨 좌측에 1칸 마루를 두고 그 우측에 2칸 온돌방을 놓았다. 다른 정자와 달리 방에 더 비중을 둔 것은 별도로 누각을 두었기 때문이다.

누각은 2층으로 1층에는 기둥들만 세웠고 계단으로 올라가게 했다. 2층은 2×2칸으로 정방형 중층 누각이지만 규모가 작아 정사와 비교가 된다. 장대석을 기단부로 막돌 초석을 놓고 1층은 사각기둥, 2층은 원형기둥을 사용했으며 익공계 구조, 홑처마 합각지붕이다. 팔작지붕의 형성과 추녀 끝의 곡선이 제비의 자태를 연상할 수 있게 한 탓인지 그 이름을 연좌루燕坐樓라 했다.

작천고택

작천고택은 양진당, 충효당 사이의 길을 따라 서쪽으로 낙동강을 향한 우측에 있다. 이 집은 원래 2채였는데 문간채는 1934년 대홍수로 유실되어 현재는 안채만 남아 있다. 정면 5칸 측면 1.5칸의 맞배지붕으로 5칸 중 가운

■ 작천고택은 양진당, 충효당 사이의 길을 따라 서쪽으로 낙동강을 향한 우측에 있다. 1934년 대홍수로 유실되어 현재는 안채만 남았다.

데 1칸에 좁은 대청을 설치하는 등 공간 사용에 짜임새가 있고 구조 결구가 건실하다. 특히 불필요한 공간을 크게 만들지 않고 꼭 필요한 방들만 밀도 높게 구성한 것이 높게 평가된다. 또한 지붕 아래와 천장 사이에는 더그매(지붕 밑과 천장 사이에 꾸민 다락)를 두어 수장 공간으로 사용하도록 했다. 특이한 것은 사랑방으로 쓰는 방과 안방으로 이어지는 앞마당에 작은 토담을 두어 사랑손님과 안채의 부녀자가 마주치지 않도록 했다. 조선시대 사대부 집의 꼿 꼿한 유교 정신을 느끼게 한다는 평도 있을 정도다.

옥연정사

하회마을에는 류성룡이 생전에 지은 건물이 2채가 있는데, 하나는 마을 안에 있는 원지정사이고 또 하나는 낙동강 건너 부용대 동쪽에 있는 옥연정사다. 화천이 마을을 시계 방향으로 휘감아 돌다가 방향을 시계 반대 방향으로 바꾸는 곳에 옥소玉沼가 있는데, 옥연정사는 이 소의 남쪽에 있으므로 소의 맑고 푸른 물빛을 따서 처음에는 옥연서당이라고 했다가 옥연정사로 바꾸었다.

정사는 류성룡이 노후에 한가로이 지내면서 학문을 하기 위해 세우려 했으나 재력이 없어 짓지 못하자 승려 탄홍誕弘이 스스로 10년이나 시주를 모아 1586년(선조 19)에 완성한 우정의 산물로 당대에 류성룡의 덕망이 얼마나 두터웠는지를 알려주는 증거다. 건물의 특징은 산기슭에 자리 잡고 있으면서도 터가 넓고 평탄하며 사랑채와 별당채는 남향으로, 안채와 행랑채는 동향으로 지었고 원형이 아닌 사각기둥만 사용했는데 사찰 건물과 구별하려는 의도로 보인다.

옥연정사는 제법 복잡하게 구성되어 있다. 문간채·바깥채·안채·별당의 네 건물로 구성된다. 문간채는 왼쪽 남쪽부터 차례로 측간과 대문을 두고 대문 우측에 광을 3칸이나 둔 '일一' 자형이다. 일반적으로 바깥채는 대문간과 마주해 있는데 이곳은 출입의 실제 기능에 따라 뒷문이 대문 노릇을 한다. 바깥채는 정면 4칸 측면 2칸의 작지 않은 건물로 정방형의 4칸짜리 대청좌우로 1.5칸 반 정도의 방을 대칭으로 이룬다. 바깥채가 정자인 셈인데 이 대청에 오르면 화산 아래로 굽이쳐 흐르는 화천과 모래밭들을 바라볼 수 있다. 안채도 4×2칸 규모로 부엌이 중앙에 있는 특이한 구조이며 4개의 방을 동시에 난방할 수 있도록 고안했다. 일반 살림집으로는 불편한 구조이지만 서실書室이라는 특수 용도에 잘 부합하는 건물이다.

겸암정사

겸암정사는 류운룡이 1567년(명종 22)인 26세에 세우고 학문 연구와 후진 양성에 심혈을 기울이던 곳이다. 부용대 기슭, 화천 상류에 자리 잡고 있어 하회마을에서 가장 전망이 좋은 곳으로 알려지지만 풍광을 즐기기 위해 마련한 예사 정자와는 다르다. 그렇지만 마을 쪽에서는 낙엽 진 겨울 한철을 제외하고는 여간해서는 보이지 않는다. 흙으로 된 낮은 담장으로 둘러싸인 경내에는 안채와 사랑채가 자리 잡고 있는데, 사랑채는 하회마을이 바라다 보이는 남쪽 절벽 위쪽에 있고 안채는 사랑채 뒤쪽에 있다.

안채는 홑집으로 'ㄱ'자형이며 안채의 측면과 뒤쪽에 담장이 둘러져 있는데 반달 모양을 하고 있어 특이하다. 사랑채인 정사는 정면 4칸 측면 2칸의 2층 누각 형태의 '일一'자형으로 중앙에 정방형의 4칸짜리 대청을 두고 그 좌우로 2칸 또는 1칸짜리 방을 각각 마련했다. 우측 1칸짜리 방 앞에는 대청과 이어진 마루가 1칸을 이룬다. 합각지붕(팔작지붕)으로 앞 퇴를 다락집형으로 한 것이 특색이다. 그러나 안채는 살림집의 안채가 아니라 강당에 부수된 요사로 왕래하는 이들이 숙식할 수 있도록 조영된 것이다. 겸암정사에 게시된 현판 중에 '겸암정謙巖亭'은 스승인 퇴계 이황의 친필이다.

삼신당

하회마을에서 가장 중요한 위치에 있는 삼신당은 마을의 중앙으로 수령이 600년 이상 된 느티나무가 있는데 하당이라고도 부른다. 삼신당은 혈의 응집점인 돌혈이 있는 곳으로 알려진다. 정월 대보름에 마을의 안녕과 평화를 비는 동제가 여기에서 열리고 하회별신굿탈놀이도 이곳에서 가장 먼저 시작된다.

병산서원

하회마을을 설명하려면 병산서원(사적 제260호)과 화천서당(민속자료 제89호)을 거론하지 않을 수 없다. 하회마을의 특징 중의 하나인 교육과 학문이 어디서 어떤 규모로 이루어졌는가 하는 현장이기 때문이다.

서당은 사사로이 설치할 수 있었으나 서원은 격이 다르다. 유림이나 정부의 허락을 받는 것이 기본이기 때문이다. 원래 서원은 서당이 승격되어 발전된 교육기관으로서 교육의 기능말고도 향사의 기능까지 겸한다. 병산서원만 하더라도 처음에는 풍산 류씨들의 후진 양성을 위해 만든 풍악서당에서 비롯되었다. 풍악서당은 고려 때부터 있던 것으로 지방 유생들을 교육해오던 유서 깊은 서당이다.

고려 공민왕이 홍건적의 난을 피해 이 지방에 왔을 때 이 서당에서 유생들이 면학하는 것을 보고 크게 감탄하면서 사패지賜牌地와 여러 서책을 하사했다. 1572년 류성룡은 유래 있는 서당이 큰 길가에 있어 학문하기에 적합하지 않다며 한적하고 풍광이 좋은 현 장소로 옮긴 후 현재의 위치로 이전하고 이름도 병산서원으로 고쳤다. 병산서원의 실질적인 창건자가 류성룡이나 마찬가지인 셈이다.

1614년 류성룡을 흠모한 사람들이 존덕사尊德祠를 세워 류성룡을 배향配享했으며, 그 후 셋째 아들 수암修巖 류진柳袗을 추가로 배향했다. 1863년 '병산屛山'으로 사액賜額을 받았다. 1868년 홍선대원군의 서원철폐령 때에도 철폐되지 않은 47개의 서원과 사당 중 하나로 조선 5대 서원으로 꼽히기도 한다. 병산서원은 하회마을의 주산인 화산의 동남쪽 경사면에 있어 화산을 사이에 두고 서로 반대편에 있다.

병산서원은 서원으로 한국 최고의 건축으로 꼽는 명작 중 하나다. 병산서원 경내의 건물로는 복례문, 만대루, 입교당, 동재, 서재, 고직사, 장판각, 내삼문, 존덕사, 전사청 등이 있다. 솟을대문으로 이루어진 복례문을 들어서면 규모가 대단히 웅장하게 보이는 누각이 만대루다. 정면 7칸 측면 2칸 모두 14칸의 대규모 면적을 자랑하는 만대루는 원형기둥과 머리 위로 높이 설치한 누마루는 보는 이로 하여금 압도당하게 만든다. 혹자는 기둥과 지붕만 있을 뿐 텅 비어 있어 전혀 쓸모가 없는 건물로 생각하기도 하지만, 중심건물인 강당의 대청에 앉아서 만대루를 바라보면 전혀 다른 모습이 나타난다. 만대루의 뼈대 사이로 앞의 낙동강이 흐르고, 건너편의 병산서원이 7폭 병풍과 같이 펼쳐진다. 만대루의 주된 효용은 자연을 선택하고 재단하여 인간에게 의미를 전해주는 그릇으로 작용한다.

만대루를 지나 바로 보이는 건물이 입교당이다. 정면 2칸 측면 2칸의 건물인데, 6칸 대청을 가운데 두고 좌우에 2칸씩 온돌방을 설치했다. 만대루와

■ 병산서원은 한국 최고의 서원 건축으로 꼽힌다. 경내에는 복례문, 만대루, 입교당, 동재, 서재, 고직사, 장판각, 내삼문, 존덕사, 전사청 등이 있다.

하회마을과 양동마을

입교당 사이의 마당 좌우에 원생들이 기거하며 수학하던 동재와 서재가 있다. 이들은 정면 2칸 측면 2칸의 맞배지붕이다. 뒤에 '口' 자형으로 구성된 고직사가 있고 입교당 서쪽 뒤로 정면 3칸 측면 1칸의 장판각이 있다. 이 장판각에 류성룡이 저술한 문헌들을 찍어낸 목판들이 보관되어 있다. 내삼문으로 계단을 통해 들어가면 사당인 존덕사가 있고 내삼문 동쪽에 전사청이 있다.

병산서원의 사당은 강당의 동쪽 뒤에 치우쳐 있다. 평면도를 본다면 부자연스러운 비대칭으로 보이지만, 실제로 보는 사람의 체험은 전혀 다르다. 강당 마당의 한 귀퉁이로 가면 뒤쪽 사당이 슬며시 다가오고, 자연스럽게 사당 마당으로 나아가게 된다. 형식적 규범보다 실제의 체험을 더욱 중요시한 한국 전통미를 엿볼 수 있는 고도의 수법으로 동쪽 뒤로 정면 3칸 측면 2칸으로 된 사당이 있는데, 류성룡과 그의 셋째 아들 류진의 위패를 함께 배향한다.

화천서당

병산서원과 더불어 하회마을을 대표하는 서원으로 하회마을의 교육을 담당한 화천서당은 부용대 동쪽에 있다. 화천서원은 원래 겸암 류운룡을 배향하던 서원이었는데, 흥선대원군 때 서원철폐령에 의해 훼철되었다. 현재 남아 있는 화천서당은 화천서원이 훼철되어 격하된 것으로 볼 수 있다.

부용대의 옥연정 옆에 있는 화천서당은 토담 안에 서당채와 살림채로 이루어져 있다. 서당채는 정면 5칸 측면 2칸으로 6칸 대청을 이루고 대청 좌우에 각각 정면 1칸 측면 2칸의 온돌방을 대칭되게 두었다. 서당채 안쪽에 0.5칸 폭의 툇마루를 달았으며 앞쪽의 대청 문들은 모두 열어젖힐 수 있어 화전의 자태를 시원하게 내다볼 수 있도록 했다. 기단은 장대석을 사용하여 계단식으로 높게 쌓아올렸으며 그 위에 원형의 주초를 만든 뒤에 주춧돌을 올려놓고 원형기둥을 사용하여 홑처마에 팔작지붕을 얹었다.

살림채는 부엌과 2칸 크기의 방이 6칸 대청을 사이로 좌우에 대칭을 이루고 부엌과 방 앞쪽으로 각각 광을 두어 'ㄷ'자형을 이루고 있다. 사각기둥에 홑처마 맞배지붕이다. 서당과 살림채 사이에 담장이 있어 서당채에서 살림채로 가려면 동쪽 대문을 나와 안채 대문으로 다시 돌아들어가야 하므로 2채가 별도의 집처럼 배치되었다. 바로 옆임에도 서당채와 살림채를 담장으로 막은 것은 세간의 살림살이를 떠나 학문에 전념할 수 있도록 서당 분위기를 조성하기 위한 것이다.

양동마을

경상북도 경주시 강동면 양동리에 있는 양동마을은 하회마을과 함께 조선시대의 대표적인 양반들의 생활상과 주거 양식을 보여주는 반촌이다. 그러면서도 여러 가지 면에서 대조적이다.

하회마을이 강물이 휘돌아가는 강마을이라면 양동마을은 산을 의지한 산마을이다. 하회마을은 풍산 류씨들의 단일한 동성 마을이지만, 양동마을은 월성 손씨와 여강 이씨의 두 씨족으로 구성된 집성촌이다. 하회마을에는 동제洞祭의 일부로 유명한 별신굿이 전해 내려오는 반면 양동마을에서는 줄다리기, 지신밟기, 달집태우기 등 세시행사를 벌인다.

하회마을과 양동마을

양동마을은 하회마을과 같이 강이 직접 맞닿지는 않지만 주변에 형산강이 흐른다. 형산강은 신라시대에 굴연 혹은 굴연천이라 불렸고 김정호의 〈대동여지도〉에는 형강이라 기록되어 있다. 한자로 '말 물勿' 자를 거꾸로 놓은 형상으로 생겼는데, 산세는 경주의 재물이 형산강의 안락천에 실려 양동마을로 모두 들어오는 형상이라고 한다. 산을 등지고 물을 내려다본다는 배산임수형인데, 임신한 개가 새끼를 낳는 형상으로 땅의 기운이 물勿 자 어깨 부분에 모두 응집된다고 한다. 물勿 자형 양동마을은 풍수지리상 문자형文字形 명당 마을인데 한국에서 유일한 형태다.

마을은 내곡, 물봉골, 거림, 장터골을 중심으로 거주지가 형성되어 있는데, 물勿 자 능선을 중심으로 나누어지고 있다. 능선은 서쪽으로 갈수록 낮고 동북쪽으로 갈수록 높아지는데, 각 능선과 그 사이의 진입로가 있는 골짜기들은 서쪽에서 동남쪽으로 향하고 있다. 즉, 마을의 진입로 쪽이 경사가 급한 산으로 시선이 차단되어 골짜기 밖에서는 마을의 모습이 드러나지 않는다. 설창산雪倉山이 마을의 뒷 배경으로 겨울철의 바람도 막아준다.

양동마을에 언제부터 사람이 살았는지는 알 수 없으나 성주산 정상의 구릉지에 10여 기나 되는 청동기시대의 무덤이 있는 것으로 보아 오래전부터 사람들의 거주가 시작되었다고 본다. 고려시대와 조선시대 초기까지 오

■ 양동마을은 산을 등지고 물을 내려다본다는 배산임수형인데, 임신한 개가 새끼를 낳는 형상이다. 양동마을 전경.

씨와 장씨가 작은 마을을 이루었다고 하나 양동마을이 현재와 같은 명성을 얻게 된 것은 월성 손씨와 여강 이씨(여주 이씨 경주파)가 조선 초 혼인을 통해 처가에 들어와 살면서부터다.

『경북지방 고문서 집성』에 의하면 양동마을에는 고려 말 여강 이씨 이광호가 거주하고 있었는데, 그의 손자 사위가 된 풍덕 유씨인 유복하가 처가를 따라 마을에 정착했다. 이어서 15세기 중반 손소孫昭가 유복하의 무남독녀에게 장가들어 처가의 재산을 상속받으면서 양동마을에 자리 잡는다. 이를 '처가입향'이라 한다. 손소는 단종 원년 생원·진사시를 거쳐 1459년(세조 5)과 1463년(세조 9)에 각각 문과와 문예시에 장원했고, 1467년(세조 13) 이시애의 난 때 공을 세워 적개공신이 되었으며 계천군으로 봉해졌는데 계천군이란 양동마을 앞으로 흐르는 실개천의 이름이라 한다. 1476년(성종 7) 진주목사로 나갔다가 병으로 사망했는데 왕에게서 양민襄敏이란 시호를 받았고 불천위에 오른다.

원래 손소 집안의 양동마을 정착은 혼인을 통해서 이루어졌다. 손소의 딸이 여주 이씨 이번李蕃에게 출가하여 두 아들을 두었는데 그중 한 사람이 조선시대 유학자 회재晦齋 이언적李彦迪이다. 이언적 집안은 본래 경기도 여주의 토성이족이었으나 고려 말에 영일 지방에 이주하여 생활하다가 이번이 손소의 사위가 되면서 양동마을에 정착했는데, 이언적이 외가에서 유년시절을 보내면서 결국 영남 지역의 유력 가문으로 부상하게 된다.

양동마을 형성과 관련된 재미있는 말은 양동마을은 '외손 마을'이라는 이야기다. 마을 형성기에 이광호-유복하-손소-이번 등으로 이어지면서 친손 아닌 외손들이 번성했던 것을 말한다. 이 말은 아직도 유효하여 요즘도 양동처녀라면 선도 안 보고 데려간다는 말이 있을 정도다.

두 가문은 경주의 읍지를 편찬하고 향촌 내 주요 사족의 명부인 향안鄕案

의 작성을 주도했다. 아울러 향교와 원사를 출입하면서 향촌사회를 영도하고 지방 유림을 조직·동원하기도 했는데, 특히 옥산·서악·동강서원을 중심으로 경주권의 유림을 대표하여 영남의 여러 지역 향교나 서원 등과 연합하기도 했다. 손씨와 이씨 집안은 지금까지도 혼인을 통해 인척관계를 유지해오고 있는데 이는 매우 특이한 경우다. 하회마을은 원래 살았던 허씨와 안씨가 사라졌지만, 양동마을은 처음 살기 시작한 성씨와 사위로 들어온 성씨가 지금까지 함께 살고 있다. 이런 경우는 한국에서 양동마을이 유일하다.

양동마을의 건축

풍수지리적으로 보면 양동마을은 여러 작은 골짜기가 나란히 흐르는 물勿 자 모양의 지세다. 양동마을은 특히 구릉 등과 같은 지세地勢를 거스르지 않고 그대로 활용한 건물 배치가 두드러져 고건축물의 보고로도 불린다.

두 문중 내의 위계 또한 마을의 공간 구성에 일정한 형태를 부여했다. 대체로 한 골짜기의 가장 높은 곳에는 대종가 또는 파종가가 터를 잡고 있으며, 그밖의 지손들의 주택은 그 아래 기슭에 잡았다. 반드시 그런 것은 아니지만 대체로 자손들의 주택이 종가 건물보다 규모가 작다. 17세기 말에는 600~700채나 되어 성씨 집성촌 가운데 가장 규모가 컸다고 알려진다. 양동마을의 이런 위치는 계속되어 1979년의 조사에 따르면 151가구 295채로 줄어들었지만 이 역시 한국의 전통마을이 거의 전부 사라진 것을 감안하면 상당한 숫자임을 알 수 있다.

현재 마을 내 상류주택은 30여 호 정도 되며 16세기부터 19세기까지 꾸

준히 전통을 이으면서 건설하여 몇 세기 동안 변천하는 양상을 알 수 있고 또 나름의 원형을 엿볼 수 있다. 초기 건물인 '통말집(ㅁ자집)'이 보이며 이어서 '반말집(튼ㅁ자집)'이 주류를 잇는데, 이는 '뜰집' 등 'ㅁ'자집이 대부분인 안동 지방의 상류주택과는 뚜렷한 차이를 보인다. 이는 조선시대 후기로 내려올수록 사대부 집의 성격보다는 부농 집으로서 성격을 짙게 내포시켰기 때문이다.

양동마을에 양반층만 있는 것은 아니다. 낮은 지대의 길가에는 예외없이 모두 일반 민가가 있으며 높이 올라갈수록 상류주택이 있어 가옥 입지에서도 계급의 위계가 확연하다. 또한 중요한 상류주택 앞에는 가람집이라는 외거 노비들의 집이 있어 계급성을 또다시 확인시킨다. 현재 양동마을에는 손씨 18호, 이씨 78호, 다른 성씨 30여 호로 약 130호가 있다고 알려지며 마을 전체가 중요민속자료 제189호로 지정되었다.

양동마을에는 많은 문화재가 있다. 보물로 이언적이 경상감사 시절 지은 향단(보물 제12호), 조선 전기 청백리 손중돈孫仲暾의 옛집인 관가정(보물 제442호), 이언적의 종가인 무첨당(보물 제411호) 등이 있고 15세기에 창건된 서백당(중요민속자료 제23호)을 비롯하여 1504년에 건립된 낙선당(중요민속자료 제73호), 사호당고택(중요민속자료 제74호), 상춘헌고택(중요민속자료 제75호), 근암고택(중요민속자료 제76호), 두곡고택(중요민속자료 제77호), 수졸당(중요민속자료 제78호), 이향정(중요민속자료 제79호), 수운정(중요민속자료 제80호), 심수정(중요민속자료 제81호), 안락정(중요민속자료 제82호), 강학당(중요민속자료 제83호) 등 고건축물이 현존하여 단일 마을로는 가장 많은 문화재 건물을 만날 수 있다. 특히 중요민속자료 제75호, 제76호, 제77호는 3채가 나란히 있어 시대적 변화 양식을 한눈에 볼 수 있게 한다.

양동마을을 답사하는 방법도 여러 가지로 기본적으로 좌측부터 시작하는 방법과 우측부터 시작하는 방법이 있는데 이곳에서는 좌측에서 다음과 같이 시작한다. 정충비각, 관가정, 향단, 무첨당, 대성헌, 물봉 동산 초가집 구역, 경산서당, 수졸당, 낙선당, 서백당, 고택가(근암고택, 상춘헌고택, 사호당고택) 구역, 동호정, 명당, 두곡고택, 강학당, 심수정 순이다. 옥산서원, 독락당, 동강서원은 양동마을과 별도 위치에 있으므로 또 다른 일정이 필요하다.

관가정

관가정觀稼亭은 손중돈이 서백당에서 분가하여 살았던 집으로 서백당보다 늦은 1480년대에 건립된 것으로 추정된다. 풍수적으로 지맥이 흘러드는 위치인데, 관가정이란 곡식이 자라는 모습을 보듯 자손들이 커가는 모습을 본다는 뜻을 담고 있다.

안채와 사랑채로 구성되었는데 안채의 동북쪽에는 입향조의 위패를 모신 사당이 배치되었다. 일반적으로 대문은 행랑채와 연결되지만 이 집은 특이하게 대문이 사랑채와 연결되어 있다. 건물은 사각기둥을 세운 간소한 모습이지만 마루는 앞면이 트여 있는 누마루다. 이곳에서 앞을 보면 마을의 전경이 다 보여 양동마을에서 경관이 가장 아름다운 곳이다.

대문의 우측에는 온돌방·부엌·작은방 등이 있고 그 앞에 'ㄷ'자로 꺾이는 안채가 있다. 안채 건물은 중앙에 중문을 두고 사랑채와 안채가 'ㅁ'자

■ 관가정은 풍수적으로 지맥이 흘러드는 위치에 있는데, 관가정이란 곡식이 자라는 모습을 보듯 자손들이
커가는 모습을 본다는 뜻을 담고 있다.

형으로 배치되었는데, 사랑채가 좌우로 더 길게 튀어나와 있다. 건물 기둥 밑
에 약간의 홈을 좌우로 파놓은 것을 볼 수 있는데, 이는 기둥이 빨리 썩지 말
라고 한 것으로 비바람이 치면 빨리 건조되는 효과가 있다고 한다. 정자처럼
난간을 두른 것을 계자난간이라고 하는데 다듬은 모양이 닭의 벼슬 모양과
같아서 그렇게 부른다. 앞이 막혀 있으면 평난간을 설치하며 사랑대청은 대
들보 위와 천장 사이에 아무런 벽체를 만들지 않는 것이 특색이다.

　안채로 들어가면 부엌을 가운데 두고 좌우에 방이 있고 부엌 위쪽에는

작은 대청 2칸과 방 2칸, 꺾여서 큰 대청이 있다. 종가 건물이므로 제례 의식을 많이 치르기 위한 용도로 대청마루가 크다. 안채의 기둥은 네모난 기둥을 사용했는데 사랑채의 둥근 기둥과 대조적이다. 조선시대에 둥근 기둥을 아무나 사용하지 못했다. 왕이 살던 궁궐, 공자를 모신 대성전, 사찰, 관공서 건물 등에는 둥근 기둥이 사용된 반면 일반 가옥은 네모난 기둥이 대부분이다. 관가정 안채의 기둥이 네모인 것은 사사로운 영역이기 때문에 철저한 유교 관념에 따른 것으로 추정된다.

행랑채(엄밀하게 보면 작은 사랑채)는 2칸 부엌을 중심으로 3개의 방을 배치했지만, 외관상으로는 4칸에 동일한 창호를 달아 구별되지 않는다. 이 집의 구조는 익공계지만 대들보를 직선재로 하지 않고 자연스런 곡선재를 사용해 대공없이 바로 종도리를 받는 특징적 구조다. 사당 건물은 단청이 칠해진 맞배지붕이다. 보통 사당에는 4개의 신위를 모시는데 서쪽부터 고조, 증조, 할아버지의 신위를 모시며 마지막에 부모의 신위를 모신다. 사당이 없는 집은 대청마루에 벽감을 설치하여 신위를 모셨다. 각 신위마다 탁자를 놓으며 향탁은 최존위 앞에 놓는다. 생활 공간과 사당으로 구성된 관가정은 전체적으로 격식을 갖춘 주택이므로 보물로 지정된 것이다.

무첨당

이언적의 부친인 이번이 살던 집으로 1460년경에 지은 여강 이씨의 종가집이다. 안채, 별당채, 사당채 중에서 별당 건물이 무첨당이다. 보통 별당은 살림채 안쪽 외부인의 눈에 잘 띄지 않고 접근이 어려운 곳에 두기 마련인데, 무첨당은 살림채 입구에 있고 규모도 커서 별당이라기보다는 큰사랑채 격이다. 그러므로 사랑채의 연장 건물로도 인식하는데 손님 접대나 쉼터, 독서 등 여러 활동을 할 수 있는 공간이다. 무첨당은 이언적의 맏손자 이의윤의 호로 조상에게, 즉 나를 낳아주신 부모에게 욕됨이 없게 하라는 뜻이다.

건물의 평면은 'ㄱ' 자형인데 서쪽의 꺾임부에 방을 배치하고 동쪽으로 대청 3칸과 방 2칸을 연결하여 정면 6칸의 구조로 이루어져 있다. 그리고 꺾임부에서 남쪽으로 누마루 2칸이 연결되어 있다. 건물의 정면과 주요 공간에는 둥근 기둥을 사용하고 나머지는 네모기둥을 함께 사용했다. 우측 끝 반칸에 마룻방을 달아 고방(庫)으로 이용하며 처마는 홑처마이며 지붕은 부섭지붕으로 전체적으로 합각지붕과 같아 보인다. 구조는 초익공계로 가장 원형적인 형태를 취하고 있으며 대청 대들보 위에 포대공包臺工이 있어 종도리를 받고 있음도 주목할 만하다. 기둥 상부의 공포는 물론 난간도 계자난간을 돋보이게 장식하여 화려하게 꾸미는 등 세련된 솜씨를 보여주고 있다.

전체적으로는 안마당을 중심으로 해서 튼 'ㅁ'자이며 안채는 중문을 통하거나 부엌 쪽으로 난 문을 통해 외부 공간으로 출입할 수 있다. 건물의 중심에 무첨당, 우측 방 입구 위에는 흥선대원군의 글씨인 '좌해금서左海琴書'라는 죽필 글씨의 편액이 있다. 좌해금서는 영남 지방의 풍류와 학문을 뜻한다. 안채 지붕에 바위솔, 일명 와송瓦松이 자라고 있는데 오래된 지붕 기와 위에서만 볼 수 있는 장면이다. 이 바위솔은 해열, 지혈 등에 효능이 있다고 한다. 뒤편 언덕 위에 사당이 있다.

마을에 들어서면 가장 먼저 보이는 화려한 지붕구조를 가진 아름다운 건물로 이언적이 1543년경에 경상감사로 부임할 때 중종이 그의 모친의 병환을 돌볼 수 있도록 배려하여 지어준 집이다. 이언적이 경상도 관찰사로 재직 중 자신을 대신하여 어머니를 모시던 동생 이언괄에게 지어준 살림집이라는 설도 있다.

향단은 매우 큰 건물로 원래 99칸의 건물인데 6·25 전쟁 때 파괴되어 현재 51칸 또는 56칸으로 줄여져 약 231제곱미터의 면적을 갖고 있다. 전체적인 건물의 배치는 일반 상류주택과는 다른 '월月' 자형이고 '일—' 자형의 행랑채와 칸막이를 두어 '용用' 자형으로 되어 있는데, 이는 해와 달이 함께 있는 부귀공명사상에 기인한 풍수지리와 관련이 있다고 한다.

향단 건물의 내부는 한마디로 폐쇄적인 미로와 같은 구조로 일반 상류주택과는 많이 다른 특이한 평면 구성을 갖고 있다. 밖에서 보면 화려한 공간으로 생각하지만, 마당이 5×5미터에 지나지 않아 답답하게 보이는 것도 사실이다. 행랑채는 정면 9칸 측면 1칸의 기다란 맞배집으로 양쪽 박공면에는 풍판을 달았다. 행랑채인데도 원형기둥을 사용했다. 행랑채 협문을 통해서만 사랑채로 연결되는데 특히 안대청이 중정 쪽으로 향하지 않고 행랑채 지붕을 보도록 계획한 것은 유례없는 구성으로 안마당과의 기능적 관계보다는 전망을 중시한 의도로 보인다. 사랑채는 정면 4칸 측면 2칸의 형태로 중앙에 대청을 두고 좌우로는 온돌방을 배치했다. 안채는 2개의 안방이 안대청 모서리를 두고 꺾여 접합되어 있어 모서리끼리 만나고 있으며 각 방의 서쪽에 부

■ 향단은 검박함과는 거리가 멀다. 마을에서 가장 눈에 띄는 과시적 입지, 정면에서 보나 측면에서 보나 3개의 박공면이 강하게 드러나는 등 특이한 외관을 갖추고 있다.

엌이 딸려 있다. 안채의 부엌은 아래층은 헛간 모양으로 흙바닥이지만 그 위층에는 마루를 깔았으며 정면에는 벽체 대신 가는 살대를 촘촘히 세우고 있어 여느 주택과는 다른 모습이다.

큰 틀에서 집의 전체적인 분위기가 사대부들이 지향하던 검박함과는 상당히 거리가 있다. 마을에서 가장 눈에 띄는 과시적 입지, 정면에서 보나 측면에서 보나 3개의 박공면 혹은 합각면이 강하게 드러나는 등 특이한 표현적인 외관, 주택의 일반적인 격식을 과감히 변형한 대담성, 특히 행랑채마저 둥근 기둥을 사용하는 고급스러움 등은 일반 사대부 집으로는 유례가 드문 예로 건축을 공부하는 학생들은 한 번쯤 들러보아야 할 곳이다.

서백당

안골 중심의 산중턱에 자리 잡은 규모와 격식을 갖춘 대가옥으로 이 마을의 입향조라 불리는 손소가 1457년(세조 3)에 지은 월성 손씨의 종가집으로 이언적이 출생한 곳이기도 하다. 일부 자료에는 1484년(성종 15)에 지은 집이라고도 한다.

서백당은 강릉 오죽헌과 함께 한국에서 가장 오래된 한옥 전통 건축의 대표라 할 수 있으며, 양동마을에서 가장 오래된 집으로 과거에는 이 집 주위에 외거하인들이 거처하던 가림집이 있었다. 서백당은 하루에 참을 인(忍) 자를 백번 쓴다는 뜻이며 근래에 와서 굳어진 당호(堂號)다. '일一' 자형 대문 뒤로 'ㅁ' 자형의 안채를 두고 뒤편에 사당을 배치했다. 지붕은 박공면을 적절히 조합하여 정면은 합각지붕과 같이 보인다. 구조 형식은 납도리집으로 기둥도 사각기둥만 사용했다. 이 건물 뒤로 아름다운 후원이 있는데, 경상북도 기념물 제8호인 향나무는 손소가 심었다고 한다. 구릉에 있는 지형적 조건 때문에 행랑채가 한 단 낮은 자리에 지어져 자연스럽게 안채와 위계가 이루어졌다. 안채는 행랑채와 전후로 나란히 배치되어 있으며 사당은 안채의 우측 안쪽 한 단 더 높은 곳에 있다.

8칸 '일一'자 집의 긴 행랑채 우측 두 번째 칸이 대문인데 대문을 들어서

■ 서백당은 한국에서 가장 오래된 한옥 전통 건축의 대표라 할 수 있으며 양동마을에서 가장 오래된 집이다.

면 정면 위로 사랑방과 그 앞의 누마루가 나타나며 여기서 왼쪽으로 꺾어져 중문을 들어서면 안마당으로 통하고 우측으로 가면 사랑마당에 닿는다. 안채의 앞쪽 우측 모퉁이 한 칸을 사랑대청으로 하여 그 좌우에 남향한 큰 사랑과 동향한 작은 사랑을 만들었다. 큰 사랑에 연결된 누마루와 사랑대청에는 아자 평난간을 둘렀으며 사랑과 사랑대청 사이에는 정#자살 불발기가 달린 사분합을 달았다.

안채는 'ㅁ' 자형 평면 앞쪽 중앙에 중문을 두었으며 사랑과 대각선상에 놓이는 뒤쪽 왼쪽 모서리에 안방을 배치하고 그 남쪽으로 부엌, 동쪽에 안대

청을 배치했다. 기둥은 기본적으로 사각기둥인데 안대청의 정면 기둥 4개만
은 원기둥이다. 안방 위에 다락을 만들고 대청 쪽으로 작은 창을 단 것이 이
채롭다. 사당채는 종가집답게 사랑마당에서 정면으로 보이는 높은 곳에 있
다. 사당 앞을 잘 가꾸어 2단으로 축대를 쌓아 화단을 만들고 여러 종류의 화
초와 나무들을 심었다.

상류주택이라면 대개 도리가 5줄 얹히는 5량 가구인데, 서백당은 이례
적으로 3량 가구다. 게다가 지붕도 홑처마이며 기둥도 주로 사각기둥에다 도
리 또한 납도리가 주류를 이룬다. 보와 직각 방향으로 걸린 수평재를 '도리'
라 하는데 그 단면이 원형인 것을 '굴도리', 단면이 방형 또는 장방형인 것을
'납도리 또는 네모도리'라 한다. 그밖의 다른 부분도 소박한 모습으로 조선
초기 사대부 집의 절제성을 보여준다.

서백당의 자랑거리로 마당의 아름다움을 빼놓을 수 없다. 수백 년의 수
령을 자랑하는 향나무를 중심으로 나무와 꽃이 어우러져 완벽한 조화를 이
루고 있는데, 안채 북쪽에 종가의 여인들 사이에 전해져 내려오는 손맛의 비
결이 숨어 있는 디딜방아채가 있다. 디딜방아채는 각종 양념류와 옹기와 음
식 재료를 직접 만들던 곳이다.

상춘헌

근암고택 옆에 자리 잡고 있는 상춘헌은 상춘고택賞春古宅으로 불리기도
하는데, 1730년(영조 6)에 동고東皐 이덕록李德祿이 건립했고, 그의 증손으로 예
조참의와 대사간을 역임한 이정덕李鼎德이 동편 사당을 증축했다. 크게 안채,

사랑채, 행랑채로 구성되어 있는데 양동마을에서 보기 드문 중부지방 배치 형태를 보이고 있다.

근암고택

근암고택은 1780년(정조 4)에 이정수李鼎壽가 지은 집으로 근암은 그의 증손자인 근암 이희구李熙久의 호에서 따왔다. 근암이 홍릉참봉을 지냈기 때문에 참봉댁이라고도 한다. 이 집은 일반적인 'ㅁ'자 평면을 따르지 않고 안채와 사랑채를 완전히 분리시켜 주거 공간의 기능에 따라 배치를 다르게 했다. 특징적으로 근대화의 영향으로 거의 사라진 초가 형태의 작은 규모의 화장실이 있다.

두곡고택

두곡고택은 이언적의 6대손인 이식종이 분가할 때 지은 것으로 1733년(영조 9)에 건립되었고 그 후에 이언괄의 14세손인 이조원의 호를 따 지었다. 안채, 사랑채, 아래채가 '튼ㅁ'자 기본 평면을 갖추고 있고 앞뒤로 딸린 건물들을 나누어 배치했다. 부엌 뒤 초가에 있는 디딜방앗간은 마을에 몇 개 안 남은 것 중 하나며 안채 바로 뒤의 작은 별채는 딸을 위한 공간이다.

이향정

1695년(숙종 21)에 건축된 'ㅁ'자형 주택으로 온양군수 이범중李範中의 맏아들로 담양부사를 지낸 이헌유李憲儒가 살던 집이며, 이향정은 이범중의 호다. 사랑방, 안방, 행랑방, 책방 등으로 구분되어 연결된 매우 큰 건물이다. 마당을 사이에 두고 본채인 안채와 사랑채를 대각으로 배치한 것은 중부지방 집이 지니는 특징이다. 사랑채는 왼쪽부터 문방 1칸, 사랑방 2칸이 접해 있으며 정면이 6칸이고 측면이 1.5칸 크기다. 가운데 2칸의 대청을 중심으로 좌우에 방을 두었다. 정면에 초서체로 만취재晩翠齋라고 쓴 편액이 있는데, 양동마을의 많은 건물 중 유일하게 쓰인 초서체 편액이다.

심수정

심수정은 1560년(명종 15)에 형을 위해 벼슬을 마다하고 노모 봉양에 정성을 다한 이언적의 동생 이언괄을 추모해 지어진 정자다. 양동마을에는 10개의 정자 건물이 있는데 정자가 이곳처럼 밀집되어 있는 곳은 드물다. 손씨의 정자는 3곳으로 관가정, 수운정, 안락정이 있으며 이씨의 정자는 7곳으로 영귀정, 심수정, 설천정사, 양졸정, 동호정, 육위정, 내곡정이 있다.

강학당 밑에 자리 잡고 있는데 이곳에서 양동마을 입구를 내려다볼 수 있다. 낮은 담으로 둘러져 있고 2동으로 구성되어 'ㄱ'자형 평면을 이루고 있다. 기단은 특이하게 긴 판석재를 이루고 있어 다듬은 수법으로 보아 주변의 사찰터에서 옮겨다 사용한 것으로 추정된다. 방 앞에 툇마루를 두었고 우측 대청 옆에 2칸의 온돌방이 있으며 이 정자를 지키는 관리사용 행랑채도 있다.

심수정은 양동마을 정자 가운데 가장 규모가 크다. 기둥은 모두 둥근 기둥을 사용했지만 누마루 부분은 특이하게 하단 일부분을 팔각기둥으로 깎았

■ 심수정은 형을 위해 벼슬을 마다하고 노모 봉양에 정성을 다한 이언적의 동생 이언괄을 추모해 지어진 정자다.

다. 건물 정면과 옆 부분 일부에 다듬은 초석을 놓았지만 나머지는 자연석을 사용했다.

안락정과 강학당

양동마을엔 서당이 3개나 되는데 이씨 문중의 강학당과 경산서당景山書堂, 손씨 문중의 안락정이 그곳이다. 손씨 문중의 안락정은 양동마을에서 가장 먼저 만나는 건물로 강학당과 쌍벽을 이루는데 양동초등학교 맞은편 언덕 위 산기슭에 있다.

건물은 정면 5칸 측면 2칸으로 앞쪽에 툇마루를 둔 '일–' 자형의 평면집이다. 지붕은 맞배지붕이며 앞쪽 가운데 3칸은 대청마루이며 양쪽 끝 칸은 방을 두었다. 앞면과 대청 뒷면은 둥근 기둥을 세웠고 온돌방은 네모난 기둥을 세워 달리하고 있다. 이것은 앞이 열려 있는 대청은 여름철, 온돌방은 겨울에 대비하는 역할을 하도록 한 것이다.

안락정의 기둥은 주두에 새겨진 조각이 생동감 있게 표현되어 있다. 대들보는 곡선을 이루고 중간에 등자쇠가 보인다. 등자는 말을 타고 앉아 두 발로 디디는 물건인데, 한옥에서는 문을 걸어두거나 접어서 들어 올리는 역할을 한다. 여름철을 시원하게 나기 위해 문을 접어 올리고 공기가 잘 통하게 하는 자연 선풍기 역할을 도모한다.

경산서당은 이언적의 맏손자 이의윤을 봉향하면서 학문을 가르치던 곳이다. 1835년경에 이웃 안계리에 건립되어 있던 것을 댐 건설로 1970년 이곳으로 옮겼다.

강학당은 경주시청 자료에 의하면 1780년(정조 4)에 세운 이씨 문중門中의 서당이다. 'ㄱ' 자형 평면 구조로 일반적인 '일–' 자형 서당 건축 배치와는 다른 형식인데, 이것은 안방 아래로 마루와 책방을 덧붙이면서 변화한 것으로 짐작된다. 꺾이는 부분의 안방을 중심으로 우측에 2칸 대청과 건넌방이 있다. 홑처마와 맞배지붕으로 꾸며졌고 옆면에 만들어지는 삼각형 벽면 합각에는 비바람막이 역할을 하는 풍판이 부착되어 있다. 매우 안정감이 있고

■ 안락정은 양동마을에서 가장 먼저 만나는 건물로 정면 5칸 측면 2칸으로 앞쪽에 툇마루를 둔 '일一' 자 형의 평면집이다.

소박한데 공부하는 일을 뒷바라지하던 행랑채 고직사庫直舍가 옆에 있다. 이들 초가와 함께 울창한 숲을 배경으로 그림 같이 자리 잡고 있다.

동강서원

양동마을 못 미처 우측에 있는 강동면 유금리의 동강서원은 경상북도 기념문화재 제114호로 손중돈의 학덕을 기리기 위한 서원으로 역시 세계문화유산에 포함되었다. 손중돈은 1463년 이시애의 난을 평정한 계천군 손소의 아들로 태어났으며 본관은 경주慶州, 자는 대발大發, 호는 우재愚齋다.

김종직金宗直 문하에서 수학했고, 1482년(성종 13) 사마시, 1489년 식년문과에 급제하여 벼슬길에 올랐고 이후 도승지 3번, 대사간 4번, 경상·충청·전라·평안·함경도 관찰사를 지내고 이조판서와 우참찬 등 요직을 거쳤다. 연산군 때 파직당했다가 이후 상주목사로 복직해 도승지, 대사간 등을 거쳐 4도의 관찰사를 역임하고 상주목사로 재직할 때 선정을 베풀어 주민들이 생사당生祠堂(현재 상주 속수서원)을 건립하기도 했다.

동강서원은 1695년(숙종 21)에 지었으나 1868년(고종 5) 흥선대원군의 서원철폐령으로 폐쇄되었다. 훼철 직후인 1870년에 설단設壇하여 단향壇享으로 향사를 지내오다가, 1925년에 활원재活源齋, 1960년에 묘우廟宇·강당 등을 복원했다. 1980년에 경상북도에서 수복修復했으며, 경내의 건물로는 3칸의 숭덕사崇德祠, 신문神門, 5칸의 순교당諄教堂, 5칸의 활원재, 유도문由道門·전사청典祀廳, 4칸의 서고, 9칸의 포사庖舍, 협문夾門 등이 있다.

묘우 숭덕사는 앞면 3칸이고 옆면 2칸의 통칸으로 풍판을 단 맞배집이며 손중돈의 위패가 봉안되어 있다. 순교당은 서원의 강당으로 3칸의 대청, 양 옆에 각 1칸씩의 온돌방을 두고 앞에 툇마루를 두었는데 동쪽은 궁리재窮理齋, 서쪽은 진성재盡性齋라 현액되어 있으며, 원내의 여러 행사와 유림의 회합과 학문의 토론장소로 사용되었다. 활원재는 유생들이 거처하며 공부하던 곳으로, 현재는 서원의 큰 행사나 향례 때 사용되고 있다. 포사는 향사 때 제물을 장만해두거나 고자庫子가 거처하던 곳이며, 전사청은 향례 때 제수祭需를 마련해 보관하는 곳이다. 유물로 중종이 하사한 서적과 역대 군·시·도상 2권, 김생金生 등의 서법첩, 교지教旨 300여 매가 있다.

신도비는 동강서원 외삼문 동쪽 비각 안에 놓여 있으며, 귀부龜趺(거북 모양의 받침돌)와 비신, 이수螭首(용 문양을 새긴 비석의 머릿돌)로 이루어져 있다. 귀부는 크기 225×220×75센티미터, 비신은 264×91×60센티미터, 이수는 110×80×65센티미터다. 번암樊巖 채제공蔡濟恭이 비문을 지었고 비각은 근래에 세운 것으로 정면 3칸 측면 2칸의 겹처마 팔작지붕 기와집이다.

옥산서원

동강서원이 양동마을의 우측에 있다면 옥산서원(사적 제154호)은 양동마을에서 다소 떨어진 서쪽에 있다. 경주시 안강읍 옥산리에 있는데 양동마을과 함께 유네스코 세계문화유산에 포함되었다. '동방오현'의 한 사람으로 추앙받는 이언적을 배향한 옥산서원은 1967년 3월 8일 사적 제154호로 지정되었다. 창건된 해는 1572년(선조 5)으로 당시 경주부윤이었던 이제민李齊閔은 안강고을의 선비들과 더불어 선생의 뜻을 기리고자 독락당獨樂堂 아래에 사당을 세웠으며, 사액賜額을 요청해 1574년(선조 7)에 '옥산'이라는 편액과 서책을 하사받았다. 최초 사액은 이산해李山海의 글씨였으나 1838년(헌종 4)에 구인당이 화재를 입어 다시 사액을 받으니 현전하는 것은 추사 김정희金正喜의 글씨다.

사원 창건을 주도한 이제민은 직접 터를 잡고 공사 비용과 소요 자재를 충당하는 등 서원 창건에 적극 나섰다. 또한 경주부에 소속된 부곡部曲 가운데 중요한 몇몇을 서원에 소속시키고 가까운 정혜사와 도덕사의 두 사찰을 서원에 예속시켜 영구적인 운영 기반을 마련해주었다. 말하자면 옥산서원은 지방관청의 경제적 특혜를 입은 것이다. 부곡은 일종의 수공업 장인들이 모인 소규모 공업단자라고 할 수 있는데, 서원에 소속된 부곡에서는 도자기, 철물 등 서원 소용품을 현물로 바쳐야 함은 물론 시장 판매 수입의 일정 비율을 납부하는 의무를 졌다. 18세기 중반 옥산서원 소속 장인들이 무려 226명에 달했다는 것을 보면 서원 살림살이의 한 자락을 엿볼 수 있다. 또한 18세기 초에 서원에 속한 노비가 190명이나 되고 영일·장기에는 서원 소속의 배가 3척이나 있어서 해산물·소금·식료품을 실어 날랐다고 한다.

양식은 전면에 강학처講學處를 두고 후면에 사당을 배치한 전형적인 서원 건축 구조다. 서원의 공간 구성은 무변루가 중심이 되는 진입부, 강당을 중심으로 이루어지는 강학부, 사당이 중심이 되는 제향부와 부속사 등 4개 영역으로 구분된다.

공부하는 장소인 구인당이 앞에 있고, 제사를 지내는 이언적의 위패가 모셔져 있는 체인묘體仁廟가 뒤에 있는 전학후묘의 형식이다. 구인당 후측에는 내삼문內三門인 체인문이 있고, 체인문을 둘러싼 담장 안에 체인묘와 제기실이 자리 잡고 있다. 서원의 중심부 남측에는 부대시설인 고직사·판각板閣 등이 있으며, 담장 밖으로 남측에 경각, 북측에 신도비각이 있다.

서향의 정문인 역락문亦樂門을 들어서면 무변루無邊樓라는 누각이 나타난다. 역락문은 『논어』의 「학이조學而條」에 나오는 '불역낙호不亦樂乎'의 뜻을 취한 것이다. 무변루는 끝이 없는 누각이라는 의미로 원래는 납청루納靑樓라 이름 붙였으나 선조 때 영의정을 지낸 소재 노수신盧守愼이 스승의 유허에 맞지 않다고 하여 무변루로 고쳤다고 한다.

무변루는 정면 7칸 측면 2칸의 중층 맞배기와집으로, 1층의 어간御間은 대문을 달고, 양측은 2층 온돌방의 구들과 아궁이로 이루어져 있다. 2층의 중앙에는 정면 3칸 측면 2칸의 대청을 두고, 이 양측에 정면 1칸 측면 2칸의 온돌방을 하나씩 두었다. 대청과 온돌방 둘레에는 툇마루를 두고 계자난간을 둘러 개방했다. 구조는 초익공식으로 오량가구를 이루고 있다. 대체로 누각 건물은 개방성을 특징으로 하므로 벽변을 개방하고 외부의 경관을 내부로 끌어들인다. 이 점에서 보면 무변루는 예외적이다. 양 옆에 누마루가 있지만 중간이 온돌방으로 막혀 대청과 누마루 모두 개방이 제한적인데 이와 같이 건설한 이유는 알려지지 않았다. 여하튼 무변루는 구인당과 같이 모두 원형 기둥이며 구조가 특이해서 가적지붕의 예로도 인용된다.

구인당은 정면 5칸 측면 2칸의 팔작지붕 형식으로 '옥산서원'이란 편액은 추사 김정희가 제주도로 유배되기 직전인 54세 때의 글씨다. 다듬은 돌로 바른층쌓기의 기단을 구성하고 있다. 기단 위에는 주좌柱座를 둥글게 돋게 만든 초석들을 놓고 약한 배흘림이 있는 원기둥을 세웠다. 기둥 위에는 굽면이 사면으로 끊긴 주두柱頭를 놓고 앙서가 2개 뻗은 부재를 기둥 윗몸에서 내고, 안쪽으로는 보아지 형태로 하여 주두와 보머리를 결구함으로써 이익공처럼 보이나, 부재의 구성 방법은 초익공식이라 할 수 있다.

가구는 오량五樑으로, 대들보를 앞뒤 평주平柱 위에 걸고, 이 위에 파련각波蓮刻이 된 동자주童子柱를 세워 종보를 받치고, 다시 첨차簷遮와 소호로 이루어

■ 옥산서원은 '동방오현'의 한 사람으로 추앙받는 이언적을 배향한 서원이고, 무변루는 끝이 없는
  누각이라는 의미로 원래는 납청루였다.

진 파련대공을 놓아 종도리를 받치고 있다. 처마는 홑처마이고 팔작지붕으로 되어 있으며, 중앙이 우물마루로 된 대청과 좌우는 온돌방으로 구성되어 있다. 아궁이가 특이한 것은 취사기능 없이 난방만 위해 불을 때므로 부뚜막을 만들지 않고 불길이 그대로 구들로 들어가게 만들었다. 이를 함실아궁이라고 한다. 현재의 구인당은 1839년(헌종 5)에 화재로 사라졌다가 다시 지어진 건물이며 구인당이란 편액은 한석봉의 글씨다.

구인당 전면의 동서 양재는 정면 5칸 측면 1칸의 단층 맞배기와집으로, 민도리집 계통의 건축물이다. 좌측에는 배립제, 우측에는 양진제란 작은 방이 있다. 강당 앞 우측에 기숙사인 암수재闇修齋가 있는데 3년 이상의 선배 유생들이 공부하며 거처하는 곳이며, 좌측에는 신입 유생들이 수학하며 거처하는 민구제敏求齋가 서로 마주 보고 있다. 강당의 마당에는 팔각기둥 위에 연화문을 새긴 돌을 올려놓는 정료대庭燎臺가 있다. 정료대는 밤에 불을 밝히기 위해 설치한 시설물로 특히 야간에 행해지는 제례를 위해 사용된다.

서원 내에 500년 이상 된 것으로 추정되는 향나무와 은행나무가 있으며 외나무다리가 옥산서원과 독락당을 연결해주고 있는데 주변에 용소龍沼가 있고 작은 폭포가 있어 용소폭포라 부른다. 폭포는 깊이가 4미터가 넘고 폭이 3미터쯤 되며 양쪽으로 깎아지른 암벽 사이의 길이가 10미터쯤 되는 용추龍湫는 옥산서원의 자랑이기도 하다. 그리고 용추 위 100여 명이 앉아도 족한 암반을 세심대洗心臺라고 부른다. 퇴계 선생의 필적으로 '용추龍湫', '세심대洗心臺'라고 음각한 글씨가 지금도 남아 있다.

강당 마당에 정료대가 있는데 본래는 정혜사터에 있었던 석등의 일부로 여겨진다. 사당 담장 밖 왼쪽에 이언적의 신도비가 있는 비각이 있다. 비각 안의 신도비는 1577년에 세웠는데 이수에 새겨진 두 마리의 용에 누른빛과 푸른빛의 단청이 뚜렷하게 남아 있다. 석조물에 단청을 올렸던 사실을 확인할 수 있는 실증적인 예인데 원래는 이언적의 무덤 안에 있었던 것을 옮겨온 것이다.

옥산서원은 현존하는 서원 문고 가운데 많은 책을 보관하고 있는 곳으로, 현재 2곳에 나누어 관리하고 있다. 하나는 서원 경내에 있는 어서각御書閣 소장본이고, 또 하나는 이언적의 사저에 있는 독락당에 있는 소장본이다. 옥산서원의 판고는 마루를 바닥에서 띄었고 판벽을 한 정면 3칸 측면 1칸의 맞배지붕으로 통풍을 고려해 건설했다.

독락당

독락당(보물 제413호)은 옥산서원에서 700미터 정도 위쪽에 있는데, 이언적이 낙향한 이듬해인 1532년에 지어진 건물로 이곳에서 말년을 보냈다. 옥산정사玉山精舍라고도 불린다. 독락당은 보통 집의 사랑채와는 많이 다른 분위기를 갖고 있다. 집이 들어선 대지 자체가 평지여서 낮은데다 집의 규모에 비해 기단이 매우 낮고 마루도 낮으며 집의 높이나 지붕도 낮아 매우 수평적인 비례를 보이며 땅을 향해 낮게 깔리는 인상을 준다. 대체로 사대부 집의 사랑채라면 높고 화려하게 꾸며져 집주인의 위엄을 한껏 과시하게 마련인데 독락당은 그와는 대조적으로 자신을 낮게 감추고 있다.

독락당은 또 다른 특징을 갖고 있다. 한국의 건축에서 정면 칸살은 대체

■ 독락당은 정면 칸살이 4칸으로 일반적인 양식을 벗어나 있다. 이언적이 낙향한 이듬해 지어진 건물로 말년을 보냈는데, 옥산정사라고도 불린다.

로 3·5·7칸 등 홀수를 택한다. 그러나 독락당은 정면 칸살이 4칸으로 일반적인 양식을 벗어나 있다. 지붕의 형태 또한 남다르다. 개울을 향한 동쪽은 합각이 있는 팔작지붕이지만 안채와 맞붙은 서쪽은 맞배지붕으로 양쪽이 대칭을 이루지 않는다. 안채와 연결된 구조에서 오는 자연스러운 선택이라고도 평하는 학자들이 있으나 아무튼 보편적인 형태는 아니다.

현재의 대청 뒷벽과 개울을 향한 우측 벽면에는 칸마다 쌍여닫이 띠살문이 한 쌍씩 달려 있다. 이언적은 독락당에 거처하면서 뒤뜰에 약쑥을 손수 가꾸었다고 한다. 뒷벽의 창은 이 약쑥밭과 이어지는 통로이며 동쪽의 창문은 계곡을 바라보는 눈이었다. 독락당과 계곡 사이에는 담장이 있어 외부로 향하는 시선을 차단하게 되어 있으나 담장의 한 부분을 뚫고 살창을 설치해 이곳을 통해 계곡의 일부가 눈에 들어온다.

독락당도 유네스코 세계문화유산에 함께 포함되었지만 살림집인데도 보물 제413호로 지정될 만큼 과거에도 큰 중요성을 부여받고 있었다. 이는 몇 가지 구조적 특징 때문이다. 기둥 위의 공포 짜임이 간결해 주두 하나를 얹고 위를 향해 뻗은 쇠서를 내는 것으로 마무리한 초익공 형식이다. 대청 안에서 측면 천장을 올려다보면 천장의 가구가 환히 드러난다. 종부 위에서 끝부분을 사다리꼴로 다듬은 동자기둥이 종도리를 받치고 있고 종보와 종도리를 잇는 직선재의 소슬합장이 삼각형을 이루고 있다. 이와 같은 초익공 형식이나 솟을합장을 가진 구조 등은 조선 전기의 양식을 반영하는 것이다.

독락당 앞에는 이언적의 아들인 이전인李全仁의 기적비가 있고 그 앞에 하마비 역할을 하는 돌이 있다. 대문을 지나면 경청제敬淸齊가 있는데 이언적의 손자 두 형제가 옥산별당을 봉수奉守하기 위해 화의문和議文을 작성하여 건설했다.

계정溪亭은 독락당의 부속건물인 별채로 정자로 사용되고 있는데 방 1칸과 계곡의 반석 위에 가느다란 기둥을 세워 쪽마루를 덧대고 있는 특이한 구조다. 원래 이곳에는 이언적의 아버지가 쓰던 3칸짜리 초옥이 있었으나 이언적이 은거하면서 그것을 기와집으로 바꾸고 옆으로 2칸을 내어 지금처럼 만든 것이다. 몸채는 방 1칸과 마루 2칸을 들이고 계곡을 면하여 쪽마루를 덧대어 계자난간을 두른 구조가 간단한 작은 집이다. 그러나 절반은 집 안에 있

■ 계정은 정자로 사용되었으며, 계곡의 반석 위에 가느다란 기둥을 세워 쪽마루를 덧댄 특이한 구조다. 편액은 한석봉의 글씨다.

고 절반은 숲 속에 있어 집과 자연 양쪽에 다 걸터앉은 형태다.

계정이란 편액은 한석봉의 글씨로 알려진다. 옆으로 덧붙인 곳에 양진암이라고 쓴 집에 비해 커다란 편액이 걸려 있는데 퇴계 이황의 글씨다. 계정의 참모습은 바깥 개울 건너에서 바라보아야 온전히 드러난다. 개울가 바위의 생김새에 따라 길이가 다른 기둥을 세운 것은 물론 쪽마루의 아름다움을 볼 수 있다. 학자들은 계정이야말로 계류를 따라 발달한 영남 지방 정자문화의 한 규범이라고 평가한다.

옥산서원과 독락당에서 지나치지 않아야 할 곳은 통일시대의 석탑 중에서는 가장 특이한 형태를 갖고 있는 정해사지 13층석탑(국보 제40호)이다. 흙으로 쌓은 1단은 기단 위로 5.9미터의 13층 몸돌을 올린 모습으로 신라 인근에서 이와 같은 형태는 찾아볼 수 없다. 1층 몸돌이 거대한데 비해 2층부터는 몸돌과 지붕돌 모두 급격히 작아져 2층 이상은 1층탑 위에 덧붙여진 머리 장식처럼 보인다.

탑 1층 몸체에는 높이 131센티미터, 폭 166센티미터인 모서리 기둥이 있고 중앙에는 불사를 모시는 감실이 있다. 지붕은 경사가 느린데 모서리는 볼록하고 처마 층급받침은 3단으로 13층이라는 보기 드문 형태이므로 한국의 석탑이 남다른 다양성을 갖고 있다는 것을 실감할 수 있을 것이다.

해
인
사

장
경
판
전

세계에 자랑할 만한 『팔만대장경』이 경남 합천 해인사에 보존되어 있다는 것을 모르는 사람은 없을 것이다. 1251년에 완성되어 지금까지 남아 있는 목판이 8만1,258장이며 전체의 무게가 무려 280톤이다. 비교적 최근의 조사 보고로는 경북대학교 서수생 교수의 것이 세밀한데, 그는 팔만대장경 정장 수량을 1,524종에 6,606권, 7만 8,500매의 경판으로 보고, 보유 장경판 17종 238권, 2,740매의 경판을 더해 총 1,541종에 6,844권, 8만 1,240매의 경판에 16만 642장의 장수를 가졌다고 밝혔다. 이런 숫자의 차이는 더 정확한 조사에 의해 확정될 것으로 보인다(문화재청은 2015년 8월 '팔만대장경' 디지털화 사업을 진행하며 경판 수를 조사한 결과 기존의 8만 1,258장보다 94장이 많은 8만 1,352장이라고 발표했다).

경판의 1장 두께는 4센티미터, 8만 1,258장을 전부 쌓으면 그 높이는 3,200미터로 백두산(2,744미터)보다 높다. 경판을 한 줄로 연결하면 서울 광화문 광장에서 경기도 수원 화성까지 왕복이 가능한 60킬로미터가 넘는다. 더구나 팔만대장경을 그대로 목판 인쇄해 묶으면 웬만한 아파트에 꽉 찰 정도로 거대한 분량이 된다는 것까지는 예상하지 못했을 것이다.

해인사에는 2개의 유네스코 세계문화유산이 있는데, 일반적으로『팔만대장경』으로 알려져 있는 대장경은『고려대장경판 및 제경판』이란 이름의 기록유산으로 등록되었고, 이를 보관하는 장경판전이 세계문화유산으로 등록되었다.

세계문화유산으로 등록된 공식 명칭은 '고려대장경 목판을 보관한 해인사 장경판전The Haeinsa Temple Changgyong Pango, the Depositiories for the Tripitaca Koreana Woodblocks'이다. 그러므로 엄밀하게 유네스코 세계문화유산은『팔만대장경』이 아니라『팔만대장경』을 보관하는 건물이다.『팔만대장경』을 보관할 수 있는 건물이 세계적인 유산으로서 가치가 부여되었다는 뜻이다. 그러나 이 둘을 분리할 수는 없는 일이다.『팔만대장경』은 자신을 보관해줄 장경판전이 필요하고, 장경판전은『팔만대장경』이 있어야 진정한 의미를 나타낼 수 있기 때문이다.

『고려대장경판 및 제경판』

한국인들에게는 잘 알려진『고려대장경판 및 제경판』일명『팔만대장경』이 세계기록유산으로 지정될 수 있었던 것은 대장경이라는 명칭을 아무데나 붙일 수 있을 정도의 것이 아니기 때문이다.

원래 석가가 중생들에게 직접 설파한 설법과 교화 내용은 생전에 문자로 기록되지 못했다. 그러나 석가가 열반에 든 후 곧바로 제자들은 석가의 말씀을 기록으로 남겨야 할 필요성을 느끼자, 패다라貝多羅에 송곳이나 칼끝으로 글자를 새긴 뒤 먹물을 먹여 만든 결집경전結集經典으로 '패엽경貝葉經'을 편찬했다. 패다라는 인도에서 종이 대신 글자를 새기는 데 쓰였던 나뭇잎을 말하는데, 흔히 다라수多羅樹 잎을 사용했다. 크기 6~7센티미터, 길이 60~70센티미터 정도로 양쪽에 구멍을 뚫어 몇십 장씩 실로 꿰어 묶어둔다.

패엽경은 각자 들은 바를 여시아문如是我聞, 즉 '내가 들은 바는 이와 같다'며 이를 결집結集한 것으로 구체적으로는 왕사서의 칠엽굴에서 가섭迦葉을 상좌로 500명의 비구가 모여 석가가 직접 설법한 경經, 불제자로서 지켜야 할 생활규범을 밝힌 율律, 이 경과 율을 해설한 논論이 포함된다. 1986년 한국의 변밀운이 스리랑카의 캐리니아 사원을 받을 때 기증받은 패엽경 3질이 서울 봉은사에 소장되어 있다.

처음엔 석가의 말씀을 기록하기 위해 다라수 외에도 나뭇잎과 대나무 등 여러 가지 재료를 사용했는데, 석가가 태어난 아열대 지방의 기후는 덥고 습해 오랫동안 보존할 수 없으므로 다시 만드는 일을 반복하게 되었다. 이런 과정을 거치는 동안에 기록의 내용은 조금씩 달라지고 석가가 돌아가신 후 자연발생적으로 생긴 여러 종파가 제각기 다른 대장경을 기록으로 남겼다. 그중 대표적인 것이 '3개의 광주리'란 뜻의 산스크리트어 '트리 피타카'를

■ 『고려대장경판 및 제경판』은 불교 경전 일체를 한자로 새긴 현존 세계 유일이자 가장 완벽한 불교 문헌 목판 인쇄물이다. 가야산 해인사 입구와 팔만대장경 입구.

번역한 '삼장경 또는 일체경'이다. 한마디로 '대장경'이란 이름은 이들 경, 율, 논이 갖추어졌을 때에만 비로소 붙일 수 있다.

삼장三藏이란 단어는 6세기 중국의 승우가 편찬한 『출삼장기집』에서 처음으로 나타난다. 그러나 10세기 중기 이후 삼장은 동남아시아의 상좌부 전통의 불교 전적을, '대장경'이란 말은 동아시아 불교 전적을 나타내게 되었다. 따라서 모든 불교 전적을 의미하는 대장경이란 단어는 당나라 이후에 쓰이기 시작한 것으로 보인다.

경남 합천 해인사에 보관 중인 『고려대장경판 및 제경판』은 불교 경전 일체를 한자로 새긴 현존 세계 유일이자 가장 완벽한 불교 문헌 목판 인쇄물이다. 고려대장경판은 8만 1,258장으로 우리에겐 팔만대장경으로 잘 알려져 있으며 국보 제111호로 지정되어 있다.

제경판은 고려대장경판이 소장된 수다라장과 법보전 이외에 사간전寺刊殿에 보관되어 있다. 사간전에는 5,000점 가까운 목판이 소장되어 있는데, 이 가운데 54종 2,835장이 고려시대에 새긴 경판들이며 이 중 28종 2,725장이 '고려각판'이다.

고려각판을 사간판이라고 하는데, 이는 개인이 만든 경판을 말한다. 능력 있는 개인들이 부처에게 가족과 자신의 복을 빌며 경판을 만들어 사찰에 시주한 것이다. 사간판이 보관되기 시작한 것은 신라 말기부터이며 본격적으로 사간판이 보관된 시기는 고려 중기부터로 이들 각판은 종교, 문화, 예술적인 가치에서 팔만대장경 못지않은 가치를 갖고 있어 국보 제206호로 지정되었다. 나머지 목판 중에는 조선시대 암행어사로 유명한 박문수의 아버지와 삼촌의 글을 묶은 문집이 포함되어 있다.

불력으로 외적을 격퇴하다

일반적으로 고대 인도에서는 많은 숫자를 표현할 때 8만 5,000이라 하여, 인간의 번뇌가 많은 것을 8만 4,000번뇌, 석가모니 부처님이 고통에서 벗어나 해탈해 부처가 되는 길을 대중에게 설법한 것을 8만 4,000법문이라 한다. 따라서 부처가 설법한 경 등을 총집결한 대장경을 '8만대장경'이라고 하므로 엄청난 분량이 됨은 자명하다.

원래 대장경을 목판으로 처음 만든 것은 중국의 송나라 때였다. 송 태조(968~976년)는 972년(재위 4) 대장경 판각을 명령했으나 완성을 보지 못하고 976년에 사망했고 송 태종에게 계속 이어져 983년(태종 8) 완성된다. 이를 『북송칙판대장경北宋勅板大藏經』이라 하는데 총 13만 장에 달하며 휘종(1125년) 때 금나라의 침입으로 모두 사라졌다. 『고려사』에는 991년(성종 10)에 한언공韓彥恭이 송 태조의 대장경 2,500권을 수입했다는 기록이 보이며, 1022년에도 송나라에 갔던 한조韓祚가 538권을 더 가져왔다.

고려시대에 처음으로 제작된 『초조고려대장경』이라 불리는 대장경의 조성연대에 대해서는 여러 가지 견해가 있으나, 1011년(현종 2)부터 문종대(1046~1083)를 거쳐 1087년(선종 4)까지 76년에 걸쳐 판각되었다는 것이 일반적인 견해다.

『초조고려대장경』은 동양에서 북송의 『촉판대장경』과 『거란대장경』에 이어 세 번째로 완성되었으며, 총 1,076종 5,048권으로 대구 팔공산 부인사

符人寺에 봉안되었으나 1232년(고려 고종 19) 몽골의 침입으로 대부분이 불타 버렸으며 일부가 일본과 한국에 남아 있다.

고려에서 대장경을 만들기 시작한 것은 만주의 거란군이 한양 송악성까지 쳐들어왔을 때 왕이 남쪽으로 피난 가면서 적병을 불법의 가피력加被力(부처나 보살이 중생에게 자비를 베푸는 힘)으로 퇴치하려는 신앙으로 대장경 판각을 발원한 것이다.

한편 과거에 『속장경』이라 불렸던 『교장敎藏』은 초판 고본에 계속해 간행된 것으로 1073년(문종 27)부터 1090년(선종 7)에 걸쳐 그 목록이 만들어진 것이다. 대각국사 의천이 송나라에 갔다 오면서 수집해온 불경과 요와 일본 등에서 수집한 불경을 합해 4,700여 권이다. 원래 의천이 수집한 것은 대장경이 아니라 교리연구서였음에도 일본인 학자에 의해 『속장경』으로 불려왔으나 2005년 교과서부터 『교장』으로 이름이 바뀌었으며 일본과 한국에 일부가 보관되어 있다.

거란에 이어 몽골군이 침략하자 고려는 곧바로 부처님의 힘으로 몽골군을 물리치려는 생각을 갖는다. 우선 강화도에 대장도감大藏都監 본사를 두고 영남의 진주에 분사를 설치해 대장경 발간을 위한 체제를 갖춘 후 1236년(고종 23)에 시작해 1251년(고종 38)에 『초조고려대장경』을 바탕으로 『팔만대장경』을 만들었다.

『팔만대장경』은 13세기와 14세기에 각각 판각된 정판과 보판으로 구성되어 있다. 즉, 『대장목록』에 실려 있는 8만여 개의 장경목판과 보유장경판으로 불리는 15종의 경판으로 구성되어 있는데, 이것을 모두 『팔만대장경』

■ 목판의 양쪽에 새겨졌던 불전들은 원래 강화도의 선원사에 보관되었으나 1398년에 한양의 지천사를 거쳐 현재의 해인사로 이관되었다. 강화도 선원사터.

으로 인식한다. 여기에는 1,511종 6,805권의 불전이 8만 1,258장의 판목(121장은 중복)에 새겨져 있다.

『팔만대장경』의 총 글자 수는 5,238만 2,960이며 보통 『대장목록』에 수록되어 있는 장경목판을 정장이라고도 하는데 정장의 구성은 총 1,497종 6,558권으로 여기에 포함된 불교 전적들은 10권 단위로 분류되어 있다. 이 불전들은 목판의 양쪽에 새겨졌는데 목판의 총 면수는 16만 2,516면이다.

이들은 원래 강화도의 선원사禪源寺에 보관되었으나 1398년(조선 태조 7)에 한양의 지천사支天寺를 거쳐 현재의 해인사로 이관되었다. 일본도 원래 대장경을 조판하려고 여러 번 시도했다. 그러나 50여 년이 지나도 성공할 수 없게 되자 중지하고 말았다. 이것은 당시 일본의 문화 수준과 기술로는 도저히 사업을 진행할 수 없었기 때문이다. 그래도 대장경에 대한 미련을 버리지 않고 있었는데 조선에서 억불 정책이 계속되자, 불교가 성행했던 일본에서는 고려 말부터 왜구를 막아주고 붙잡혀간 조선인을 되돌려 주겠다면서 대장경을 일본에 달라고 간청해올 정도였다.

세종대에는 일본 국사가 들어와 대장경판을 하사하지 않으면 목숨을 끊겠다고 하면서 집단으로 단식하다가 6일 만에 그만둔 웃지 못할 일까지 있었다. 그러므로 1422년(세종 5) 12월 25일, 『조선왕조실록』의 기록에 의하면 일본 사신이 대장경판을 요구하자 세종은 일본 국왕이 요구하지만 대장경판은 조선에 오직 1본 밖에 없으므로 요청에 응하기 어렵고, 다만 밀교대장경판密教大藏經板과 주화엄경판註華嚴經板과 한자대장경漢字大藏經의 전부를 보내주겠다고 한다. 그래도 일본 사신이 대장경판을 달라고 하자 세종은 다시 한자판은 조종조祖宗朝에서 전해지는 것이 1본이므로 주지 못한다고 강조하면서 여러 벌 있다면 주지 않을 이유가 없다고 말한다.

세종의 이와 같은 말은 사실 조선에서 이에 대한 사전 협의가 있었기 때문이다. 세종은 일본의 대장경판에 대한 요청이 계속 들어오자 "대장경판은 무용지물인데, 일본에서 간절히 청구하니 아예 주어 버리는 것이 어떤가?"라고 물었다. 이에 대신들은 경판은 비록 아낄

■ 일본은 1502년 오키나와 슈리성 밖의 원감지라는 연못
에 건물을 짓고 고려대장경을 보관하기도 했다.

해인사 장경판 전

물건이 아니냐, 일본이 달라는 대로 들어주는 것은 먼 앞날을 내다보지 못하는 일이라고 반대해 일본 사신에게 『팔만대장경』을 줄 수 없다고 말해 결국 일본으로 반출을 막았다.

기록에 의하면 일본은 1389년부터 1509년 사이에 무려 83회나 그런 간청을 했으므로 조선에서는 이들의 끈질긴 요구를 어떻게 할 것인지 여간 골머리를 썩인 것이 아니다. 그러므로 우여곡절을 거쳐 대장경 63부가 일본에 전해진다. 『팔만대장경』 등이 일본으로 건너가 『대정신수대장경』이 편찬되는 등 불교 문화에 중대한 촉진제가 된 사실은 크게 주목할 만한 일이다.

그런데 이들 고려대장경이 놀랍게도 일본 오키나와에 보관되어 있었다. 안내판에는 15세기 말에 조선에서 대장경을 증여받아 1502년 슈리성首里城 밖의 엔칸치円鑑池라는 연못에 건물을 짓고 고려대장경을 보관했다. 그러나 1609년 화재로 모두 전소되었다고 한다. 제대로 보관도 못하려면 왜 떼를 쓰면서까지 갖고 갔는지 아쉬움이 남지만 현재 이곳에는 대장경을 보관하기 위해 만든 덴뇨바시天女橋가 있는데 이곳은 오키나와에서 가장 아름다운 명소다.

대장경을 만들다

『팔만대장경』의 정판은 『대반야바라밀다경』을 비롯해 중국의 당나라와 송나라에서 번역된 불전, 송나라의 태종이 지은 시와 게송, 『고려국신조대장교정별록』, 『대장목록』, 불교 백과사전격인 『법원주림』, 『일체경음의』를 비롯한 불경에 나오는 용어들의 음과 뜻을 밝힌 책들로 구성되어 있다.

『팔만대장경』의 보유판을 구성하는 불전들은 판각 날짜가 알려지지 않은 목판이며, 이들 중 10종류의 불전들은 7세기부터 13세기까지 승려들이 저술한 작품이다. 또한 보판에 수록되어 있는 불전들은 『팔만대장경』에만 포함되어 있으며 『대정신수대장경』에는 수록되지 않은 것이다. 이 불교 전적들은 7세기부터 15세기 사이에 지은 것으로 여기에는 불교어 사전, 중국 황제가 지은 불교 관련 시와 게송, 중국 선사의 오도송 해설집, 선불교 역사서, 대장경 목록, 공안집, 균여의 화엄학 주석서, 참회서 등이 포함되어 있다.

대표적인 대장경판 1장의 크기는 가로 72.6센티미터, 세로 26.4센티미터, 두께 4센티미터 정도다. 양 끝에는 나무 조각을 붙이고, 네 귀퉁이에는 99.6퍼센트의 높은 순도를 가진 구리 장식을 달았다. 글자는 대개 23줄로 각 줄마다 14자씩 앞뒤 양면에 새겼으므로 양면에 444자쯤 새겼다. 글자의 크기는 사방 5분(약 1.5센티미터)쯤이다. 판의 뒷면 끝에는 각자한 경의 제목, 장수張數, 천자문 차례에 따른 함 이름을 새겼고, 경판 양쪽 끝 각목에도 같은 표시를 새겨 정리하고 찾기 쉽게 만들었다.

현종 때에 조성된 『초조대장경』은 1행 15자였는데 현존 대장경과 판식이 다른 것은 『초조대장경』의 인본을 단순히 복각한 것이 아니라 이를 더욱 보완해 조성했기 때문이다. 『팔만대장경』에서는 간지의 연대와 고려국의 국명도 각인했고 '대장도감봉칙조조大藏都監奉勅雕造'라는 기록도 있다. 괘선이 없는 것으로 보아서는 책을 찍어내려는 용도라기보다는 두루마리로 찍어내려는 용도로 추정된다.

학자들을 놀라게 하는 것은 경판 1장의 크기 편차가 길이 0.2~0.5센티

■ 유능한 각자공 1명이 경판 2장을 만들기도 어려웠을 텐테, 팔만대장경을 만들기 위해 동원된 연인원은 무려 100만 명이 넘는다.

미터, 너비 0.1~0.6센티미터, 두께 편차는 0.03센티미터라는 점이다. 또 한 경판 안에서 부위에 따른 경판 두께의 편차도 1밀리미터에 지나지 않는다. 대패를 이용해 이렇게 정밀하게 만들 수 있다는 것은 '신의 손'이라고 해도 과언이 아니다.

경판은 글자를 새기는 작업이 핵심 기술인데, 능숙한 기술자가 하루 종일 매달려도 40~50자가 고작이다. 그러므로 한 달에 유능한 각자공 1명이 경판 2장을 만들기도 어려웠을 것으로 추정된다. 이런 계산이라면 팔만대장경을 만들기 위해 동원된 연인원은 무려 100만 명이 넘는다. 여기에다 나무를 베어 오고 판자를 커는 도우미까지 계산하면 실로 엄청난 인력과 물자가 동원된 작업임을 알 수 있다. 한마디로 고려의 운명을 걸고 온 나라 백성이 혼신의 힘을 기울려 만든 대작이었다.

목재는 한국 전역에서 골고루 잘 자라는 나무를 골라 그늘에서 잘 말려 사용했다. 주로 산벚나무(70퍼센트), 동백나무(13퍼센트)를 사용했으나 단풍나무, 박달나무, 후박나무 등 10여 종이 섞여 있다. 일반적으로 자작나무로 경판을 만들었다고 알려졌으나 자작나무는 경판의 마구리용으로만 사용되었다. 원목을 베어 3년 동안 바닷물에 담가 놓았다가 꺼내 소금물로 경판을 삶은 후 그늘에 말렸다. 불경을 각인한 후에 그 위에도 옻칠을 했다. 양끝이 뒤틀리지 않게 각목을 붙이고 네 귀는 구리로 장식했다. 소금물은 벌레나 곰팡이 서식을 막아주고 나무진이 목질 내부에 골고루 스며들도록 해 뒤틀림이나 갈라짐을 줄여준다. 구리 판을 고정하는 데 쓴 못은 94.5~96.8퍼센트의 순도를 가진 단조된 제품이다. 저탄소강이라도 부를 수 있는 이 못들은 철의 가공성을 좋게 하기 위해 0.33~0.38퍼센트의 많은 망간을 함유했다.

마구리 고정에 쓰인 구리판의 순도가 99.6퍼센트에 이르는 것으로 밝혀져 학자들을 놀라게 했다. 13세기에 그렇게 순도가 높은 구리를 정련한 기술이 개발되었다는 것을 뜻하기 때문이다. 쇠못을 만드는 기술 또한 탁월하다. 수백만 개의 질이 좋은 쇠못의 제조는 고려의 높은 철 주조 기술을 나타내는 증거이기 때문이다. 현재까지 녹이 쓴 못들은 거의 없다.

재목을 고를 때도 원칙이 있었다. 적어도 50~60년 이상이 된 나무라야 하고 겨울에 벌목했는데 그것은 겨울에 자른 것이 목질이 치밀하고 변형도 적기 때문이다. 또 같은 산이라도 그늘진 북쪽 계곡에서 자란 나무를 더 중요시했다. 영남의 진주에 분사를 설치한 이유도 좋은 목재를 주변에서 구하기 위한 뜻으로 보인다.

한편 원목의 지하고枝下高(땅에서 첫가지까지의 줄기 높이)는 약 1~2미터이므로 직경 40센티미터의 경우 통나무 한 토막에서 2장의 경판 채취가 가능하고 한 나무의 경우 대체로 3~4장 정도를 만들 수 있다. 물론 40센티미터 이상의 대경목도 다수 사용되었을 것으로 추정되지만, 운반과 취급의 편의성을 고려할 때 팔만대장경을 만들기 위해 사용된 통나무 개수는 1만~1만 5,000본 정도로 추정된다. 이와 같이 엄청난 목재를 몽골과 처절한 항쟁을 하는 전쟁 기간 중에 사용해 『팔만대장경』을 만들었다는 것은 고려의 총력이 깃들어 만들어진 것임을 알 수 있다.

고려 최대의 국책 프로젝트

『팔만대장경』을 만들기 위해 얼마만한 인력과 자재가 들어갔는지를 설명하면 모두들 놀랄 것이다. KBS 〈역사스페셜〉팀이 산정한 내역을 보자. 우선 경판을 만들 수 있는 목재를 확보해야 하는데 대충 40센티미터 굵기에 1~2미터짜리 통나무 1개당 대략 6장의 목판을 만들 수 있으므로 8만여 장의 경판을 만들기 위해서는 통나무 1만 5,000개 이상이 필요하다. 벌채한 나무를 이틀에 한 번 네 사람이 각판장까지 운반하는 것으로 가정하면 이때 동원된 연인원은 8~12만 명으로 추정된다.

다음은 목판에 붙일 필사본을 만들어야 하는데 하루에 한 사람이 1,000자 정도를 쓸 수 있으므로 5,000만 자를 전부 쓰려면 연인원 5만 명이 필요하다.

필사에 소요되는 한지의 양만도 16만 장, 파지 등을 고려해 그 3배인 50만 장쯤으로 추정된다. 원료인 닥나무 채취에서 한지를 완성하기까지 하루 한 사람이 50장 정도를 만들 수 있으므로 이것에도 연인원 1만 명쯤이 동원된다.

그러나 가장 오랜 시간을 소요하는 것은 판각이다. 하루에 새길 수 있는 판각량은 30~40자로, 5,000만 자를 연인원으로 산출하면 적어도 125만 명이 필요하다. 판각에는 공덕을 쌓기 위해 자진해서 참여한 승려들이 주축이 되었지만, 그 외에도 불심이 두터운 문인 가운데서 필력이 뛰어난 인사들을 선발해 참여케 했을 것으로 추정된다.

고려를 침공한 몽골군은 매우 잔학했다. 항복하지 않고 끝까지 항전하다 함락당한 지역의 주민들은 남녀를 불문하고 모조리 죽였고 어린아이들만 노예로 끌고 갔다. 싸우지 않고 항복한 지역의 주민들 역시 비참한 운명으로 몰렸는데, 고려군과 싸울 때 맨 앞에 세우고 뒤에서 창칼로 위협해 강제로 진격하게 함으로써 고려인들끼리 살육전을 벌이기 일쑤였다.

1254년(고종 41) 한 해에만도 고려인으로 몽골군에 포로가 된 사람이 20여만 명이나 되었는데, 죽은 사람은 그보다도 몇 갑절이라 했음을 볼 때 고려의 피해가 얼마나 막심했는지를 알 수 있다. 그런데 이러한 몽골군의 공포는 고려인들로 하여금 살아남기 위해서라도 몽골군과 끈질기게 싸워야 한다는 신념을 심어주었고, 한편으로는 힘들고 어려운 처지임에도 대장경판 조판 사업에 전 국민이 힘을 모아 매진할 수 있었다.

한편 『팔만대장경』이 제작된 요인이 불심 때문만이 아니라 당시의 정치 상황이 개재된 정치적인 작품이라는 의견도 있다. 1232년부터 36년간 강화

■ 『팔만대장경』은 몽골군의 공포에서 고려인이 살아남아 싸워야 한다는 신념을 심어주었다. 해인총림海印叢林 입구.

도는 당시 무신정권의 실력자인 최우가 개경에서 옮긴 고려의 수도였다. 백성들은 강화 천도를 달가워하지 않자 최우가 민심을 수습하는 방편으로 대장경 간행사업을 벌였다는 것이다. 백성들의 돈독한 불심을 자극해 민심을 하나로 모을 수 있다고 판단했기 때문이다.

더구나 무장 최충헌은 무신정권에 반대하는 교종教宗 승려들을 철저하게 탄압했다. 그러나 최충헌은 불교 국가 고려에서 불교계 자체를 적으로 돌릴 수 없으므로 교종 대신에 선종禪宗 종단을 지지했다. 이런 와중에 대구 부인사에 봉안되어 있던 대장경판이 몽골군에 의해 소실되자 불교계의 민심을 잡는 방편으로『팔만대장경』을 간행했다는 것이다. 결과론적으로 최씨 정권의 의도는 성공해『팔만대장경』의 간행은 최씨 정권과 불교계가 불편한 관계에서 벗어나는 계기가 되었다.『팔만대장경』은 고려인들의 무작정적인 불심 때문만이 아니라 고려 국내 정세의 냉철한 인식이 합해졌기 때문에 오늘날 세계에 자랑할 수 있는 세계적인 유산이 될 수 있었다는 뜻이다.

그러나 당시 고려가 송나라나 요나라에 비해 높은 수준의 문화를 향유하고 있었던 점도 무시할 수 없다. 고려시대 동아시아에서 대장경을 보유한다는 것은 불교 문화의 수준이 매우 높았다는 것을 의미한다. 사실 송과 요에서 이미 대장경판을 조판한 바 있기 때문에 고려가 이들을 능가할 수준의 대장경을 조판하지 않는 한 대장경 조판만으로 큰 의의를 갖는다고 볼 수는 없다. 따라서 고려가『초조대장경』에 이어 새롭게 대장경 조판 사업을 추진하기 위해서는 기왕에 완성된 송나라 장경이나 거란 장경에 대한 철저한 검토와 잘못된 내용에 대한 보완 작업이 필수적으로 따라야 했다.

이를 위해서는 선행 대장경의 내용에 대한 교정이 가능한 전문 불교 학자들을 보유하고 있어야 하는데, 당시 고려는 교종 5파와 천태종이 성행한 결과 많은 교학의 대가가 있었다. 또한 경판을 제작하기 위해서는 제반 기술적 문제들을 해결해야 하는데, 이 점 역시 금속활자를 세계 최초로 발명할 정도로 발달한 인쇄술을 갖고 있었으므로 무난히 난관들을 헤쳐 나갈 수 있었다.

장경판전

『팔만대장경』이라는 엄청난 유산이 현재와 같이 우리에게 보일 수 있는 것은 『팔만대장경』 각판 자체가 우수하기도 하지만, 이들을 보관한 판전이 남다르기 때문이기도 하다. 아무리 잘 만든 작품이라도 습기가 차는 등 보관 상태가 좋지 않으면 곧바로 훼손된다는 것은 누구나 알 수 있는 사항이다. 특히 목재로 만든 것은 더할 나위가 없다. 그런데 목재로 만든 『팔만대장경』이 거의 750년 이상 보존될 수 있었던 것은 남다른 보존 실력이 있었다는 것을 의미한다.

해인사는 한국의 독특한 자연조건에 절묘하게 부합시킨 사찰이다. 해인사가 들어선 가야산의 명칭은 석가의 주요 설법처 중 하나인 부다가야의 '가야'에서 유래했다고 한다. 가야는 범어로 '소'를 뜻하는데 '우두산牛頭山 서쪽에 불법이 일어날 곳'이라는 경전 속 이야기에 합당한 곳이 바로 해인사라는 것이다. 이를 두고 최치원은 "땅의 이름이 있는 곳이 서로 들어맞아야 하늘의 말씀도 찾을 수 있다"고 했다. 『팔만대장경』을 해인사에 봉안하게 된 것도 이러한 상황과 무관하지 않다는 설명이다.

해인사가 『팔만대장경』을 보관하고 있는 장판전 또는 경판전經板殿(국보 제52호)은 법보전과 수다라전, 동사간고, 서사간고의 네 건물로 구성되어 있으며 이 안에 『팔만대장경』과 국보 제206호인 고려각판 2,275매가 보존되어 있다.

그런데 『팔만대장경』을 구경하기 위해 해인사를 방문한 사람들은 세계문화유산으로 등재되어 있다는 장경각의 외관을 보고 실망한다. 『팔만대장

■ 「팔만대장경」을 보관하고 있는 건물들은 그 이름과는 달리 무슨 창고나 헛간처럼 생겼기 때문에 그 외관
을 보고 실망하기도 한다.

경』을 보관하고 있는 건물들이 그 이름과는 달리 무슨 창고나 헛간처럼 생겼기 때문이다. 또 건물의 사면을 차지하고 있는 나무 격자창살 사이로 지루하게 쌓여 있는 경판을 구경하는 데는 채 15분도 걸리지 않으니 싱겁다는 느낌을 받는 것이 결코 무리는 아니다. 그러나 꾸밈이 없고 전혀 과학성이 없게 보이는 공간이 바로 대장경판이 750년 이상 아무런 피해 없이 오래 저장될 수 있는 비결이다.

경판전은 조선 초기 개수한 그대로 보존되어 있다. 두 경판전은 1,430미터의 가야산 중턱인 665미터 지점에서 남쪽 방향으로 앉아 있는데 북쪽은 산으로 막혀 있고 남쪽은 열려 있다. 습기를 많이 머금은 동남풍이 자연스럽게 건물 옆으로 흐르게 하기 위한 배치라고 볼 수 있다.

건물의 구조는 종묘와 같은 '일―' 자집이다. 1488년(성종 19) 중건 시 경판당 30칸을 다시 짓고 보안당이라 했다. 경판전은 수다라장과 법보전 모두를 뜻하는데, 이들은 각각 도리통 15칸과 보통 2칸으로 합해 30칸이며 기둥은 108개다. 이는 108번뇌를 상징함과 동시에 번뇌의 집 속에 진리인 부처님의 말씀을 넣어둠으로써 번뇌 속에 깨달음이 있음을 보여주는 것이다.

수다라장은 정면 15칸 중 가운데 칸에 문을 만들고 앞면에는 상하 인방과 좌우 문설주에 곡선으로 된 판재를 고정시켰다. 그 안으로 좌우 양측으로 경판장으로 들어가는 출입문이 있고 경판을 판가板架에 보관하도록 한다. 건물 후면의 개구부는 상하 인방과 문설주만 만들고 문을 달지 않아 통풍이 잘 되도록 만들었다. 평면은 기단 위에 네모지거나 자연석 위에 초석을 두어 앞뒤에 갓기둥 열과 중앙에 높은 기둥 열을 배치했다.

갓기둥은 두리기둥으로 약간의 배흘림을 두었고 높은 기둥은 사각으로 배흘림이 없다. 건물의 가구架構 형식은 별다른 장식이 없이 보관창고로서 기능을 강조했다. 높은 기둥 좌우로 걸친 대들보 위 중간 부분에 각각 동자기둥童子柱을 세워 종棕보를 받쳤는데, 높은 기둥의 보머리가 이 종보 중앙 밑을 받치고 있어 더욱 견고한 구조가 된다. 특히 종도리를 받드는 솟을합장이 있는데 이러한 솟을합장은 고구려 고분 벽화에서도 볼 수 있다.

이 건물의 중요한 기능은 경판을 장기간 보존할 수 있게 하는 것이다. 그렇게 하기 위해서는 적절한 환기와 온도와 습기 제거가 가장 중요하다. 따라서 건물의 통풍이 잘 이루어지도록 건물 외벽에 붙박이 살창을 두었다. 특히 벽면의 아래 위와 건물의 앞면과 뒷면의 살창 크기를 달리함으로써 공기가 실내에 들어가서 아래 위로 돌아나가도록 절묘한 건축 기술을 발휘했다.

즉, 건물의 전면 벽에는 양측 기둥 사이에 중방을 걸치고 붙박이 살창을 아래 위로 두었는데, 아래 창은 폭 2.5미터 높이 1.0미터이고 위 창은 폭 1.2미터 높이 0.44미터다. 뒷면은 아래 창이 폭 1.36미터 높이 1.2미터이고 위 창은 폭 2.4미터 높이 1.0미터다.

이러한 구조는 건물 뒤쪽에서 오는 습기를 억제하고 건물 안의 환기를 원활히 하는 데 도와준다. 경판가經板架는 굵은 각재를 이용해 견고하게 설치한 후 경판을 세워서 2단씩 놓도록 단을 두어 공기 유통이 잘 되도록 했다.

법보전은 수다라장에서 약 16미터 동북쪽에 떨어져 앞의 건물과 같은 규격으로 나란히 놓여 있다. 중앙 칸은 안쪽 높은 기둥열이 있는 곳까지 벽으로 되어 비로자나불상과 양측에 문수보살과 보현보살을 봉안했다. 따라서

해인사 장경판전

■ 법보전은 앞의 건물과 같은 규격으로 나란히 놓여 있는데, 중앙 칸은 안쪽 높은 기둥열이 있는 곳까지 벽으로 되어 비로자나불상과 양측에 문수보살과 보현보살을 봉안했다.

경판장에 출입하는 문은 수다라장과는 달리 분합문이 있는 칸의 좌우 양 협 칸에 2짝 판문으로 되어 출입한다.

건물의 규모와 가구 형식은 수다라장과 같다. 붙박이창도 수다라장과 거의 같은 비율로 적용된다. 건물 정면의 아래 창은 폭 2.4미터 높이 1.0미터 이고 위 창은 폭 1.3미터 높이 0.4미터다. 뒷면은 아래 창이 폭 1.8미터 높이 0.9미터이고 위 창은 폭 2.2미터 높이 1.1미터다.

수다라장 앞 벽 아랫부분의 창문은 위에 있는 창문의 약 4배가 되고 뒷 벽 윗부분의 창문은 아랫부분의 창문보다 약 1.5배 크다. 법보전은 앞 벽 아랫부분의 창문이 윗부분보다 약 4.6배 크며, 뒷벽 윗 창문은 아래 창문보다 약 1.5배 크다. 이러한 창문 설계는 유체역학과 공기 흐름에 대한 지식을 바탕으로 장경각을 지었음을 증명해준다.

앞에 열린 공간이 3면을 합한 것과 거의 비슷했다. 또한 법보전은 뒤쪽 벽 위, 아래 창 전체 면적이 앞쪽보다 1.38배 넓고 수다라장은 뒤쪽이 앞쪽보다 1.85배 넓다. 이는 법보전이 수다라장에 비해 뒤창으로 들어온 공기가 앞 창으로 빠져나가고 내부에 남는 양이 적게 되어 적정 습도를 유지하도록 절묘하게 고안한 것이다. 한마디로 겉보기에 숭숭 구멍을 뚫어놓은 창같이 보이지만, 여기에 탁월한 건축기술이 숨어 있는 것이다.

경판을 보관한 판가 역시 매우 과학적이며 합리적으로 배열되어 있다. 원래 판전 내부에는 5단으로 된 판가가 건물 가운데와 뒤쪽에만 남쪽과 북쪽 벽면과 평행을 이루며 두 줄로 길게 세워져 있었다. 남쪽 벽을 따라 비워둔 앞쪽 공간은 인경印經 작업을 위한 곳이다. 건물 앞면의 아래 창이 큰 것은 통풍뿐 아니라 인경 작업을 하는 데 충분한 채광을 얻기 위해서도 필요한 방법이다.

수다라장과 법보전 사이 서북 끝과 동북 끝 양쪽에 서로 마주 보는 동서 사간고는 각각 정면 2칸, 측면 1칸, 맞배3량집이다. 이들 건물 역시 수다라장과 법보전과 같이 익공형 주심포계의 집이지만, 익공 쇠서가 수다라장과 같이 보머리에 붙지 않고 떠 있으며 벽체 역시 출입을 위한 문과 살창으로 되어 환기를 원활히 하도록 했다.

바닥은 깊이 땅을 파고 숯, 찰흙, 모래, 소금, 횟가루를 뿌렸다. 판전 내부는 흙바닥이지만 깊이 5센티미터까지 석회가 혼합된 층이며 5~40센티미터 깊이까지는 기와와 돌조각, 목탄이 시공되었고 40센티미터 이하에서는 여러 곳에서 숯이 있는 층이 발견된다. 그 위에 고운 황토에다 조개나 굴 껍질을 태워서 나오는 재인 여회礪灰를 섞어가면서 흙을 쌓았다. 이렇게 하면 땅에서 모세관 현상으로 올라오는 수분의 양을 적당히 조절하고 추울 때 땅 표면에 서릿발이 생기는 현상도 막을 수 있다. 또 조개나 굴 껍질은 석회와 같은 역할을 해서 흙바닥이지만 먼지가 날아다녀 경판에 흙먼지가 쌓이는 것을 최소화했다.

숯을 섞어 넣은 것은 숯이 다공성 재료로 습도 조절과 방부·방충 역할이 탁월하기 때문이다. 옛날 우리 조상들은 일찍부터 숯의 이러한 특징을 알고 멀리 원시시대부터 움막집의 밑바닥이나 집을 지을 때 주춧돌이 놓이기 전 지반을 다지는 기초공사에 사용해왔다. 또 수맥이 지나가고 있거나 수맥을 건드릴 경우 습도 조절을 위해서 숯을 묻기도 했다.

이러한 바닥의 시공으로 비가 많이 와 습기가 차면 바닥이 습기를 빨아들이며 반대로 가뭄이 들 때는 바닥에 숨어 있던 습기가 올라와 습도 조절을 자동적으로 해준다. 실제로 대장경을 장기 보존하는 데 가장 문제가 되는 것은 습도라 할 수 있다. 목판의 경우 적정한 습도는 60~70퍼센트인데 너무 높으면 썩기 쉽고 너무 낮아도 뒤틀려 갈라지는 특성이 있다. 그런데 해인사 주변의 습도는 놀랍게도 연중 인근 지역에 비해 6~10퍼센트가량 높았다.

그렇지만 경판이 온전히 보존된 것은 해발 645미터에 있는 판고가 지역적 특성상 3개 계곡이 만나는 지점에서 1킬로미터쯤 북쪽에 있어 바람이 항상 불어 자연적인 습도 조절이 이루어지게 만들었다.

경판의 안정성 조사에서 경판 표면의 습도를 측정한 결과 평판 1장당 하루에 최고 60까지 습도량이 차이가 났다. 다시 말해 판고 전체에 하루 5톤가량의 물이 경판에 뿌려졌다가 마르는 효과를 내고 있는 것이다. 이 같은 작용이 한 여름철 수분 증발 때 열을 빼앗는 온도조절 기능까지 해 곰팡이와 썩는 것을 막아준다는 설명이다. 실제로 판고 전체의 온도를 잰 결과 1.5도의 차이밖에 나지 않아 최신 건축보다도 습도 조절에 탁월하다는 결론이다.

이와 같은 경판전의 우수성은 신판고의 실패에서 더욱 두드러진다. 1979년 정부는 상당한 재원을 들여 지금의 경판전과는 좀 떨어진 위치에 신판고를 지었다. 그러나 결과는 실패였다. 우선 최신 설비를 갖춘 콘크리트 구조의 새 건물로 지어졌지만, 경판전과 같은 정도의 습도와 온도를 유지하기 위해서는 하루 유지 비용만도 수백 만 원씩 소비해야 했다. 그럼에도 공기의 대류가 전혀 이루어지지 않고 습도 조건이 나빠지자 결국 새 경판전으로는 쓰지 못하고 스님들의 수도처인 선원禪院으로 사용하고 있다.

1429년(세종 11) 9월 『조선왕조실록』을 보면 "예조에서 아뢰기를 궁궐 외에 관청 및 사가에서 붉은 칠 사용을 금하고 다시 법을 만들어 한성 외곽 지역의 무식한 사람들이 분수에 넘치게 웃사람과 견주기 위해 혹시 주칠을 사용할지 모르니 한성 내에서는 사헌부, 한성 밖에서는 관찰사가 단속할 것을 요청했다"고 기록되어 있다.

이 기록을 보면 옻칠이 당시 사회에서 신분을 나타내는 주요한 도구였음을 알 수 있다. 사실 인간의 욕심은 과거나 현대나 마찬가지다. 궁궐에서 옻칠을 사용한다고 하니 민간인들이 이를 몰래 사용하는 것은 당연한 일이라고 볼 수 있다. 비록 왕은 될 수 없지만 그들이 사용하는 것을 애용함으로써 남다른 자존심을 갖고자 했던 백성들의 심정이 이해할 것이다.

그런데 그 많은 『팔만대장경』이 귀중하다는 옻칠을 했다. 일반적으로 글자를 새기고 교정 작업을 마친 목각판은 표면에 먹물을 칠하거나 콩의 전즙과 송연으로 처리한 뒤 판가에 보관하는 것이 보통인데 『팔만대장경』은 특별히 옻칠을 했다. 목각판에 옻칠한 것은 세계적으로 『팔만대장경』이 유일하다.

옻나무에서 채취한 옻칠은 서양에서 찾아볼 수 없는 동양에서만 발달된 특유의 천연도료로 옻나무 줄기에 상처를 내어 채취한 생옻은 회백색의 액체지만 공기와 접촉하면 갈색으로 변한다. 한국에서 옻칠은 매우 오래되었다. 옻나무는 중앙아시아 고원지대인 티베트와 히말라야 지방이 원산지로 한국에서는 함경북도 일부 지방을 제외하고 전국 각지에서 찾아볼 수 있다. 그러므로 한국에서 옻칠은 선사시대부터 사용되었는데 내구성이 강해 목재 가구나 무기류, 농기구에는 거의 모두 옻칠을 했다. 옻칠은 옻나무의 진에 착색제와 건조제 등을 넣어 만든 것으로 나무가 갈라지고 터지는 등의 결함을 보완하는 재료로 일품이다.

생옻의 주성분은 옻산이며 그밖에 고무질, 질소질과 수분을 포함하고 있다. 옻산은 효소 반응에 의한 3차원 구조의 고분자로 산이나 알칼리에 쉽게 녹지 않으며 내열성, 내염성, 방부성, 방수성, 방충성, 절연성이 뛰어나 예부터 제사에 사용하던 기구나 가구, 칠기, 공예품 등 각종 생활용품에 많이 사용되었다.

　한국 옻나무에서 생산되는 생옻은 세계 최고의 품질이라는 명성을 갖고 있다. 그 이유는 중국과 일본에서 생산되는 옻액의 구성 성분을 통해서도 알 수 있다. 한국산 옻산의 함량은 중급품이 72.5퍼센트 고급품이 83.4퍼센트임에 반해 중국산은 59퍼센트와 62퍼센트, 일본산은 65퍼센트와 71.6퍼센트에 불과하다. 옻산의 농도가 높으면 칠을 할 경우 도막塗膜이 두껍게 생기고 투명성이나 광도가 좋기 때문이다.

　옻칠은 나무뿐만 아니라 가죽, 종이, 삼베, 모시, 명주와 같은 천, 금속이나 도기 등에도 사용한다. 오늘날에는 무공해 도료로 해저케이블선, 선박, 비행기, 각종 첨단 기기 등에 산업용으로 이용 범위가 확대되고 있다. 경판에 옻칠한 방법은 목각판 표면에 진한 먹을 발라 바탕인 소지素地를 염색한 뒤 그 위에 다시 안료가 섞이지 않은 생칠(여과와 탈수 등 초보적인 정제를 한 생옻)을 2~3차례 했다.

　생칠은 옻나무에서 직접 채취한 수액이며 여기에 인공을 가해 검은빛을 더한 것이 흑칠, 붉은 착색제를 사용한 것이 주칠이다. 황칠이라는 것도 있다. 생칠의 옻나무에서 수액을 채취하면 수피에서 나오자마자 검은빛으로 변색되지만 황칠은 처음부터 누런빛이 난다고 한다. 일부 사람들이 옻나무와 달리 별도로 황칠나무가 있다고 선전하는데, 학자들은 황칠나무가 별도로 존재하는지는 확인되지 않았다고 한다.

　여하튼 생칠은 말 그대로 어떠한 가공이나 약품 처리를 하지 않은 것으로 칠을 영구히 보존하는 데 이용되는데 대장경의 목각판에 이용된 것이다.

■ 『팔만대장경』은 세계적으로 유일하게 목각판에 옻칠을 했다. 따라서 내구성이 강해 750년의 세월이 지났지만 부패하거나 쥐와 좀벌레가 갉아먹는 일이 거의 없다.

일반적인 목기와는 달리 칠 공정의 일부가 생략되었는데 이것은 칠 재료의 절약과 일손을 덜기 위한 것이 아니라 경판의 특성상 칠막이 지나치게 두터울 경우 양각된 글자의 윤곽이 무뎌지는 것을 피하기 위한 것으로 추측된다. 조사 결과 칠의 두께는 대부분 55~65마이크로미터가량으로 균일하며 칠면을 깎아내기 위해 숯을 사용했다. 옻칠이 벗겨진 마구리 등이 다른 부분보다 훼손이 심한 것으로 드러나 옻칠 자체가 경판 보존에 큰 역할을 했을 것으로 추정된다.

과학은 엄밀하며 이를 전문으로 하는 과학자는 더욱 엄밀한 자세를 요구한다. 얼마 전까지 일반적인 통례는 750년의 세월이 지났음에도 『팔만대장경』 원판이 부패하거나 쥐와 좀벌레가 갉아먹는 일이 거의 없었다고 알려졌다. 또 경판 자체가 휘는 일도 없이 원형 그대로를 유지하고 있었다.

그러나 전문가 10여 명이 1994년부터 2년간 실시한 연구 결과 곰팡이 해를 입거나 표면이 갈라진 경판이 다수 발견되어 학자들을 놀라게 했다. 세로로 심하게 휜 경판이 14퍼센트, 가로로 심하게 휜 경판이 30퍼센트에 달했으며 경판의 27퍼센트가 금이 갔다. 이 중 금이 커질 가능성이 있는 것이 23퍼센트나 되어 대장경판의 보존이 시급한 문제로 떠올랐다.

당시 이런 연구 결과를 과연 발표해야 하느냐로 이론이 있었다. 『팔만대장경』이 완전하다고 세계적으로 알려졌으므로 설사 약간의 손상과 훼손이 있다 하더라도 이를 발표하지 않고 전문가들이 모여 대안을 강구하면 되는 것 아니냐는 것이다. 심지어 세계기록유산으로 지정된 『팔만대장경』 자체가 지정에서 취소되는 것은 물론 『팔만대장경』이 그 근본을 잃어버리면 결국 세계문화유산으로 지정된 장경판전 역시 취소되는 것 아니냐는 것이다. 그러나 문제가 있으면 공개한 후 대안을 만든다면 오히려 좋은 결과를 얻을 수 있다는 것이 중론이었다. 소위 눈가리고 아웅은 과학에서 통하지 않는 일임을 분명히 했고 아직 장경판전이 취소되었다는 말을 듣지 못했다.

대장경판을 보존하는 여러 가지 방법이 제기되었는데, 여기서도 석굴암과 같이 곰팡이 등 미생물에 대한 방제 대책을 세우는 것은 물론 장경판전의 환경을 원상회복하는 것이 최상이라고 강조했다.

우선 함수율이 15～16퍼센트로 유지되는 경우 충해가 일어날 가능성은 거의 없다는 설명이다. 그러나 경판을 직접 갉아먹지는 않지만 경판을 집으로 이용하는 곤충이 존재할 가능성이 있으므로 가끔 장경판전 전체를 밀폐하고 훈증薰蒸하는 처리가 추천되었다.

또한 장경판전 바로 아래에 있는 응진전에서 흰개미의 피해가 발견되어 장경판전 주위에 도랑을 파고 흰개미 방제약을 넣어 채우고 흰개미의 아지트인 장경판전 뒷산의 소나무 그루터기를 모두 뽑았으며 장경판전에 이르는 지중해 흰개미의 좋은 먹이인 소나무 각목을 매설해 흰개미의 침입을 봉쇄했다.

장경판전의 공기 성분은 오존 20, 일산화탄소 5, 질소화합물 5, 아황산가스 0.1 이하로 모두 환경 기준치 이하로 나타났다. 그러나 관람객이 늘어남에 따라 경판에 먼지가 심하게 쌓였으며 특히 바깥쪽 경판은 판각한 글자가 잘 안 보일 정도여서 그대로 방치할 경우 먼지가 습기를 머금어 경판이 썩을 우려가 있었다. 특히 관람객이 많은 수다라장 뒤 벽과 법보전 앞 벽일수록 정도가 심했다. 또한 경판 인쇄할 때는 먹물이 경판에 잘 묻혀지고 깨끗한 품질의 인쇄물을 얻을 수 있도록 풀을 섞어 사용한다. 그런데 풀에는 전분殿粉이 들어 있으며 먹딱지가 붙어 있는 부분에 먼지가 쌓이면 장마철에 국부적으로 함수율이 증가하고 여기에 포함된 전분은 곰팡이를 발생시킨다.

특히 일제강점기 때 관람 편의를 위해 중앙 통로를 설치한 수다라전은 통로 벽이 통풍을 방해한 데다 온도와 습도를 변화시켜 보존에 악영향을 미치고 있었다. 동사간전 역시, 습기에서 경판을 보호하기 위해 창밖에 설치한 비막이 판자가 오히려 통풍 장애만 유발했다. 옥외나 다름없이 허술하게 보이는 환경이 대장경판을 750년 이상 보존해온 비결임이 입증된 셈이다. 학자들은 화재 예방을 비롯해 경판의 먼지 등 대장경판 보존 문제를 근본적으로 해결하기 위해서는 적정 인원만 관람하게 하는 통제 수단이 필요하다.

제 7 장

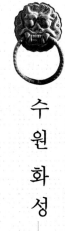

수 원 화 성

수원 화성처럼 한국의 도성으로 여러 가지 역사와 이야깃거리를 갖고 있는 유산은 없다고 해도 과언이 아니다. 18세기 말, 정조 때인 1794년 1월부터 1796년 9월까지 2년 10개월에 걸쳐 건설된 성곽으로 동양 성곽의 백미 또는 18세기 실학의 결정체라는 격찬을 받고 있다.

조선시대 정조대에 건설된 수원 화성은 건설부터 남다른 곡절을 갖고 태어난 산성으로 유명하지만, 한양에서 가까운데다 수원 화성의 주인공이라고도 볼 수 있는 건원릉도 유네스코 세계문화유산으로 인근에 있어 많은 사람이 방문하는 명소다.

그러나 수원 화성의 특징은 보는 사람에 따라 다양한 측면에서 평가되고 해석된다. 유교적 효의 관점에 주목하는 사람들은 비극적으로 죽임을 당한 아버지 사도세자의 비원悲願을 풀려는 정조의 효심의 결과물로 바라본다. 정조의 개혁 이념에 주목하는 사람들은 재위 기간에 정치판을 새로 짜기 위한 정치적 · 경제적 · 군사적인 측면이 가미된 복합적인 정치 기구의 하나로 바라본다. 물론 화성 축성의 동기는 특정한 하나의 배경보다는 이러한 여러 측면의 배경이 다양하게 배합되어 조선 후반의 특이한 걸작품이 되었다고 볼 수 있다.

수원 화성은 총 길이 5.7킬로미터, 면적 1.2제곱킬로미터에 달하는 결코 작지 않은 규모로 각각 다른 목적을 가진 다양한 건축물과 시설물이 유효적절하게 배치되었다. 4개의 성문, 5개의 암문(비밀통로), 2개의 수문, 2개의 노대, 4개의 적대, 3개의 공심돈(지금의 화점), 8개의 치성(성심의 돌출부), 5개의 포루(포진지), 2개의 장대(지휘소), 4개의 정자, 1개의 봉돈(봉화대), 7개의 감시소 등으로 구성되어 있었다. 그러나 시가지 조성, 전란 등으로 일부 소멸되고 41개 시설물만이 현존하고 있다.

정조, 조선 제2의 도시를 짓다

1798년(정조 22) 8월, 정조는 수원 화성과 관련된 상소문을 받았다. 상소의 주인공은 임장원任長源이란 60세를 넘긴 언관으로 그는 정조에게 하고 싶은 말을 모두 적었다. 임장원은 정조가 아버지인 사도세자에게 효도를 다하려는 것은 이해할 수 있지만, 그것 때문에 대규모 토목공사를 일으켜 나라를 동요시키는 것은 잘못이라고 주장했다.

임장원은 정조의 능묘 조성과 신도시 개발을 분명하게 비판했다. 그는 사도세자가 생전에 수원에 묻히고 싶다고 말한 적도 없다고 지적하면서 수원에 능묘를 만들고 신도시를 개발해야 할 하등의 이유가 없다고 지적했다. 당시의 유언비어 중에는 정조가 "중국의 진시황제처럼 성을 쌓는다"라는 말도 있었다. 정조는 "소인小人과는 이루어진 성과를 함께 즐길 수는 있어도 시작을 함께할 수는 없다"로 반대파에 대해 일절 대응하지 않았다. 그는 화성 문제에 관한 한 합리적 토론이나 건설적 비판의 여지조차 인정하려 하지 않았다.

정조가 이와 같이 수원 화성에 대해 단호한 조치를 취한 것은 당대의 정치·경제 상황과 무관하지 않다. 18세기 후반 조선 사회는 느리지만 분명한 변화의 곡선을 그리고 있었다. 철저히 농업에만 의존하던 경제구조는 점차 상업의 활성화 단계로 이동하고 있었고, 양반과 상민으로 엄격히 구분되던 신분제도도 흔들리기 시작했다. 지식층도 이런 변화에 무심할 수는 없었다. 그동안 조선의 고질적인 병폐가 되었던 철학적 논쟁 대신 백성의 현실 생활 속에서 새로운 활로를 찾으려는 소위 실학적 사상을 도입하기 시작했다.

이런 시기에 왕위에 오른 정조는 또 다른 과제가 있었다. 신하들의 권력 다툼 속에 약해진 왕권을 되찾는 것이다. 정조는 자신의 왕권을 강화하기 위해 새로운 정치 공간을 만드는 것이 최선이라고 생각했다. 그런데 한양은 모든 면에서 기존 세력들이 뿌리를 깊게 내리고 있었으므로 새로운 통치 개념을 접목시키기에는 미흡했다. 정조는 새로운 이상을 실현하기 위해 수원이라는 새로운 공간을 택했다.

■ 정조는 왕권을 강화하기 위해 새로운 정치 공간을 만들기로 했는데, 수원은 한양과 남쪽을 연결하는 교통의 요지이자 상업 활동을 위한 도시였다.

　　수원은 한양과 남쪽을 연결하는 교통의 요지이자 상업 활동을 위한 도시인 데다가 정조의 아버지 사도세자의 현륭원이 인근에 있었다. 정조는 표면적으로는 능침을 보호하고, 자신이 은퇴해 상왕上王이 되었을 때 내려와 머물 곳이 필요하다고 역설했다. 정조의 숨은 뜻을 신하들이 모를 리 없으므로 새로운 도시 건설에 대한 반대가 일어나기 시작했다. 임장원의 상소도 이런 뜻에서 나온 것이다.

정조가 진정으로 원하는 것은 휴식 공간의 수원이 아니었으므로 자신이 계획한 신도시 계획을 밀고 나갔다. 제일 먼저 국왕의 친위부대 중 장용외영을 현륭원을 지킨다는 명분으로 수원부에 두었다. 장병의 숫자도 5,000명이나 되었다. 이는 조선 팔도 안에서는 한양을 제외하고 다른 어느 도시보다 강력한 지위와 군사력을 갖춘 실질적인 조선 제2의 도시라는 것을 의미했다.

신도시 건설이 최선이다

정조의 통치 기간은 24년으로 적지 않지만 그의 치세는 근대화를 추진하던 시대였다. 우선 17세기 초부터 노골화된 당파싸움은 17세기 말 숙종 때 상대방을 철저히 제거하는 대립 방식으로 치닫다가 영조가 즉위하면서 각 정파가 서로 타협하는 탕평책을 써서 여러 정파를 고루 기용했다. 정조도 할아버지 영조를 이어 탕평책을 견지하면서 오만한 한양 양반 대신에 때 묻지 않은 지방 선비들을 등용함으로써 조선시대를 피로 물들였던 당파싸움을 완전히 제거하고 정치적인 안정을 확립했다. 또 경제는 농업 일변도에서 벗어나 상공업의 발달로 새로운 국가의 부가 축적되자 문화도 이에 발맞추도록 실학과 기술 혁신을 강조하는 북학北學을 모두 포용해 사상적인 탕평을 추구했다.

이러한 정치 개혁이나 사회 개혁은 강력한 지도력 없이 불가능한 일이므로 정조는 장용영이라는 친위부대를 육성해 왕권을 다지고, 규장각이라는 국왕 직속의 정치 기구이자 학술 기관을 만들어 충성스러운 두뇌 집단을 결집시켰다.

정조가 이렇게 활발하게 내외적인 업적을 쌓아나갔지만 정조에게는 한 가지 개인적인 걸림돌이 있었다. 그것은 불명예스럽게 뒤주 속에서 사망한 사도세자의 아들이라는 멍에였다. 그래서 정조는 통치 기간 내내 아버지 사도세자에 대한 효성과 추모 사업을 가장 중요한 정치적인 명분으로 내세웠다. 1762년(영조 38)에 정조의 아버지인 사도세자는 한여름 뒤주 속에 갇힌 지 8일 만에 죽었다.

사도세자는 영조의 둘째 아들로 태어나 어린 나이에 왕세자로 책봉되어 한때는 아버지를 대신해서 국정을 돌보기도 했다. 그러나 정권 쟁취를 위해 대립하고 있던 노론과 소론 간의 권력 다툼에서 패배하여 부친의 미움을 사 28세란 젊은 나이에 억울하게 죽임을 당한 것이다. 당시 정조의 나이는 10세였다.

32년 후 할아버지 영조의 뒤를 이은 정조는 아버지 사도세자의 시호를 장헌莊獻으로 고치고 어머니의 존호를 혜빈惠嬪에서 혜경궁惠慶宮으로 높였다. 또 아버지의 사당을 크게 지어 경모궁景慕宮이라 하고 창경궁 내에 경모궁이 바라다 보이는 높은 언덕에 어머니가 머물 새 전각을 지어 자경전慈慶殿이라 명명했다.

1789년(정조 13)에는 부친의 묘를 양주 배봉산(현재 서울 전농동 서울시립대학교 뒷산)에서 수원 화산花山의 현륭원으로 옮기고 수원읍을 팔달산 아래 넓은 기슭으로 이전했다. 원래 사도세자의 묘소를 화산에 옮기는 문제를 놓고 조정에서 논의가 분분했으나 현지를 답사한 영의정 김익, 좌의정 이성원, 우의정 채제공 등이 수원을 살펴보고 최고의 길지吉地라고 보고했다. 이곳은

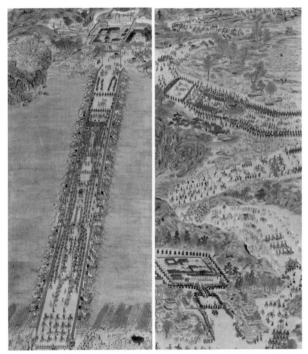

■ 정조는 사도세자의 시호를 장헌으로 고치고 어머니의 존호를 혜빈에서 혜경
궁으로 높였다. 수원 〈화성능행도〉 일부.

일찍이 효종의 사후 윤선도尹善道 등에 의해 능묘 후보지로 지목될 만큼 '반룡
농주盤龍弄珠'의 형국을 지닌 최길지最吉地의 명당으로 꼽혀왔다.

　　그리하여 영의정 김익을 천원도감遷園都監·원소도감園所都監의 도제조로
삼아 천장을 추진하는 한편, 경기관찰사에 서유방徐有防, 수원부사에 조심태趙
心泰를 임명, 이읍移邑과 천릉 작업을 관장하게 했다. 그해 8월에는 신원新園의
원호를 현륭顯隆이라 정하고 곧바로 공사에 들어가 10월 7일에 관을 옮겨 넣

는 천릉 작업이 완료되었다.

그런데 현륭원은 구 수원읍 관청 바로 뒤에 자리 잡았다. 당연히 무덤 앞에는 재실이나 전사청 등 제사와 관련한 여러 건물이 들어서야 했지만 현륭원은 구 수원읍의 관청 건물을 그대로 사용했다. 결국 고을 중심부에 무덤이 들어서면서 수원은 다른 곳으로 장소를 옮기지 않을 수 없었다. 그러므로 정조는 현륭원을 공사할 때부터 수원 부치府治를 팔달산 기슭 신기리新機里로 옮기는 대대적인 신도시 이전 작업을 병행해서 진행했다.

정조는 이상을 실현시키기 위해 세 가지가 필요했다. 첫째 충성스러운 신하, 둘째 군사력, 셋째 이들을 원만하게 다룰 수 있는 자금이었다. 그러나 정조는 수도인 한양에서는 이 세 가지 모두를 얻기 어렵다고 판단했다. 이미 한양은 모든 면에서 기존 세력들이 뿌리를 깊게 내리고 있었고, 상공업에 종사하는 사람들도 기존 관료의 편이었기 때문이다.

정조가 수원에 새 도시를 건설할 수 있었던 것은 역으로 영·정조 시대에 한양이 급격한 도시적 발전을 이루고 경제적 번영을 구가하고 있었기 때문이다. 국내외 유통경제망의 중심으로서 한양은 상업의 요지 곳곳을 연결하는 교통로와 청나라와 일본 무역로를 통해 외부 세계와 연결된 대도시로 발전하면서 한양 특유의 문화를 꽃피웠다. 이 결과 자연스럽게 한양생활권의 확대를 가져오고 한양과 교외의 범위가 확대되는 결과를 낳았다. 즉, 한양에서 삼남三南으로 향하는 교통로의 확대와 수도권 교통의 요지에 새로운 도시 건설의 필요성이 제기된 것이다.

정조는 이러한 내외부적인 발전을 기반으로 자신의 이상향을 펼치기 위해서 신도시를 건설하는 것이 최선이라는 결론을 얻자 이를 다목적인 목적으로 이용하는 구상을 한다. 즉, 정치경제의 공간을 아버지의 추모 사업과 연결시키면 금상첨화가 될 수 있다는 것이다.

수원부가 제대로 모습을 갖추자 1793년(정조 17)에 수원부의 명칭을 화성으로 고치고 유수의 관직을 정2품으로 정했다. 이것은 수원부가 광주부와 함께 한양 다음의 대도시라는 서열에 공식적으로 올랐다는 것을 뜻한다.

다목적 기능의 신도시

한국 성곽 발달사에서도 가장 중요한 비중을 차지하는 수원 화성이 다른 성곽과 차별되는 것은 상업적 기능과 군사적 기능을 동시에 수행할 수 있도록 평산성平山城 형태로 설계되었다는 것이다. 한국의 성곽은 전통적으로 평상시에 거주하는 평지성平地城과 전시에 피난처로 삼는 산성山城을 기능상 분리했다. 그러나 수원 화성은 구릉지와 평탄지를 각각 일부씩 포함하고 있는 지세에 축조되었으므로 평산성이라 한다. 평면 형태가 성벽 축조에 유리한 지형을 따라 축조했으므로 원형에 가까운 형태가 많다. 서산의 해미읍성도 이에 속한다.

그러므로 수원 화성은 피난처로서 산성이 아니라 평상시에 거주하는 읍성에 방어력을 강화한 것이다. 이것은 17세기를 전후해서 임진왜란과 병자호란을 겪은 후 기존 성곽 제도의 문제점이 노출되었기 때문이다.

임진왜란 때 조선이 우여곡절을 겪은 후 왜를 격퇴시켰지만 전란 초기에 관군은 무력하게 패퇴했고 왜군의 진격로에 있던 읍성들의 방어벽은 쉽

■ 수원 화성이 다른 성곽과 차별되는 것은 상업적 기능과 군사적 기능을 동시에 수행할 수 있도록 평산성 형태로 설계되었다.

게 무너졌다. 그러므로 선조는 의주로 피난 갔다가 한양으로 돌아온 후 전국 적으로 산성 정비 명령을 내렸다. 현재 각 지방에 형태를 보존하고 있는 대부 분의 산성들은 바로 이때 손질된 것이다.

임진왜란 때 맹활약을 한 당시의 영의정 류성룡은 사회의 안정을 되찾 는 대책을 마련하는 동시에 국토의 방어력을 높이기 위한 몇 가지 방안을 제 안했다. 그 주요 내용은 산성의 보수와 읍성의 방어시설 강화였다. 류성룡은 읍성에 치성을 쌓고 옹성과 현안懸眼, 양마장羊馬墻을 설치할 것을 제안했다. 양마장이란 성 밖의 호 안쪽에 성벽을 한 겹 더 쌓아서 성벽에 접근하는 적을 안팎에서 공격할 수 있게 한 군사 시설물이다.

임진왜란 때 의병 활동을 벌인 조헌趙憲과 왜에 포로로 잡혀 갔다가 귀환한 강항姜沆도 각기 청과 왜 성곽의 장점을 들어 한양 성곽의 개선안을 내놓았다. 이들 개선안의 공통점은 기존의 읍성이 너무 넓고 큰 데다 방어할 만한 시설이나 지리적 이점을 갖추지 못하고 있다는 것이다. 특히 류성룡은 읍성 강화책으로 치성雉城이나 포루 등 새로운 시설을 갖출 것을 구체적으로 제안했다.

치雉는 성벽과 성문 사이에 접근하는 적을 정면과 좌우에서 격퇴시키려는 방어시설이다. 성벽을 직선으로 쌓으면 시각이 좁아 사각지대가 생기므로 성벽 바로 밑에서 접근하는 적을 놓칠 수 있고 공격할 때도 전면에서만 공격이 가능하다. 따라서 성벽에서 적이 접근하는 것을 쉽게 관측하는 등 전투력을 배양시킬 수 있도록 성벽의 일부를 튀어나오게 만들었다.

고구려는 치를 가장 적극적으로 도입했다. 유명한 백암성白巖城에는 5개의 치가 남아 있는데, 그 크기가 6제곱미터로 56미터 사이를 두었다. 석대자산성石臺子山城에서는 10개나 된다. 수성 화성에서는 치를 적극적으로 도입했으며 여기에 군인들이 머무를 수 있는 포루鋪樓나 적루敵樓를 두었다.

17세기 실학자인 반계 유형원柳馨遠은 그의 저서 『반계수록』에서 수원이 남쪽에서 한양으로 올라오는 길목에 있다는 점에 주목했다. 경제적 견지에서 보면 물자 유통의 요지이지만, 기존 수원은 산으로 가로막힌 폐쇄된 지역에 있어 제 기능을 다하지 못했다. 유형원은 수원 고을을 넓은 들판으로 옮겨 물자 소통의 거점으로 삼으면 경제의 중심지가 될 것으로 예견했다.

또한 기존의 국방 개념인 산성 의존에서 벗어나 읍성의 적극적인 강화 방안을 제안했다. 그는 조선의 산성이 평상시 거주하는 도시에서 멀리 떨어져 있으므로 백성들이 위급한 때 산으로 들어가려 하지 않는다는 현실을 지적했다. 결론은 산성이 전투하는 데나 방어하는 데 적합하지 않으므로 읍성을 튼튼히 만들어 이를 지키는 것이 더 효과적이라는 것이다. 그러기 위해서는 읍에 거주하는 주민의 수를 늘리고 그들의 경제 활동을 장려해 읍을 부유하게 해야 한다고 주장했다.

유형원의 주장은 너무 앞서갔으므로 채택되지 않았지만, 정조가 『반계수록』을 읽고 내용에 공감했다. 정조는 도시를 팔달산 아래로 옮기고 난 후 유형원에 대해 "100년 전에 살던 사람의 생각이 현재의 일을 마치 촛불을 밝혀 꿰뚫어본 것 같다"과 이야기했다.

『반계수록』의 혜안에 감복한 정조는 유형원에게 이조판서와 성균관제주의 벼슬을 내리고 그 후손을 찾아보도록 명했다. 여하튼 유형원의 건의는 18세기에 들어와 수원 화성뿐만 아니라 그동안 손대지 않았던 주요 도시의 읍성을 대대적으로 개축할 정도로 인기를 끌었다. 황주읍성, 전주읍성, 대구읍성, 동래읍성, 해주읍성, 청주읍성이 개축되었다. 그러나 당시에 이루어진 읍성의 개축은 기존 읍성을 그대로 유지하면서 무너진 부분을 다시 보수하는 정도였다.

정조는 도시가 단순한 행정 명령을 수행하는 장소에서 경제활동의 거점으로 발전하고 있다는 데 주목했다. 그러므로 산성보다는 일상의 경제생활이 영위되는 도시의 안전이 더 현실적이라는 생각이다. 이런 의미에서 수원 화성은 기존의 성곽과 읍성의 개념을 근본적으로 혁파하는 신도시가 되어야 한다고 생각했다.

정조가 이런 큰 틀을 숨기고 자신이 상왕이 되어 은퇴할 곳으로 수원 화성을 건축한다고 포장하는 과정에서 신하들의 반발이 거세졌지만 정조가 끄떡할 리 없는 일이었다. 사도세자의 무덤을 옮기기 위해 2,000여 명의 주민들이 새로운 정착지로 이전해야 했지만 명분은 정조가 갖고 있었다. 효의 가치를 무엇보다 중시하는 유교사회에서 부친에 대한 효심을 표명하는데, 이를 반대하는 것은 윤리적으로 용납되지 않는 일이었다. 바로 이 점을 적절히 이용해 경제적으로나 군사적으로나 강력한 왕의 배후도시를 건설하는 목적으로 포장할 수 있었다. 한마디로 신하들은 정조의 뜻을 간파했지만 명분에서부터 지고 들어가지 않을 수 없었다.

철저한 설계도면에 의한 다양한 건축

정조는 1793년(정조 17) 1월 12일 수원부를 '화성華城'이라 개칭하고 유수부로 승격시켰다. 유수 제도의 기원은 중국에서 황제가 수도를 비울 때 유수를 두어 수도를 지키게 하거나 옛 도읍지에 유수를 두어 행정을 맡게 하는 것이다. 화성부와 광주부의 유수는 수도 한성부의 장관인 한성판윤(현재 서울시장)과 같은 정2품이었다. 당시 전국 팔도의 관찰사가 종2품이었던 것을 생각하면 화성의 지위를 얼마나 높여주었는지를 알 수 있다. 여하튼 초대 유수에는 채제공이 임명되고 장용영 외사와 행궁 정리사를 겸임했다.

수원부의 호칭을 화성으로 바꾸고 어필로 현판을 써서 장남헌壯南軒에 걸었다. '화성華城'이란 명호名號는 현륭원을 천봉遷奉한 '화산花山'에서 비롯되고, 그 이름에는 장수·부귀·다남多男 등 도시 번영을 위한 송축의 의미가 깃들어 있음을 알 수 있다. 특히 화성의 기본 계획을 세울 때 자연지형에 따라 버들잎 모양으로 남북이 조금 길게 축성해 신읍터의 지형과 본래의 이름인 '유천柳川(버드내)'에도 잘 부합되도록 고려했다.

이것은 '화성'이란 이름이 단순히 추복推服받은 명호라는 데 그치지 않고, 수원 신도시 건설과 성곽 축조에서 자연과 인공이 어우러진 계획도시로서 그 조형미를 살리려고 한 정조의 차원 높은 문화적 안목과 유서 깊은 도시와 성곽 건설의 의지를 상징하는 것이라 할 수 있다.

여하튼 장용외영을 출범시키고 수원을 화성이라 명명하여 수원의 새 이름에서부터 축성의 의지를 공고히 했다. 채제공은 그해 5월 영의정으로 임명되기 직전 '축성방략築城方略'을 올려서 화성 성역의 구체안을 제출했다.

당시 조선은 10년치 정번전停番錢 25만 냥 등 40~50만 냥의 비용이 들 것으로 추산했다. 채제공은 조심태趙心泰를 감동監董으로 추천하고 정조는 총찰總察의 책임을 채제공에게 맡겼다. 이에 따라 채제공이 주관총찰主管總察을 하고 조심태가 감동당상監董堂上이 되었다.

화성 성역은 수원에 축성을 하기로 결정된 이후 이미 구체적 방략을 준비하고 있었던 정조와 채제공, 조심태 등을 중심으로 놀랄 만큼 빠른 속도로 진행되었다. 정조는 그 이전부터 생각했던 대로 수원 공석면空石面에서 나는 돌로 석성을 쌓기로 하고, 이 성이 산과 들에 걸치게 되므로 곡성曲城으로 쌓아 여기에 누樓와 치첩稚堞을 설치하기로 결정했다.

화성 축성의 실제 작업은 1794년(정조 18)에 실시되었고 수원의 축성에는 한양뿐만 아니라 당시까지 전국 팔도의 축성 경험이 동원되었다. 정조가 팔도에 명해 화성 축조에 참고하기 위한 설계도를 그려 바치게 하라고 명령한 내용이 그것이다.

그런데 경상좌도 병마절도사 윤범행尹範行이 그려 바친 그림이 매우 조잡했으므로, 그의 관직을 삭탈하고 잡아다가 추문하게 하고 이우현李禹鉉을 대신 임명했다. 이 조치는 조악한 성지 그림을 그려 올린 경우 당해 지방관의 삭직과 문책이 뒤따를 정도로 엄중한 것을 볼 때 화성 건설에는 전국 각 지역에 실현되었던 전통적 축성술에 대한 엄밀한 연구가 밑받침이 되었음을 알 수 있다.

화성의 또 다른 특징은 도시 기반 시설로서 인근 지역과 연결되는 새로운 개념의 신작로가 만들어졌다는 점이다. 팔달산 기슭의 행궁과 화성 유수부 앞에서 정면으로 용인 방면으로 이어지는 십자로로 된 도로가 건설되었다. 십자로 변에 상가와 시장을 배치해 상업도시로서 화성의 성격을 명확히 했다. 정조는 화성을 물류경제와 국제무역의 새로운 중심지로서 부상시키는 데 혼심의 힘을 쏟았다. 『정조실록』 14년 2월 채제공은 상가를 조성하여 한양의 부호를 옮겨오게 할 것, 수원부에서 기와를 구워 기와집을 짓게 할 것, 수원부 주변에 매달 6개의 5일장을 개설하되 세금을 받지 말 것 등을 건의하는 등 수원을 특별 대우하도록 했다.

그런데 채제공의 제안에 대해 일부 대신들은 수원에 시전을 새롭게 설치하는 것은 한양 상인들과 대립할 염려가 있다는 점을 들어 반대했다. 이에 수원부사 조심태가 구체적인 수원의 진흥책을 제시했다. 그는 수원에 전국의 부호를 모아 시전을 설치하는 것은 현실성이 없으므로 차라리 수원 지역 사람들 중 여유 있고 장사를 아는 자를 택해서 읍에 살게 하는 것이 상책이라고 주장했다. 이를 위해 6만 냥 정도를 중앙 정부에서 부자들에게 빌려주고 매년 이자를 쳐서 3년 기한으로 본전을 거둬들이면 백성이 모이며 산업을 일으킬 수 있다고 제시했다. 그의 제안은 대신들의 전폭적인 지지를 받아 곧 6만 5,000냥이 조달되었고 수원 상업 발전의 토대를 이루기 시작했다. 현재로 치면 상인들에게 금융 특혜가 부여되었고 정부의 계획은 적중했다.

승경도昇卿圖라는 전통놀이가 있다. 윷을 굴려 9품 벼슬에서 정1품 벼슬까지 오르는 놀이인데, 이 승경도에는 종3품인 의주부사와 종6품인 과천현감이 한성판윤보다 높은 자리에 있다. 의주부사는 청과 국경무역의 이권, 과천현감은 한양 길목에서 입경의 이권을 쥐고 있기 때문이다. 벼슬로만 따지면 한성판윤은 격은 높지만 실속이 없었던 것이다. 심지어 한강의 물을 길어다 파는 물꾼의 이권이나 한강을 건너는 도강세마저 왕실에 귀속되어 그 권한이 미미했다. 그렇지만 정2품이라는 판서와 같은 격이 된 것은 왕 행차 때 선도하기 때문이다. 그런데 판윤을 앞세운 이유가 재미있다.

한성부는 도로의 잡일을 도맡아 했다. 길에 누워 있는 소를 쫓고 방해되는 것들을 헐어버리며 물이 괸 구덩이를 메우는 일들은 한성부의 책임이었다. 더불어 한성판윤은 무허가 건물을 부수는 권리는 있었다. 연산군 시대에 전림田霖이라는 한성판윤은 왕후장상들이 법도를 어겨 호화주택을 건설하면 기둥을 자르고 칸을 허물어버렸다. 연산군이라도 무서워했다는 말을 들었을 정도다.

그런데 1896년 한성부의 예산이 5,416원인데 판윤의 연봉이 2,000원이었다. 판윤의 급료가 높은 것이 아니라 한성부의 예산이 형편없었다는 것인데 그만큼 할 일이 없었다는 것을 뜻하지만 그래도 너무 했다는 생각이 들 것이다. 다만 한성판윤은 육조의 판서나 삼정승에 오르는 발판이었기 때문에 조선시대 명신들이 거치지 않은 이가 드물다. 성석린이 초대 판윤자리에 부임한 1395년부터 을사조약으로 주권을 강탈당한 1905년까지 510년 동안 무려 1,370명의 판윤이 있었다. 한 사람의 재임 기간이 평균 4개월 보름이었다. 구한말에 한 해 21명이 갈린 경우도 있고 하루살이 판윤만도 안동 김씨 세도의 대부였던 김좌근 등 5명이나 된다. 효종 때 북벌을 주장했던 이완李浣 장군은 판윤을 6번이나 중임했으며 구한말 이채연이 5번, 허적과 채제공도 3번을 중임했다.

정조의 전폭적인 지지를 받은 정약용의 설계안

화성의 건축과 관련해 빼놓을 수 없는 인물이 바로 다산 정약용丁若鏞이다. 정조는 당시 홍문관에 근무하고 있던 젊은 실학자 정약용에게 '삼남의 요충이요, 한양의 보장지지保障之地로 만세에 길이 의지할 만한 터'인 수원 화성을 건설토록 한다. 왕명을 받은 당시 30세이던 정약용은 왕실 서고인 규장각에 비치된 첨단 서적들을 섭렵하고 기존의 여러 문헌을 참고해 새로운 도시 화성에 걸맞은 새로운 성곽을 설계했다.

정약용의 계획안은 5편으로 「성설城說」, 「옹성도설」, 「현안도설」, 「누조도설」, 「포루도설」로 되어 있다. 이 중에서 「성설」은 성의 전체 규모나 재료, 공사 방식 등 전반에 관한 내용을 적었다. 「옹성도설」은 옹성, 「현안도설」은 현안, 「누조도설」은 적이 성문에 불을 붙였을 때 이를 방지하기 위해 성문 위에 벽돌로 오성지五星池라는 다섯 구멍을 내고 그 뒤에 물을 저장한 큰 통을 만드는 방법을 설명한 것이다. 「포루도설」은 치성을 만든 후 설치하는 각가지 시설에 대해 설명했다. 「성설」은 정약용이 구상한 새로운 성곽 계획안인데, 그가 구상한 8가지 축성 방안이다.

정조는 정약용이 제안한 안을 그대로 받아들였다. 정조가 정약용의 학식에 대한 깊은 신뢰를 볼 수 있는데, 정약용의 「성설」은 뒤에 「어제성화주략」, 즉 '왕이 지은 화성 축성을 위한 기본 방안'이란 이름으로 변경 없이 『화성성역의궤』에 수록되었다.

그러나 아무리 철저하게 계획했다 하더라도 실제로는 많은 부분에서 변경되지 않을 수 없다. 「성설」에선 정약용이 애초 한 변이 약 1킬로미터(3,600보)로 화성 둘레를 잡았지만, 공사 진행 중에 확장이 불가피해 4,600보가 되었다고 밝히고 있다.

정약용은 기와 굽는 가마의 형태, 굽는 시기, 운반 방법 등은 물론 철물 구입과 제련과 제품의 근량 감찰법, 인부의 마음가짐과 감독 방법, 부역의 부

■ 정조는 젊은 실학자 정약용에게 '삼남의 요충이요, 한양의 보장지지로 만세에 길이 의지할 만한 터'인 수원 화성을 건설토록 했다. 한강의 배다리 재현 모습.

과와 대납, 출납의 세세한 기록 등 장부 처리 방식 등에 대해서도 현재의 풍속을 일일이 거론하면서 비판하고, 새로운 제안도 하는 등 개선책을 제시했다.

정약용이 축성 계획안을 작성할 때의 나이는 겨우 31세에 지나지 않았다. 축성에 대한 특별한 경험도 없었고 더욱이 전쟁에 참여한 적도 없었다. 단지 1790년 정조가 사도세자의 무덤에 참배 가기 위해 한강에 배다리를 건설할 때 참여한 경험을 갖고 있다는 것이 전부였다.

당시에 조정에는 경험이 많은 축성 전문가와 전쟁에 일가견이 있는 장군들이 있었다. 그런데도 화성과 같은 중요한 공사 계획을 젊은 정약용에게 맡긴 것은 정조의 원대한 뜻이 담겨 있었기 때문이다. 한 마디로 정조가 바란 것은 기존의 생각과 방식으로 짓는 성곽이 아니었다. 정약용은 정조의 뜻을 정확하게 꿰뚫고 상업 도시에 걸맞은 새로운 성곽을 구상했다. 바로 시대에 맞는 새로운 성곽이었다.

첨단 과학 기자재를 사용하다

수원 화성의 건설 계획이 치밀하고 효율적으로 이루어졌다는 것은 당초 10년 정도 걸릴 것으로 보았는데, 단 2년 반이라는 단기간에 끝낼 수 있었다는 것으로도 알 수 있다. 10년이 걸릴 것으로 예상했던 공사는 놀라운 속도로 진행되었다(중간의 6개월 정역停役을 감안하면 28개월이다). 이와 같이 빨리 건설될 수 있었던 것은 4년에 걸친 설계 계획의 치밀함에도 있지만, 첨단 건설 기계가 도입되었기 때문이다. 축성에 동원된 기계 장비는 모두 열 종류였다.

『화성성역의궤』에는 각 장비의 종류와 공사장에 투입된 숫자가 명시되어 있다. 거중기 11량, 유형거 11량, 대거 8량, 별평거 117량, 평거 76량, 동거 192량, 발거 2량, 녹로 2좌, 썰매 9좌, 구판 8좌다. 대거·평거·발거는 소가 끄는 수레로 대거는 소 40마리, 평거는 소 10마리, 발거는 소 1마리가 끌었다. 별평거는 평거의 바퀴를 단 것으로 보인다. 동거는 바퀴가 작은 소형 수레로 사람 4명이 끌어 사용했으며 썰매는 바닥이 활처럼 곡면을 이루어 잡아끄는 기구이고 구판은 바닥에 둥근 막대를 여럿 늘어놓고 끌어당기는 작은 기구다.

화성 건축에서 가장 대표적인 것이 현대의 기중기와 같은 용도의 거중기다. 수원 화성을 건설하기 전에 정조는 정약용에게 『고금도서집성』과 1627년 야소회耶蘇會 선교사인 요한 테렌스(중국 이름 등옥함鄧玉函)와 명나라의 왕징이 저술한 『기기도설』을 내려 화성 건설에 필요한 기중법을 연구하라고 했고, 정약용은 이를 바탕으로 여러 가지 건설 장비를 새롭게 고안한 것이다.

사실 정약용이 많은 기자재를 고안할 수 있었던 것은 약 150년 전인 1645년(인조 23)에 사망한 소현세자의 공이 크다. 소현세자는 청나라의 볼모로 9년을 선양과 베이징에서 보냈는데, 이때 베이징에서 예수회 선교사 아담 샬Adam Schall과 긴밀한 교류를 가졌다. 소현세자는 아담 샬에게서 천주교 교리와 서양 과학기술에 대한 여러 권의 책을 받아 귀국했다. 소현세자 자신은 여러 가지 이유로 인조와 그의 후궁 소용 조씨에게 살해되지만, 그가 귀국할 때 갖고 온 서적들은 훗날 조선 실학자들에게 커다란 영향을 주었다.

거중기의 유용성은 적은 힘으로 큰 물건을 들어올림으로써 인력을 절약할 수 있고 무거운 물건이 떨어지는 사고로 인한 인명 피해를 줄일 수 있었다는 점이다. 사람이 직접 밧줄로 무거운 물건을 들거나 움직일 때 잘못해 손에서 밧줄을 놓치는 경우 물건이 떨어져 파괴되거나 사람에게 큰 피해를 줄 수 있다. 거중기는 이러한 위험을 예방할 수 있어 화성 건설에서는 작업 능률을 4~5배로 높일 수 있었다.

화성 건설에는 모두 11대의 거중기가 사용되었다. 중앙 정부에서 샘플로 1대를 만들었고 수원 현지에서 이 샘플을 본 따 10대를 만들었다. 거중기의 역할은 대단하여 수원 화성 건설 기간을 당초 예상한 10년에서 단 2년으

■ 거중기는 적은 힘으로 큰 물건을 들어올림으로써 인력을 절약할 수 있고 무거운 물건이 떨어지는 사고로 인한 인명 피해를 줄일 수 있었다.

로 줄여놓았다. 정조도 거중기의 유용성을 인정하여 "다행히 기중기를 이용하여 경비 4만 궤가 절약되었다"고 말했다.

거중기의 구조도와 원리는 『화성성역의궤』에 자세히 나와 있음으로 이를 복원하는데도 큰 문제가 없었다. 거중기는 4개의 다리를 세우고 그 위에 횡량橫樑을 얹었는데, 여기에 도르래가 달린 중간 횡량을 연결했다. 밑에 있는 횡량은 중간 횡량과 도르래에 감긴 밧줄로 연결되고, 밑부분에는 물건을 들어올릴 수 있도록 쇠사슬을 걸게끔 되어 있다. 이 횡량은 밧줄이 당겨지고 풀려짐에 따라 아래위로 이동하게 됨으로 여기에 달린 도르래는 움직도르래

작용을 한다. 다리의 옆에는 2개의 소거를 붙였는데 여기에는 밧줄을 풀고 조이는 얼레축과 큰 도르래를 달았다. 소거는 밧줄을 푸는 것이 누에고치를 켜는 것과 같아서 붙여진 이름이다.

거중기의 가장 큰 특징은 단순히 고정 도르래만 사용하지 않고 움직도르래를 도입해 복합 도르래를 구성한 것이다. 고정 도르래는 물건의 중량에 해당하는 힘을 주어야만 물건을 들어올릴 수 있지만, 움직도르래가 1개 있으면 절반의 힘만으로도 들어올릴 수 있다. 따라서 움직도르래가 여러 개일수록 들어올릴 수 있는 힘이 배가되는 것을 정약용이 이용한 것이다. 얼레축의 직경이 큰 도르래의 직경보다 작기 때문에 얼레를 거쳐서 큰 도르래를 휘감고 지나가는 밧줄은 원래보다 강해진 힘을 상부의 횡량에 달린 도르래에 전달해준다. 이런 복합 구조를 갖고 있기 때문에 아주 무거운 석재도 손쉽게 들어올릴 수 있었다.

화성 건설에 사용된 거중기는 규모가 매우 큰 것은 아니다. 정약용은 화성 공사에서 규모가 큰 돌이나 자재들이 사용되지 않는다고 생각했기 때문에 그에 맞도록 구조가 간단하면서도 쉽게 사용할 수 있는 거중기를 만들었다. 화성 건축에 사용된 거중기는 7.2톤에 달하는 돌을 30명의 힘으로 들어올릴 수 있었음으로 장정 1명이 40킬로그램의 무게를 들어올린 셈이 된다. 그러나 정약용은 도르래 원리를 이용하면 정교하고 강력한 힘을 발휘할 수 있는 거중기를 제작할 수 있으므로 화성 건설에 사용된 것보다 훨씬 규모가 큰 수십 톤에 이르는 물건도 들어올릴 수 있다고 말했다. 정약용이 고안한 거중기 등은 비록 청에서 입수한 서양의 과학 서적을 참조하기는 했지만, 실제

제작한 것은 외국과는 다른 조선만의 창의적인 것이다. 그러므로 이들 고안은 기술 분야에 대한 지식인들의 관심이 극히 낮았던 조선 후기에서 과학 기술의 눈부신 성과로 평가된다.

수원 화성 돌아보기

화성은 기본적으로 성곽으로 구성되었다. 일반적으로 성벽은 커다란 돌과 흙으로 견고하게 높은 성체를 축조하고 그 위에 총과 화살을 피하면서 공격할 수 있는 '여장女墻'이란 시설물을 기다란 육면체의 벽돌 모양으로 돌을 깎아 구축한다. 여장에는 '타구'라든가 '포혈' 같은 구멍으로 장병들이 여장에 은신하면서 안전하게 적을 공격하도록 했다.

화성의 성채도 이런 면에서는 어느 성과 별반 다르지 않다. 다만 보통의 읍성들이 성채의 안팎을 모두 돌로 쌓고 가운데를 흙으로 채운 데 비해 화성의 성채는 바깥쪽 벽에만 큰 돌로 쌓고 안쪽 벽은 자갈로 채워 다진 후 다시 흙으로 두텁게 쌓았다. 이러한 방식을 '내탁'이라고 하는데, 보통 경사진 자연 지세를 이용해 성을 구축하는 산성에서 활용하는 방법이다.

수원 화성을 처음 보는 사람들은 다소 놀란다. 생각보다 성벽이 높지 않기 때문이다. 남한산성 등 보통 성들의 성벽 높이는 15~20미터다. 그런데 화성 성벽의 높이는 평균 4미터이고 높은 곳도 5미터에 지나지 않아 다소 작게 느껴지며 실제로 성의 역할을 할 수 있을지 의아해하는 사람들이 있다. 기계도 동원되어 높이 쌓을 여력도 충분한데 낮게 쌓은 이유는 간단하다. 고대부터 내려온 전투 방식이 달려졌기 때문이다.

고대의 전투는 대부분 보병이나 기병, 활 등을 사용한 전쟁이었기 때문에 성벽이 높을수록 방어하기가 수월했다. 특히 성벽을 부수고 들어가는 것이 간단한 일이 아니므로 성벽을 타고 올라가 육탄전을 벌였으므로 성벽이 높을수록 유리한 것은 당연한 일이다. 그런데 화포가 등장하자 전투의 양상은 완전히 달라진다. 아무리 높은 성벽이라도 튼튼하지 않으면 중무장한 화포 앞에서 무력할 수밖에 없었다. 한마디로 성벽이 높지 않더라도 두텁고 낮은 성벽이 오히려 화포에 강할 수 있었다. 즉, 화포의 공격에도 무너지지 않는 더욱 튼튼한 성채와 성을 공격해 들어오는 적들을 과거와 같이 활이나 소총으로 대응하는 것이 아니라 강력한 화포로 공격할 수 있는 성의 구조가 필요하다는 것이다. 수원 화성에서 과거의 10미터가 넘는 높이의 일반적인 성채가 아니라 그 절반 정도인 4~5미터 높이로 건설하더라도 방어에 충분한 효과를 얻을 수 있다는 것이다.

수원 화성이 이런 새로운 개념을 도입하여 성벽을 쌓았다는 것은 석재의 크기를 보아도 알 수 있다. 가로세로의 크기가 40~60센티미터나 되어 조선의 규모에서는 매우 큰 편이다. 임진왜란이라는 미증유의 전쟁을 겪고 쌓은 남한산성은 석재의 크기가 작지 않은 가로 30센티미터, 세로 40센티미터, 두께 25센티미터나 되지만 수원 화성은 이보다 엄청 컸다. 더구나 화성은 성돌의 깊이를 70센티미터 내외로 깊게 만들어 쉽사리 빠지지 않도록 했다. 이것은 조선의 일반 성보다 3배 가까이 긴 것이다. 화성의 성벽을 견고하게 지탱해주는 또 다른 비결은 심석이다. 무려 150센티미터 길이의 심석을 성벽

중간중간에 박아놓았다. 당시에는 콘크리트가 사용되지 않았기 때문에 돌끼리 이가 맞도록 설치해서 심석과 성돌을 맞물리게 했다. 수원 화성의 성벽 축조 기술을 간단하게 보지 말라는 뜻이다.

화성의 성벽은 전략적인 용도뿐만 아니라 첨단 과학 지식을 도입하여 설계되었다. 성벽의 특징은 성벽과 여장 사이에 검은색 벽돌이 끼어 있다는 점이다. 생김새가 눈썹 같다고 해서 눈썹돌 또는 미석楣石이라고 부른다. 모든 성곽에 미석을 설치한 것은 아니고 성채 위에 미석을 설치하지 않고 바로 여장을 쌓은 예도 있다. 미석을 성벽과 여장 사이에 끼워놓은 것은 선조들이 물질이 상태가 변화할 때 부피가 변한다는 사실을 잘 알고 있었기 때문이다.

물이 얼면 부피가 팽창한다는 것을 잘 안다. 만약에 성벽 틈 사이로 물이 스며든 채로 겨울을 지내다 보면 물이 얼어 성벽이 쉽게 무너질 수가 있다. 그러나 미석을 끼워놓으면 비나 눈이 와도 물이 성벽으로 스며들어가지 않고 미석을 타고 바로 땅으로 떨어지는 것이다.

화성의 과학성은 이뿐만 아니다. 성벽 전체를 견고한 방법으로 축조했다. 성벽은 흙으로 쌓는 토성과 돌로 쌓는 석성 그리고 특수하게 벽돌로 쌓는 경우가 있다. 토성은 축조 방법이 다양하여 삭토법削土法, 판축법版築法, 성토법盛土法, 보축법補築法 등이 있다. 삭토법은 천형의 지세를 이용하여 지형의 안팎을 절절히 깎아 안팎에 황隍을 만들고 급경사의 성벽을 조성하는 방법이다. 성토법은 주변의 흙을 이용하여 일정한 높이까지 쌓아올리고 마감 높이에서 두들겨 일정한 성벽 형태를 조성하는 방법으로 가장 일반적인 방법이다.

보축법은 자연 지세 자체가 방어력을 조성할 수 없는 곳에 성벽이 연결될 수 있도록 기존 지형 사이를 보충하여 축조하는 방법이다. 판축법은 토성 중에서 가장 정성을 들여 성벽을 토축하는 방법인데, 흙을 단순히 쌓아 올리는 것이 아니고 일정한 두께의 흙을 펴서 다진 다음 다시 쌓아올리는 방식으로 다른 토성보다 훨씬 단단하다. 그러므로 노동력이 많이 소요되지만 중요한 부분에 판축법이 기본적으로 활용되었는데, 잘 알려진 중국 만리장성의 대부분도 판축법을 사용했다.

그러나 토성의 문제는 쌓는데는 다소 편리하지만 폭우 등이 내리면 무너져 내리기 쉽고 자주 보수를 해주어야 하는 단점이 있다. 그러므로 상황에 따라 석성을 쌓았는데 수원 화성은 벽돌을 사용한 것도 특기한 일이다. 벽돌성은 조선 초기에 의주나 함흥 읍성에 쌓은 적이 있고 숙종 때 강화 외성을 건축했는데 화성은 상당 부분을 벽돌로 시공했다. 건축 재료로 벽돌을 사용한 것은 삼국시대부터의 일이지만 그때까지만 해도 건물의 바닥을 깔거나 담장을 쌓는 등의 부재료로 사용하는 것이 고작이었다. 벽돌이 이같이 푸대접을 받은 것은 일부러 벽돌을 굽는 수고를 들이지 않더라도 주변에서 집 짓기에 알맞은 목재를 비교적 쉽게 구할 수 있었기 때문이다.

그러나 16세기를 지나서부터 사정이 달라진다. 목재를 구하기가 점점 어려워진 것이다. 인근의 산에 있는 나무는 거의 다 베어 버린지라 깊은 산속이 아니고는 마땅한 재목을 구하기가 어려웠다. 특히 서민에게 그 어려움은 더욱 심했다. 이런 현실을 직시한 일부 실학자들이 해결 방안으로 벽돌의 사용을 적극 주장했고 화성은 이들의 주장이 본격적으로 실현된 첫 성과였다. 벽돌로 성을 쌓을 때 유리한 면도 있다. 축조할 때의 견고성에 따르기는 하지만 일반 화포의 공격을 받을 때 구멍만 뚫릴 뿐 석재처럼 무너져 내리지 않는 장점이 있다. 수원 화성은 성벽의 재료로 필요에 따라 석재와 벽돌을 유효적절히 사용했다.

성벽의 축조 방식으로 협축夾築과 내탁內托이 사용된다. 협축은 성벽의 안과 밖에 모두 석축을 쌓는 것이고 내탁은 바깥 쪽에만 석축을 쌓고 안에는 성벽 높이까지 흙을 돋우는 방식인데 산이 많은 한국에서는 주로 내탁 방식을 사용하여 성벽을 건설했다.

성벽 위에는 여장 또는 성가퀴라는 낮은 담을 다시 쌓고 여기에 군사들이 몸을 숨기고 적을 감시하거나 공격할 수 있도록 했다. 여장이 언제부터 사용되었는지는 확실치 않으나 삼국 초기부터 사용되었다고 추정된다. 여장의 높이는 보통 1.8미터, 길이는 3미터 정도이며 여장과 여장 사이에 약간의 틈을 두어 밖을 내다볼 수 있도록 했다. 여장 하나를 1타로 표기하며 여장과 여장 사이의 틈을 타구라고 한다. 또한 여장에 밖을 보면서 총이나 활을 쏠 수 있는 구멍을 만들었는데 이것을 총안銃眼이라고 한다. 총안에는 원거리를 관측하고 사격할 수 있는 원총안遠銃眼과 성벽에 바짝 접근하는 적을 공격하기 위한 근총안近銃眼이 있다. 근총안은 급경사(30~60도)로 뚫었고 원총안은 수평으로 뚫려 있다.

총안과는 달리 성벽에 현안懸眼도 사용했다. 현안懸眼은 적대敵臺(치)의 위쪽 바닥에 안구眼口를 두고 외벽면을 수직으로 뚫어 성벽에 접근해 기어오르는 적을 물리칠 수 있게 만든 구조다. 적대와 치는 큰 틀에서 같은 용도인데 적대는 기본적으로 성문을 보호하기 위해 성문 주변 가까운 측면에 설치한 방어 시설물의 하나다.

　돌을 쌓는 방법은 크게 두 가지로 나뉘어진다. 하나는 돌을 성벽과 나란한 방향으로 여러 겹 쌓는 것이고, 또 하나는 성벽의 방향과 직각을 이루는 가로 방향으로 깊숙이 박히도록 쌓는다. 두 가지 중에서 후자가 더욱 견고하다.

　성벽의 앞부분이 무너졌을 때를 생각해보자. 돌을 성벽과 나란하게 여러 겹 쌓으면, 성벽 앞부분이 무너지는 상황에서는 뒤에 있는 돌들이 노출되어 쉽게 무너지고 만다. 하지만 돌을 성벽과 직각으로 깊숙하게 박히도록 쌓으면, 성벽 앞부분이 무너진다고 해도, 뒷부분은 여전히 다른 돌과 맞물려 있다. 이것이 바로 화성 성벽의 돌 쌓는 방법이다. 뒷부분의 돌들이 더욱 잘 맞물리게 하기 위해서 화성의 성벽 돌에는 잘게 부순 자갈을 넣어 틈이 벌어지지 않도록 했다.

　또한 성벽 전체의 형태가 구불구불한 특징을 갖고 있다. 어떤 사람은 "성벽을 반듯하게 쌓지 못해서가 아니냐"고 묻지만, 이것은 성벽을 구불구불하게 만들어 아치를 만들면 더욱 견고하기 때문이다. 성벽이 구불구불하게 되어 아치 효과를 내는 것이다. 이렇게 함으로써 성벽의 돌과 돌이 더욱 견고하게 맞물려 오랜 세월을 버틸 수 있다.

　성벽의 전체적 형태 외에도 아치를 찾을 수 있는 곳이 있다. 『화성성역의궤』에서 성벽의 형태에 대해 "밑에서 중간 부분까지 안으로 욱여 들어 그 모양이 마치 안으로 축소시킨 것처럼 쌓고 중간 부분에서 위로는 밖으로 뻗은 것 같아서 위에서 보면 안으로 구부정한 듯하게 쌓았다. 이렇게 된 결과 성벽의 허리가 잘록하게 되었다"고 설명한다. 성벽의 허리를 잘록하게 쌓음으로써 돌과 돌 사이가 견고하게 맞물릴 수 있도록 했다. 그뿐만 아니라 이런 형태는 성벽을 쉽게 타고 오를 수 없다. 물론 현재 남아 있는 성벽이 완전한 아치 형태가 아니다. 재래식 기법에 익숙한 석공들이 정약용이 당초 의도한 설계 의도를 모르고 위로 가면서 돌을 밖으로 내밀어 쌓는다면 돌이 떨어질 것으로 생각했기 때문이다.

성곽에서 가장 중요한 부분은 성문이다. 영화에서도 가장 먼저 공격하는 곳이 성문이며 가장 많은 수비병을 배치하는 곳도 성문이다. 성문이 뚫리면 성이 점령되는 것이나 마찬가지로 여겼으므로 전투 중에 전세를 결정적으로 좌우하는 곳을 성문으로 간주했다. 그러므로 성문을 설치하는 곳에는 따로 성벽을 두텁게 쌓아 올리고 석재도 특별히 다듬은 무사석武砂石을 사용했다. 또한 석축 한가운데 아치형의 출입구(홍예문)을 내고 홍예에는 두 짝의 나무문에 철엽鐵葉(화살이나 총탄 등을 막아낼 수 있도록 성문 등에 붙인 철판쪽)을 대고 커다란 빗장을 질렀다. 4개의 성문 중 장안문과 팔달문의 홍예 위에는 누樓를 올려 2층의 팔작지붕으로 되어 있지만, 창룡문과 화서문은 아담한 단층이다.

성문은 적의 공격이 집중되는 곳이므로 문 앞에 성벽을 한 겹 더 쌓는데 이것을 옹성甕城이라고 부른다. 한자로 '옹甕'은 항아리를 뜻하므로 그 모양이 항아리 같이 둥글게 만든 것이 기본이지만 때때로 네모난 옹성을 쌓기도 했다. 수원 화성의 옹성은 한양의 동대문 다음으로 시도되었고 장안문은 옹성을 제외하면 한양의 남대문과 흡사하다. 수원 화성 성문 가운데 장안문과 팔달문이 가장 화려하고 장엄하며 그중에서도 장안문은 수원의 상징처럼 여겨진다.

수원 화성이 유네스코 세계문화유산으로 지정된 것은 성곽의 건물도 중요하지만, 화성 건설의 공사 보고서인 『화성성역의궤』 역시 큰 역할을 했다. 18세기, 세계 어느 나라도 이런 수준의 도시 건설 공사 보고서를 남긴 예가 없었기 때문이다.

『화성성역의궤』는 정조 생전에 10권 9책의 방대한 분량으로 편찬되었으며 정조 사후인 1801년에 금속활자로 간행되었다. 『화성성역의궤』에는 화성의 축조와 관련된 모든 정보가 수록되어 있다. 화성의 설계 도면과 설명문이라고 할 수 있는 '도설'은 물론이고 사업의 진행 상황과 말단 인부들까지 빼놓지 않고 참여 인물들을 수록했다. 화성이 일제강점기와 6·25 전쟁을 거치면서 상당히 파괴되었지만, 대부분 복원할 수 있었던 것도 『화성성역의궤』가 존재했기 때문이다.

화성이 갖고 있는 특징은 당시에 어떤 구축물을 세울 때 기본인 풍수지리설에 따르지 않았다는 점이다. 그러므로 팔달산이 있는 서쪽을 제외한 모든 지형이 평탄했다. 산으로 둘러싸인 폐쇄적 입지 대신 교통이 원활한 평지를 택한 것이다. 물론 수원 성벽은 팔달산 정상에서 각각 남북 산등성이를 따라 평탄한 곳으로 내려와서 다시 동쪽의 낮은 구릉으로 이어지면서 불규칙한 형태를 이룬다. 이와 같이 성벽이 지형에 따라 불규칙한 형태가 되는 것은 조선시대 도성이나 지방 읍성에서 흔히 볼 수 있는 일반적인 모습이다.

그러므로 수원 화성은 한국 성곽에서는 보기 어려운 특징을 갖고 있다. 도시 주변에 별도의 산성을 두지 않는 대신 이제까지 어떤 성곽에도 설치한

적이 없는 다양한 종류의 많은 방어 시설을 갖추고 있다는 점이다. 망루는 물론 총안, 즉 총구멍도 설치하여 적의 침입에 대비하는 등 다목적 용도로 건설되었다. 특히 석성石城과 토성土城의 장점만 살려서 축성되었으며, 한국 성곽의 약점을 보완하기 위한 방책으로 청과 왜의 축성술을 본뜨기도 했다.

장안문

화성에는 동(창룡문) · 서(화서문) · 남(팔달문) · 북(장안문)에 각기 하나씩 4개의 성문이 있는데, 북문인 장안문과 남문인 팔달문이 가장 크다. 한마디로 이들 두 문이 화성의 얼굴과 같은 건물로 크기와 형태 등 모든 부분이 동일하다. 장안문은 건물 높이만 해도 32척9치로 2층으로 되었고 상 · 하층이 각각 정면 5칸 측면 2칸이다. 두공은 포식두공으로 아래층은 내7포, 외5포이며 상층은 내외7포다.

팔달문과 장안문에서 특별히 주목되는 부분은 우진각지붕이라는 점이다. 지붕은 건물의 격식에 따라 몇 가지로 나뉘는데 제일 간단한 형식이 양 지붕면이 경사진 맞배지붕이고 이보다 격을 높이면 지붕 앞뒷면이 경사지고 양 측면은 수직으로 내려오다가 중간쯤에서 경사지는 팔작지붕이 된다. 그런데 우진각지붕은 지붕 사면이 모두 경사졌다. 이것은 과거에는 흔히 사용되었지만 긴 추녀목을 필요로 하므로 재료의 조달에 어려움을 겪었던 조선시대 말에는 상대적으로 잘 사용하지 않았다. 그러므로 한양의 사대문과 경복궁 · 창덕궁의 정문 등 몇몇 특별한 곳에만 한정적으로 우진각지붕을 얹었는데, 화성의 성문에 우진각지붕을 채택했다는 것은 화성 성곽의 격식이 도

■ 수원 화성에는 4개의 성문이 있는데 북문인 장안문과 남문인 팔달문이 가장 크다. 장안문은 건물 높이
만 해도 32척9치로 반원형의 둥근 벽체로 벽돌로 축조되었다.

성에 버금갈 정도였다는 것을 상징적으로 보여준다. 큰 틀에서 팔달문의 외관은 서울의 동대문이나 남대문과 닮게 보이는 이유다.

지붕 용마루 끝에는 추두, 추녀마루에는 여러 가지 동물 형태가 배치되었다. 또한 좌우에 적대가 대칭적으로 서 있는데, 이것이 문의 위용을 더욱 높여주고 있다. 문 좌우에 높은 대를 쌓은 까닭은 유사시에 이곳에 군사를 배치해서 문에 접근하는 사람들을 감시하고 성문을 공격해오는 적을 막기 위한 용도다. 홍예문의 높이는 3.8미터, 너비 3.6미터, 두께 7.9미터다.

장안문에서 빼놓을 수 없는 중요한 부분이 앞에서 설명한 바깥쪽으로 설치되어 있는 옹성이다. 옹성은 벽돌로 쌓았고 높이는 6.6미터, 둘레는 67.5미터이며 좌우에 적대를 두었다. 반원형의 둥근 벽체로 벽돌로 축조되었는데 돌로 쌓은 좌우의 성벽과 대조를 이룬다. 옹성은 성문을 밖으로 둘러싸고 견고하게 방어하기 위한 성벽이다. 형태는 성문이 크고 작음을 고려하여 밀폐된 반원형과 반개방적인 반원형으로 구성했는데, 이곳에서는 옹성의 출입문이 중앙에 설치되어 있다는 점이다. 원래 옹성의 출입문은 적이 성 안에 들여다보는 것을 막고 쉽게 출입하는 것을 방해하기 위해서 한쪽 모퉁이에 설치하는 것이 일반적인데 화성에서는 일부러 한가운데 출입구를 두었다.

『화성성역의궤』에서는 장안문과 팔달문의 옹성 중앙에 출입문을 둔 것은 사통팔달하는 화성의 정신을 반영했다고 적었다. 그것은 설계자가 화성에서는 유사시의 방어뿐 아니라 평상시 사람이나 물자의 원활한 유통을 중요시했음을 알 수 있다.

옹성 출입문 위에는 누조漏槽라고 하는 큰 물통을 만들고 여기에 물을 흘려 내보낼 수 있는 구멍 5개를 내고 이름을 오성지라 했다. 오성지는 정약용이 청의 병서를 참고해 고안한 시설로 조선에서는 화성에만 설치되었다. 그러나 오성지를 구상한 정약용은 정작 화성이 축성될 때 공사 현장에 와보지 못했는데, 준공된 후 이곳을 방문해 오성지가 생각한 것과는 다르게 만들어졌다고 탄식했다. 즉, 모양만 오성지와 같을 뿐 실제 물을 부어 성문을 보호할 장치가 되어 있지 않았기 때문이다.

북서적대와 북동적대

장안문의 좌우에 있는 적대敵臺는 남문·북문에만 좌우 하나씩 있는데 이것은 문의 위용을 더욱 높이는 역할을 한다. 여기에 대포를 설치해 적의 공격을 퇴치할 수 있는 방어 요새로도 활용될 수 있도록 건설되었다. 적대의 규모는 높이 22척, 넓이가 21척이다.

또한 적대에는 성벽에 바짝 접근한 적을 공격할 수 있는 현안懸眼이 설치되었다. 현안은 중국의 병서에는 자주 언급되었지만 한국에서는 화성에 처음으로 설치되었다. 현안은 각 적대 외벽에 3개씩 만들어졌는데 세로로 된 긴 홈 셋이 나란히 장식되어 독특한 외관을 이룬다. 성벽에 바짝 다가선 적에게 뜨거운 물이나 기름을 부어 공격하도록 고안된 시설이다. 장안문의 적대는 북서적대와 북동적대로 나뉘는데 북동적대는 북동치, 즉 치雉가 함께 연결되어 있다.

서북공심돈

서북공심돈은 화서문을 들어가기 직전에 있으며 보물 제1710호로 지정될 정도로 중요성을 부여받고 있다. 공심돈은 원거리를 볼 수 있는 초소로 수원 화성에서만 볼 수 있는데, 내부가 비어 있어서 공심돈이라 하며 원형과 방형이 있다. 수원 화성에는 벽돌로 건설된 공심돈이 3개 있다. 적의 집중적인 공격이 예상되는 화서문과 팔달문 근처에 서북공심돈과 남공심돈이 있다. 성벽에서 돌출된 치성 위에 사각으로 구축되어 있다. 이에 비해 동북공심돈은 구릉지에 있기 때문에 구태여 치성 위에 구축할 필요가 없어 성벽 안쪽에 독립적으로 원형으로 축조했다. 공심돈 모두 벽돌로 쌓았으며 포루와 마찬가지로 삼층 구조의 진지 안에 백자총이나 불랑기 같은 화약무기를 장착하고 그 위에 누각을 지었으므로 이제까지 조선시대 건축물에서 보던 것과는 전혀 색다른 모습을 하고 있다.

공심돈의 유래는 돈대인데 성곽에서 멀리 떨어진 곳에 설치해 적의 공격을 미리 알리고 차단하도록 한 것이다. 그런데 화포의 성능이 우수해지자 본성에서 외로이 떨어진 돈대는 오히려 각개 격파될 위험성이 있으므로 화성에서는 공심돈을 아예 본성에 붙여 치성 위에 구축한 것이다.

수원 화성에는 순수한 치성만 8개가 구축되었다. 과거에 치성에서 활과 소총으로 성벽에 다가온 적들을 공격했다면, 수원 화성의 치성에서는 화포 공격을 할 수 있도록 변화를 주었다. 화성의 공심돈은 치성 위에 구축했기 때문에 상당히 높은 위치에서 적의 동태를 살피면서 멀리 떨어진 적들을 공략할 수 있었다.

수원 화성

■ 수원 화성에는 적의 집중적인 공격이 예상되는 화서문과 팔달문 근처에 서북공심돈과 남공심돈을 두었고, 동북공심돈은 구릉지에 있기 때문에 치성 위에 구축할 필요가 없어 성벽 안쪽에 독립적으로 원형으로 축조했다. 동북공심돈(위)과 서북공심돈과 화서문.

이러한 공심돈의 구조는 1621년에 편찬된 명나라의 병서 『무비지武備志』에서 처음으로 보이지만, 이것은 본성에서 멀리 떨어진 위치에 설치하도록 한 것이므로 성벽에 붙여 구축한 것은 화성이 처음이다.

서북공심돈은 화성 서북측 성벽에서 돌출시켜 남측면의 일부만 성곽에 접하고 나머지 3면이 돌출된 평면을 이루고 있다. 3층 구조로 하부 치성雉城은 방형의 석재를 사용했고 1층과 2층 외벽과 3층 하부는 전돌로 쌓았으며 외부로 구멍을 내어 바깥 동정을 살필 수 있다. 1,2층 각 면에는 6개의 총안이 있으며, 3층에는 여장을 쌓고 같은 높이에 4개의 총안을 냈다. 3층 포루는 정면 2칸 측면 2칸의 팔작 기와지붕으로 벽면 위쪽의 판문에는 전안箭眼이 설치되어 있다. 내부는 사다리로 오르내리도록 되어 있는데, 성벽보다 높은 2층으로 된 망루어서 다른 성곽 건축물에서는 볼 수 없는 독특한 구조다. 공심돈은 생김새를 본떠 일명 '소라각'이라고도 부른다.

화서문

화성의 북문인 장안문과 남문인 팔달문에 비해 창룡문과 화서문은 석축의 규모도 작고 석축 위의 누각도 상대적으로 작으며 격식 또한 낮다. 창룡문과 화서문은 동일한 형태로 지어졌지만, 창룡문은 6·25 전쟁 때 파손되어 복원되어 화서문이 더 큰 중요도를 부여받고 있다.

누각은 정면 3칸 측면 2칸의 단층 건물이다. 사방에 굵은 원기둥 10개를 세우고 각 기둥 위에 이익공이라고 부르는 새 날개 모양의 쇠서가 둘 겹쳐진 받침재를 올리고 그 위에 대들보가 걸쳐진 구조를 하고 있다. 이런 구조를

1출목 이익공이라고 부른다. 1출목이란 가로 방향의 첨차檐遮가 하나 더 앞으로 나와 있다는 뜻이다. 익공식은 조선시대에 들어와 불필요한 재목을 최대한 줄이면서 건물 외관에 일정한 격식을 지키도록 한 조선 특유의 건축 방식이다.

기둥과 기둥 사이에 화반이라 불리는 받침재가 둥글게 조각되어 놓였는데, 이는 18세기의 일반적인 건축 경향이다. 화서문의 중앙 칸은 좌우보다 훨씬 넓다. 가운데 칸 하부 석축 중앙에 난 출입문이 커다란 홍예로 되어 있기 때문에 그 간격만큼 기둥 간격도 넓어진 것이다. 이것은 다른 건물에서는 흔치 않은 모습으로 성문이라는 특별한 기능 때문에 나타난 결과다.

화서문의 안쪽으로 수문청이 있고 바깥쪽으로 옹성이 설치되어 있는데 총혈 19개, 사혈 9개가 뚫려 있다. 옹성의 출입문은 장안문이나 팔달문과는 달리 한쪽 구석에 나 있는데 창룡문처럼 주변 지형이 평탄하지 않기 때문에 좌우에 적대를 두지 않았고 서북공심돈을 세웠다.

이곳에서 서북공심돈을 보면 이제까지 조선시대 건축물에서 보던 것과는 전혀 색다른 모습으로 나타난다. 현재는 화성 주변의 많은 집이 벽돌집이라 눈에 익은 광경이지만, 화성에 처음 공심돈이 세워졌을 때 이것은 하나의 경이로움이었을 것이다.

서장대와 노대

일명 화성장대인 서장대西將臺는 수원 화성에서 가장 높은 팔달산 정상에 있는데 돌로 쌓은 대 위에 있는 2층 누각이다. 1층은 9칸이며 1칸 너비는

13.2척이며 바깥에는 둥근 기둥 12개를 세우고 팔모의 화강석 주초로 받쳤다. 2층은 사방 1칸에 불과해 위층이 아랫니 아래층에 비해 갑자기 좁아진 모습이다. 이런 독특한 모습으로 건축한 것은 위층에 여러 사람이 올라가 있을 필요가 없기 때문이다. 서장대의 상량문은 당시 우의정인 채제공이 썼고 화성장대라는 정조의 친필 편액이 있었다. 서장대는 정조가 혜경궁 홍씨의 회갑연을 치른 을묘원행(1795년) 때 이 건물에서 장대한 군사 사열식인 성조식城操式을 치러 유명세를 얻었다.

서장대를 팔달문 쪽에서 접근하려면 가파른 길, 즉 계단을 올라와야 한다. 물론 운동 삼아 힘들여 서장대를 오르면 후회하지 않지만 다른 출입구를 활용해도 충분한 운동이 되므로 장안문에서 출발해 서장대로 향하면 가파른 길을 올라가는 것이 아니라 내려가는 길이 된다.

서장대 옆에 서노대를 세웠는데, 이곳은 쇠뇌를 쏘는 군사인 노수弩手가 머물던 곳이다. 노대는 원래 공격해오는 적을 향해 높은 위치에서 '쇠뇌'를 쏠 수 있도록 구축한 진지였는데, 화성의 노대는 이곳에 올라 적들의 공격 상황을 관측하면서 지휘소와 성 전체에 오방색의 깃발 등을 이용해 신호를 보내는 기능도 겸비했다. 그야말로 사령부 바로 옆에 정찰대와 통신소를 둔 셈이라고 할 수 있다. 화성을 방문할 때 서장대에 오르면 수원 시내를 비롯하여 화성 행궁이 바로 아래로 보인다. 한마디로 날씨 좋으면 수원 화성의 면모를 한꺼번에 볼 수 있는 적소로 동장대와는 신호를 통해 서로 교신할 수 있다. 이 두 지휘소는 서로 멀리 바라보면서 긴밀한 협조 하에 전체 성곽에 배치된 군사들을 일사분란하게 통제할 수 있었을 것이다.

■ 서장대는 수원 화성에서 가장 높은 팔달산 정상에 있는데, 돌로 쌓은 대 위에 있는 2층 누각이다. 서장대(위)와 서노대.

서암문

서장대를 나서자마자 서암문이 나타난다. 암문은 일종의 성내 비밀 통로로 화성에는 모두 다섯 군데에 설치되어 있다. 이른바 본성에서 약간 떨어져 있는 후방에서 군량을 운반하거나 연락을 취하는 사잇문으로 치성과 적대, 옹성과 함께 고구려 산성부터 도입된 시설물이다. 대부분 성의 구석진 곳에 설치되어 있으며 평상시에는 막아두었다가 필요한 때만 열어 외부와 통할 수 있게 했다.

서포루

서포루西砲壘는 수원 화성 서장대 북쪽으로 약 200미터 거리에 있는 성곽 시설물이다. 성 몸에 '철凸' 모양을 붙여 치성을 만들고 그 위에 집을 지었는데 포砲의 높이와 같다. 성곽 요소요소에 화포를 감춰두고 위 아래에서 한꺼번에 발사하게 되어 있는 중무장한 요새다. 수원 화성에서 포루鋪樓는 7미터 정도 돌출한 치성 위에 벽돌로 여장을 구축하고 누각을 지었다. 누각이 없는 치성에 비해 기상 여건에 상관없이 화포를 설치해 발사할 수 있다. 포루鋪樓가 치성 위에 누각을 설치한 것에 불과했던 반면에 포루砲壘는 상당히 다른 형태로 구축했다.

성벽에서 8.8미터 정도 돌출된 진지 전체를 벽돌로 쌓았으며, 그 내부는 비워 3층으로 만든 다음 각 층마다 화포를 설치해 성벽 위보다 훨씬 낮은 위치에서 공격해오는 적들을 효과적으로 격파토록 했다. 각각의 층에 설치한 대형 화포에서 뿜어나오는 화력은 그야말로 가공할 위력을 발휘할 수 있었다.

수원 화성

■ 서포루는 수원 화성 서장대 북쪽으로 약 200미터 거리에 있는 성곽 시설물이다. 성 몸에 '철(凸)' 모양
을 붙여 치성을 만들고 그 위에 집을 지었다.

서포루는 지대석 위에 3량의 벽돌집을 지었는데 삼영三楹은 성밖으로 물
렸다. 외면의 하부는 너비 6.36미터, 상부의 너비는 다소 줄어든 6.67미터
다. 외면 지대 위에 대포혈 2개를 뚫었고 좌우면에 3개의 포혈을 두었으며 위
로는 벽돌을 다소 오므려가면서 쌓았고 총안 15개를 설치했다.

서포리西鋪樓는 성곽의 서장대 남쪽 200미터 지점에 있는데, 치성 위에
지은 집을 포鋪라 하며 아군을 엄폐시켜 적이 못 보게 하는 곳이다. 치성은 성

밖으로 6.91미터를 물렸으며 외면 너비는 9.1미터다. 현안 하나를 뚫었고 판자를 깔아 누를 만들었고 아래 위에 방안 총혈 19개, 누혈 11개가 있다. 성밖 3면에는 짐승 얼굴을 그린 판문을 만들어 활과 총 쏘는 구멍을 뚫었다.

서남각루

서암문을 지나면 곧이어 서남암문이 나오는데 서남암문은 다른 암문과는 좀 다른 구조를 갖고 있다. 암문은 성곽의 비밀 통로이므로 은밀한 것을 기본으로 하는데, 서남암문은 개방된 곳에 설치되어 있다. 또한 포사라고 불리는 다락방 비슷한 누각이 설치되어 있고, 암문을 나가더라도 성 밖으로 나가는 것이 아니라 각루角樓로 연결된다.

각루는 성곽의 성벽에 부착된 치의 일종으로 모서리 부분에 설치한 것을 말하며 전망대와 감시초소의 기능을 겸한다. 방형 성인 경우 모퉁이에 설치했고 산성 등 자연 지세를 이용한 경우에는 돌출되어 관측과 지휘에 용이한 곳에 설치했다.

화서문의 남쪽 175미터 지점 산이 휘어진 곳에 서북각루가 있다. 정면 4칸 측면 3칸으로 모두 판자를 깔고 사면을 평난간으로 둘렀다. 위에는 판문을 설치하여 외면에는 모두 짐승의 얼굴을 그리고 전안箭眼(활을 쏘거나 밖을 바라보기 위해 뚫어놓은 구멍)이 있는데 안에는 꽃그림을 그려 대조시켰다. 적을 감시하는 긴장 속에서도 여유를 찾으라는 뜻으로 풀이된다. 안에는 서남쪽 1칸의 사다리를 놓았으며 북쪽으로 누상에 이르게 했다. 동남쪽 1칸은 별도로 설치하여 숙직하는 군사가 머물었다.

서남암문에서 남쪽으로 연결된 서남각루(화양루)도 다소 특별한 각루다. 화성에는 4개의 각루(일명 누정)가 있는데 각루의 목적은 두 가지다. 우선 성곽 건축 구성상의 효과인 유람과 휴식을 목적으로 하는 것과 유사시 방어 중심의 망루 역할을 하는 것이다. 그런데 서남각루는 성곽 밖으로 돌출되어 있으므로 성곽에서 성곽을 바라볼 수 있는 곳이라 더욱 특별한 곳으로 정면 3칸 측면 2칸 내부 1칸이다. 화양루의 '화'는 화성을 뜻하고 '양'은 산의 남쪽을 뜻한다.

팔달문

서남각루에서 다시 서남암문으로 나와 다소 가파른 계단을 내려오면 성벽의 길이 끊긴다. 소위 성벽이 연결되지 않아 남대문처럼 고립되어 있다. 본래 성벽이 이어지고 좌우에 적대가 있었으나 팔달문(보물 제402호)은 워낙 시가지 한복판에 자리잡고 있으므로 복원하지 않았다.

성의 남문인 팔달문은 한양의 남대문이나 동대문과 같은데 문루의 네 귀에 높은 기둥이 없는 것이 다르다. 팔달문의 누각은 지붕이 중층으로 된 2층 건물로 상하 모두 정면 5칸 측면 2칸이다. 팔달문은 여러 면에서 조선 초기에 지어진 남대문과 유사한 형태를 취하고 있다. 남대문 역시 우진각지붕에 상하층 규모도 같고 다포식이다. 다만 남대문의 공포는 상층이 외7포, 내5포이고 하층은 내외 모두 5포인 점이 다르다. 즉, 남대문이 오히려 포의 숫자가 적다. 또한 남대문의 살미山彌 양끝은 곡선 장식이 거의 없고 바깥쪽 끝인 쇠서의 형태도 직선에 가깝게 짧다. 이것은 남대문이 공포 구성을 간결하게 꾸미

■ 팔달문은 한양의 남대문이나 동대문과 같은데 문루의 네 귀에 높은 기둥이 없는 것이 다르다.

던 조선 초기의 기법을 따랐기 때문으로 그만큼 팔달문이 지어진 18세기 말에 공포 부분을 더욱 화려하게 만들었음을 알 수 있다.

한편 홍예의 넓이가 장안문과 약간 차이가 날 뿐 건축적인 규모는 물론 구성에서도 모든 것이 장안문과 같다. 이는 장안문의 건축 설계를 기본으로 하여 만들었기 때문이다. 그런데 장안문은 6·25 전쟁 당시에 폭격을 맞아 거의 무너져 내렸다가 1970년대 후반에 다시 지은 것이고 팔달문은 처음 건설된 그대로 지금도 남아 있다. 홍예의 높이는 3.17미터, 너비 3.56미터이며 해마다 10월이면 '화홍문화제'가 열린다.

팔달문 2층 누각에는 육중한 동종(지방문화재 제69호)이 있다. 본래 1687년 (숙종 13) 화성 만우사萬義寺에서 조성해 봉안했던 종으로 17세기 한국의 전통적인 형식을 따르고 있다. 전체적인 비례와 구조가 안정감이 있고 용의 꼬리가 휘감고 있는 음통과 종뉴, 종신의 상단은 활짝 핀 꽃으로 장식했고 중대로 내려오면서 풀무늬의 유곽과 연꽃을 쥐고 있는 4구의 보살상을 배치하고 명문을 새겼으며 하대는 연화당초문을 둘렀다.

남수문

팔달문에서 성벽을 내려가 화성 성벽을 가려면 남수문에서 올라가야 하는데, 남수문은 유실된 지 90년 만인 2012년에 복원된 것이다. 남수문은 길이 29.4미터, 너비 5.9미터, 전체 높이 9.3미터로, 수문 아래쪽은 9칸 홍예수문(무지개다리)을 연결한 형태이고 수문 위쪽은 전돌을 이용해 복원되었다.

남수문은 수원천이 북수문인 화홍문을 거쳐 남쪽으로 흘러 내려와 화성과 다시 만나는 지점에 설치된 교량과 수원천의 흐름을 조절할 수 있도록 수문의 역할을 하는 것은 물론 유사시에는 방어용 군사시설로 활용할 수 있도록 설계되어 있는 것이 특징이다. 남수문은 화강석으로 수문을 쌓고 쇠살문을 달았으며, 수문 위의 구멍을 통해 쇠사슬로 수문을 여닫을 수 있도록 했다. 9개의 수문 구간 위에는 다리의 넓이를 셋으로 나누어 하나에는 사람을 통행하게 하고, 다리의 길이인 동서 약 28.6미터에 남북 3.6미터의 검은색 벽돌로 꾸민 '포사舗舎'를 길게 설치했다고 기록하고 있다. 포사에는 3개의 문을 내어 짧은 시간에 많은 군사가 이동할 수 있도록 했으며, 구간수문의 아치

형에 어울리는 무지개형으로 조성된 여장은 검은색 벽돌로 쌓은 후 57개의 총안을 내어 가히 난공불락의 요새 역할을 했다.

남수문은 화성 건설과 함께 준공되었는데 1846년에 유실되어 재건되었다가 1922년 홍수로 재유실되자 일제가 팔달문 일대 도심을 확대한다는 이유로 남아 있던 홍예문마저 철거하면서 남수문은 아예 사라졌다. 복원된 남수문은 평상시에는 홍예문으로 물이 흐르지만 홍예문 아래 가로 1.8미터, 세로 1.4미터 크기의 7개 수문인 하부 상자가 설치되어 큰비가 내릴 경우 빗물을 내보낼 수 있게 했다. 또 길이 18미터, 가로 30센티미터, 세로 25센티미터 크기의 어도도 설치되어 물고기들이 수원천을 따라 오르내릴 수 있게 했다.

그런데 2012년에 복원된 남수문에 대해서는 구설수가 따라다닌다. 우선 복원된 남수문이 『화성성역의궤』에 기록된 남수문과 전혀 다르다는 점이다. 남수문의 아치부터 다리를 지탱하는 교각의 형태 등이 다르다. 또한 『화성성역의궤』에 나타난 교각의 원형은 물살의 흐름에 지탱할 수 있도록 5각으로 되어 있으며 교각과 교각 사이는 공간이 형성되어 있는데 복원된 남수문의 교각은 통으로 되어 있다는 점이다. 하주성은 윗부분인 여장만 옛 것과 동일하다는 지적이다. 이와 같이 원형에서 많이 변하게 된 요인으로 '홍수 대비'를 거론하는데 현재는 건축 공법이 발달되어 있어 옛 것처럼 복원하더라도 얼마든지 홍수를 막을 수 있다는 것이다. 우리의 자랑스러운 세계문화유산을 어떻게 복원해야 하는지에 대해서는 많은 사람의 중지를 모아야 한다.

봉돈(봉화대)

남수문을 거쳐 다시 성벽으로 오르면 제일 먼저 동남각루가 나오며 이어서 동삼치, 동이포루를 거쳐 봉돈에 이른다. 봉돈은 횃불을 올리는 봉화대다. 봉화대의 기본 역할은 변방에서 발생하는 군사적인 긴급 사태를 중앙에 급히 알리기 위해 설치된 것이다. 횃불과 연기로 소식을 전하던 통신 제도로 이를 봉수제라고 부른다. 낮에는 연기로, 밤에는 불빛으로 신호를 보냈다.

조선의 봉수제는 세종 때에 정비되었는데, 평시에는 횃불을 1개, 적이 나타나면 2개, 적이 국경에 접근하면 3개, 적이 국경을 넘어오면 4개, 적과 접전을 하면 5개를 올리도록 되어 있었다. 봉수는 간선은 직봉이라 하여 경흥, 동래, 강계, 의주, 순천의 5개처를 기점으로 하여 한양의 목멱산(현재의 남산)을 종점으로 했다. 직봉 외에도 간봉이라는 보조선이 있어 본봉 사이의 중간 지역을 연락했다.

화성의 봉돈은 화성의 동쪽, 동문과 남문의 거의 중간쯤 되는 곳에 있다. 이곳은 화성행궁에서 바로 정면으로 바라다 보이는 곳인데 봉화대를 행궁의 바로 정면에 놓은 것은 아마도 다른 어느 곳보다 행궁에서 제일 먼저 봉화를 살펴볼 수 있도록 한 의도로 생각된다.

성곽 높이보다 높게 쌓았고, 성곽 밖으로 5.5미터나 돌출되어 있다. 봉돈에는 5개의 불구멍이 있는데 그중 하나는 매일 저녁 동쪽의 석성산의 육봉陸烽과 연락했고 바다로는 흥천대의 해봉海烽과 사이에 간봉을 두고 연락했다. 나머지 불구멍은 비상 시에만 쓰였다.

그런데 화성의 봉돈은 봉화 시설의 기능만 있는 것은 아니다. 봉돈을 성

■ 봉화대는 변방에서 발생하는 군사적인 긴급 사태를 중앙에 급히 알리기 위해 설치된 것이다.

벽에 붙여서 돌출되게 축조했고 내부는 비워두고 3층으로 나누어 각 층에 대포와 총을 장착하고 발사할 수 있도록 했다. 대포 구멍과 총구멍이 각각 무려 18개나 되는 것을 볼 때 포루와 공심돈의 화력에 비해 결코 작지 않은 공격적인 방어 진지의 역할을 충분히 할 수 있도록 설계되었다.

봉돈은 외벽과 내부 계단까지 모두 벽돌로 만들었다는 데 특징이 있다. 남쪽으로 돌출된 부분 끝에 5개의 굴뚝을 두었는데 특히 굴뚝 자체를 벽돌로 쌓은 것은 국내에서 처음 시도된 것이다. 봉돈은 화성의 장인들이 이제 벽돌로 어떤 시설도 만들어낼 수 있다는 것을 보여주는 증거라고 볼 수 있다. 또한 내벽은 거의 벽돌로 쌓고 층단을 두었으며 위쪽으론 화덕을 두고 아래에는 온돌방을 설치해 교대 근무자가 쉴 수 있게 배려했다. 평상시엔 맨 남쪽 화두만 사용한다. 수원 화성 봉돈은 현존하는 가장 발달된 봉화시설인데 봉화시설임에도 이처럼 아름답게 만든 것을 보면 당대인의 미적 감각을 알 수 있다.

창룡문

봉돈을 지나면 동이치, 동포루, 동일치, 동일포루 등 군사용도인 치와 포루가 이어지면서 창룡문으로 이어진다. 장안문과 팔달문이 당당한 모습임에 비해 동문인 창룡문, 서문인 화서문은 모든 면에서 대조된다. 누각은 정면 3칸 측면 2칸이고 기둥 위에는 새의 날개 모양을 한 간단한 첨차가 이중으로 놓인 이익공이 짜여 있다. 지붕도 단층이고 팔작지붕이다. 창룡문은 안팎의 홍예 규모가 서로 다른 것이 특징이다. 내홍예의 높이는 4.8미터, 외홍예의 높이는 4.5미터이며 너비도 그만큼 차이가 난다. 이 두 문에도 바깥쪽으로 옹성이 설치되어 있는데 옹성의 출입문은 장안문이나 팔달문과는 달리 한쪽이 열려 있는 특이한 구조를 이루고 있다. 동옹성의 높이는 2.9미터 둘레는 17.2미터이고, 총안 14개가 있다.

일반적으로 읍성에서는 동문과 서문을 주로 이용했다. 북쪽에 관청이 자리해 있어 관청 앞 좌우, 즉 동서 방향으로 길이 나기 때문에 동문과 서문이 주 통행로였다. 그러나 화성에서는 남북 방향으로 주 통행로가 열려 있었기 때문에 동문과 서문을 크게 이용하지 않았다. 창룡문과 화서문은 주변 지형이 평탄하지 않기 때문에 좌우에 적대를 두지 않았다. 그 대신에 주변을 멀리 감시할 수 있도록 동문 옆에 동북공심돈, 서문 옆에 서북공심돈을 세웠다. 6·25 전쟁 때 문루와 홍예가 크게 손상되었는데 1975년 옛 모습대로 복원했다.

동북공심돈

동북공심돈은 원형 평면으로 나사못과 같은 단면 구조를 갖고 있어 그 구조 형태가 종래의 성곽 건축 설계에서 보기 드문 특이한 형태로 되어 있다. 공심돈은 벽돌로 쌓은 둥근 벽체가 안팎 2층으로 되었으며 장병들이 머물고 무기를 둘 수 있는 공간으로 만들어졌다. 내부는 가운데 층과 3층으로 오르는 계단이 둥근 성벽을 따라 둥글게 이어진다.

연무대

장대는 일종의 전쟁 지휘소로 장수가 장병들을 모아 놓고 훈련을 하거나 지휘하는 곳으로 성곽에서는 빼놓을 수 없는 건물이다. 그러므로 언제나 전반 지형을 볼 수 있는 장소에 배치했는데 화성의 서장대는 팔달산 꼭대기에 있으며 연무대는 동북쪽 구릉지에 있으므로 신호를 통해 쉽게 교신할 수 있다.

연무대는 정면 5칸 측면 4칸의 단층 팔작지붕의 평범한 건물이지만, 군사 지휘소답게 내부 구성은 색다르다. 전면을 모두 개방했으며 바닥에 전돌을 깔았고 다시 한 단 높여서 가운데 기둥 열에 맞추어 전돌 바닥이 이어지고 제일 뒤쪽 퇴칸은 높은 마루를 들였다.

■ 연무대는 전쟁 지휘
소로 장수가 장병들
을 모아 놓고 훈련을
하거나 지휘하는 곳
이다. 그 주변에는
탁 트인 넓은 공터인
활터가 있다.

3단으로 쌓은 대가 있고, 3층의 대에서는 총수銃手가 숨어서 쏘기에 편리하게 했다. 한가운데에는 좌우에 와장대臥長臺를 설치하고 흙을 판판하게 했으며, 바닥을 돌로 깔아 말을 타고도 장대에 올라갈 수 있게 했다. 장대 건물은 정면 5칸 측면 3칸의 단층의 합각 기와지붕이다. 건물 주변에는 터를 넓게 잡아 동서 80보, 남북 240보 규모의 조련장操鍊場을 만들었다. 부속사附屬舍는 창고로 정면 4칸 측면 1칸의 단층 3량 집이다. 성벽 밖으로 돌출된 노대를 세웠는데, 이곳은 쇠뇌를 쏘는 군사인 노수가 머물던 곳이다. 장대의 후면에 8각 노대가 있다.

장대와 노대 사이의 측면에 3칸으로 된 후당이 있는데 여기에서 사령관이 머물며 군사적 사무를 처리했다. 서장대 앞 좌우에 외간桅杆이란 높은 깃대를 세웠다. 성안 사람들은 외간 끝에 걸린 깃발을 보고 군사 조련이나 특별한 행사 등 서장대에서 일어나는 일을 한눈에 알 수 있었다.

연무대 주변에는 탁 트인 넓은 공터가 활터다. 정조도 이곳에서 여러 번 활을 쏘았는데 현재도 수원 시민들의 활터로 이용되고 있다. 이곳은 넓은 공터이므로 성안에서 벌어지는 큰 행사는 이곳에서 치렀다. 대표적인 것이 호궤犒饋 행사로 주로 군인들을 대상으로 음식물을 베푸는 것이다. 화성에서는 축성 공사를 하면서 열한 차례나 감독관이나 장인·노동자들에게 크게 호궤를 베풀었는데 그중 6번을 동장대에서 치렀다.

화홍문

연무대를 지나 동암문, 동북포루, 북암문을 지나면 화성 성역 안에서 큰 유명세를 타고 있는 아름다운 화홍문과 보물 제1709호인 방화수류정(동북각루, 꽃을 찾고 버드나무를 따라 노닌다는 뜻)이 나온다. 멀리 광교산에서 흘러내려온 냇물이 우뚝 솟은 바위 절벽 앞에서 한 번 굽어지면서 작은 못을 이루고 7개 홍예문 아래로 흘러든다. 홍예 돌다리 위에 있는 문이 화홍문이다. 무지개 모양의 7칸 홍예다리는 안양 만안교와 함께 한국 홍예다리 가운데 가장 긴 것이다. 일반적으로 다리 위에 누각을 세우지 않는데 화홍문은 한층 각별하다.

누각은 정면 3칸 측면 2칸에 바닥은 모두 마루로 하고 성 안쪽 삼면에는 분합문과 난간을 달았다. 북쪽에도 분합문을 달았는데 이곳은 적이 바라다보이는 곳이므로 난간 대신 바깥쪽으로 판자문을 덧대고 문에는 총 구멍을 냈으며 또 짐승 얼굴을 그려넣었다. 『화성성역의궤』에서는 이를 '전붕판문戰棚板門'이라 했다. 이를 보면 이 건물이 단지 주변 경치를 즐기기 위한 놀이 시설이 아님을 알 수 있다. 화홍문 위 좌우에 돌로 만든 해태가 팔각기둥 위에 다소곳이 앉아 고개를 외로 틀고 있는데 다른 문에서는 볼 수 없는 표현이다.

방화수류정

방화수류정은 동서 3칸(중앙에 온돌)을 중심으로 북쪽에 1칸, 남쪽에 0.5칸을 추가했으며 서쪽으로는 1칸, 남쪽으로는 2칸을 추가하는 등 평면을 자유롭게 구성했다. 누는 격자살창을 두었고 온돌방의 네 벽면에도 역시 격자살창을 설치했으며, 마루방은 온돌과 같은 높이로 판자를 깔았다.

전시에는 적군 감시와 지휘소 기능을 하면서도 평시에는 휴식 공간으로 이용할 수 있게 설계된 방화수류정은 독특하다. 전시에는 적군 감시와 방어 기능을 갖고 있지만 평시에는 휴식 공간으로 사용될 것을 감안해 설계자가 두 가지 목적을 융합하여 만들어 한국 최고의 운치와 풍류를 논하는 건물로 만들었다. 방화수류정이 군사용으로 만든 것은 멀리 팔달산이 한눈에 들어오는 위치에 만들었다는 점이다.

한국에서 가장 아름다운 건축미와 정자 문화를 보여준다는 방화수류정은 빼어난 위치에 불규칙한 지형과 바위와의 조화를 고려하여 'ㄱ' 자형으로 꺾어져 있는데, 'ㄱ' 자형 바닥에 맞춘 지붕의 모습 또한 독특하다. 가장 흥미로운 부분은 벽돌로 쌓은 벽과 목조기둥이 결합된 벽면이다. 붉은색을 칠한 목조기둥을 좌우에 세우고 그 사이에 벽돌을 채워 넣었는데, 건축 구조의 새 장을 여는 실험적 방식이라고 평가된다.

특히 화홍문에서 올려다 보이는 한쪽 벽면은 벽돌을 모자이크 형식으로 꾸며 재료에 알맞은 색다른 장식을 했다. 조선시대의 다른 어디에서도 시도된 적이 없는 전혀 새로운 건물이 성공적으로 축조된 것이다. 이는 외래문화를 받아들이되 꼭 필요한 만큼만 선택한다는 주체적이면서도 실용적인 태도, 즉 전통적인 것을 토대로 새로운 것을 창안한다는 '법고창신法鼓創新'의 개념에 충실하게 적용한 예로 평가된다.

방화수류정에서 풍류를 논하는 데 빠지지 않는 것은 용연이란 아름다운 연못이 내려다 보인다는 점이다. 용머리바위가 있어 용연지라 불렸는데 현재 용머리 형상은 사라지고 없다. 용연지 한가운데로 작은 녹색지대의 섬을 만들었다.

■ 방화수류정은 전시에 적군 감시와 지휘소 기능을 하면서도 평시에 휴식 공간으로 이용할 수 있게 설계
되었다.

성곽 내에 있는 광교대천이 매년마다 범람할 우려가 있기 때문에 축성
의 첫 단계부터 수문 설계에 심혈을 기울였다. 수문에는 북한산성 수문처럼
석축 아치를 성문 형식으로 하나만 내어 높이 올리고 그 위에 누각을 건축하
는 방식이 있는데, 화성의 화홍문은 석축 아치를 여러 개 연속적으로 이어서
설치하고 그 위에 누각을 건축하는 방식을 사용했다.

창성사 진각국사대각원조탑비

방화수류정에서 되돌아 나오면 좌측 길가에 창성사 진각국사대각원조 탑비(보물 제14호)가 있는데, 원래 광교산 중턱의 창성사터에서 옮겨온 것이다. 높이 151센티미터, 너비 21센티미터의 고려시대의 탑비로 진각국사 천희千熙가 입적한 뒤 1년 후인 1386년(우왕 12)에 만들어졌는데 별다른 꾸밈 없이 소박한 형태다. 비의 형식은 장방형의 대석을 놓고 비신을 세운 다음 옥개석屋蓋石을 올려놓았다. 비신은 점판암의 것으로 마멸이 심하고 오른쪽 모서리가 상하로 길게 부식되어 떨어져나갔다. 비문은 이색李穡이 짓고, 각자는 승려인 혜잠惠岑이 했는데 글씨를 쓴 사람은 마멸로 알 수 없다.

비문의 내용은 국사가 원나라에 갔다가 귀국하여 치악산에 은거하던 중 공민왕이 사신을 보내 국사대화엄종사선교도총섭國師大華嚴宗師禪敎都總攝에 봉하고, 이후 인장과 법의를 내렸으며, 부석사를 중수하는 등 소백산에서 76세에 입적하기까지의 내용과 행적이 실려 있다. 글씨는 구양순歐陽詢에 근거를 두고 있으나 고려 초기·중기의 주경遒勁(붓의 힘이 굳셈)하고 금석기 있는 풍모가 거의 사라진 투박한 것으로 고려 말의 글씨가 퇴보했음을 보여준다.

창성사 진각국사대각원조탑비를 보고 성벽으로 오르면 북동포루, 북동치가 나오며 곧이어 북동적대를 거쳐 장안문이 된다. 발이 빠른 사람은 2시간 30분 정도면 충분하지만 꼼꼼하게 유산 답사에 임한다면 1시간 정도는 더할애해야 한다.

화성은 18세기 목조 건물의 모든 형태가 모여 있는 전람장과도 같다. 가장 화려한 7포의 다포식에서 익공식은 물론 기둥 위에 아무런 꾸밈을 하지 않은 민도리집까지 거의 모든 유형이 이곳에 있다. 그런 면에서 화성의 4개 성문을 보면 조선시대 건축에는 반드시 일정한 위계 질서가 있다는 것을 느낀다. 같은 성문이지만 남쪽과 북쪽의 정문인 팔달문과 장안문은 동문과 서문인 창룡문과 화서문에 비해 모든 면에서 월등하게 높은 격식을 갖추었다는 것은 성문조차 일정한 위계에 따라 건설했다는 것을 알면 건물 하나하나에서부터 질서를 잡아나가는 조선의 면면을 느낄 수 있다.

참고로 화성 성벽의 '문화유적 따라 걷기'의 특징 중의 하나는 성벽을 돌아보면서 비교적 자유롭게 내부만 볼 수 있는 것이 아니라 외부도 내려가 볼 수 있다는 것이다. 성벽을 걷는 것과 함께 수원 사람들의 삶도 동시에 볼 수 있는 것도 일품이다.

머리말

강만생, 『사진으로 보는 세계자연유산 제주 화산섬과 용암동굴』, 한라일보사, 2007년.
마르코 카타네오, 이은정 옮김, 『유네스코 세계 고대문명』, 생각의나무, 2004년.
「유적의 보존」, 『뉴턴』, 1999년 12월호.
『Egypt』, Bonechi, 2008.

제1장 창덕궁

97문화유산의해조직위원회, 『한국의 세계문화유산』, 삼성문화재단, 1997년.
국립제주박물관, 『유네스코 지정 한국의 세계유산』, 서경문화사, 2007년.
서윤영, 「건축으로 본 아름다운 거짓말」, 『LG엔시스』, 2005년 9~10월호.
이규태, 『이규태 코너 1999~2001』, 월간조선사, 2007년.
이형준, 『교과서에 나오는 유네스코 세계문화유산』, 시공주니어, 2011년.
장순용, 『창덕궁』, 대원사, 1998년.
창덕궁문화재해설팀, 『문화재 해설사와 함께하는 창덕궁』, 컬처북스, 2011년.
최종덕, 『조선의 참 궁궐 창덕궁』, 눌와, 2006년.
홍순민, 「창덕궁과 후원사」, 『한국사 시민강좌』, 제23집, 일조각, 1998년,
──, 『우리 궁궐 이야기』, 청년사, 1999년.
황두진, 「조선 건축과 조경의 실험장, 창덕궁 후원」, 『모닝 캄』, 2007년 6월호.

제2장 종묘

국립제주박물관, 『유네스코 지정 한국의 세계유산』, 서경문화사, 2007년.
김동욱, 「선조 40년의 재건 논의와 종묘제도」, 『한국사 시민강좌』, 제23집, 일조각, 1998년.
———, 『종묘와 사직』, 대원사, 1996년.
이범직, 「종묘 의례란 무엇인가」, 『종묘대제문물』, 궁중유물전시관, 2004년.
이형준, 『교과서에 나오는 유네스코 세계문화유산』, 시공주니어, 2011년.
최준식, 『세계인과 함께 보는 한국 문화 교과서』, 소나무, 2011년.
최준식 외, 『유네스코가 보호하는 우리 문화유산 열두 가지』, 시공사, 2002년.

제3장 남한산성

「남한산성」, 한국콘텐츠진흥원 문화콘텐츠닷컴, 2004년.
박정원, 「남한산성 둘레길 유적 순례」 함락된 적 없는 천혜의 요새지만…고대~조선까지성벽 축성술 보여줘」,
    『조선매거진』, 2014년 6월(제536호).
송석상 · 이강승, 『그림으로 배우는 우리의 문화유산』, 학연문화사, 1996년.
한국문화유산답사회, 『답사여행의 길잡이 7 : 경기 남부와 남한강』, 돌베개, 1999년.
한민족공동체발전협회, 『통한의 역사』, 집사재, 2005년.

제4장 백제역사유적지구

강인구, 『고분 연구』, 학연문화사, 2000년.
김경주 · 이영화, 『테마로 읽는 우리 역사』, 동방미디어, 2004년.
김인수, 「역사의 흔적마다 깃든 천년 백제의 자부심, 세계문화유산 등재 앞둔 백제역사유적지구를 가다」, 『금강
    일보』, 2015년 6월 8일.
김태식, 「우리는 백제를 모르고 무령왕릉을 몰랐다」, 『연합뉴스』, 2006년 11월 22일.
남준기, 「해체 막판 '논란' 휩싸인 미륵사지탑」, 『내일신문』, 2004년 12월 17일.
「미륵사지탑은 타임캡슐인가」, 『중앙일보』, 2004년 2월 23일.
박란희, 「미륵사지석탑 해체는 과학이었다」, 『주간조선』, 2004년 3월 24일.
박상진, 「고대사 미스터리 밝혀줄 금송」, 『과학동아』, 2002년 7월호.
박정호, 「백제 고분벽화 사신도가 사라졌다」, 『중앙일보』, 2011년 2월 11일.
이광표, 『국보 이야기』, 작은박물관, 2005년.
전병철, 『팔만대장경도 모르면 빨래판이다』, 내일을여는책, 2000년.
정수일, 『한국 속의 세계(상 · 하)』, 창비, 2005년.
정종목, 『역사 스페셜』, 효형출판, 2000년.
지호진, 「'공산성' 지은 백제…제2의 도약 꿈꾸다」, 『조선일보』, 2015년 7월 20일.
한국문화유산답사회, 『답사여행의 길잡이 1 : 전북』, 돌베개, 1997년.

─────────────, 『답사여행의 길잡이 4 : 충남』, 돌베개, 1997년.
『한국민족문화대백과』, 한국학중앙연구원, 1991년.

제5장 하회마을과 양동마을

국민대학교국사학과, 『우리 역사문화의 갈래를 찾아서: 경주문화권』, 역사공간, 2004년.
김봉렬, 『한국의 건축』, 공간사, 1985년.
김태관, 「세계유산 하회 · 양동마을」, 『경향신문』, 2010년 8월 2일.
김환대, 『경주 양동 안동 하회마을』, 지식파수꾼, 2010년.
박성홍, 「서원의 제향의례」, 『문화와 나』, 2002년 봄호.
「 '역사마을' 세계유산 등재 과정과 의미」, 『연합뉴스』, 2010년 8월 1일.
「안동하회마을」(http://www.hahoe.or.kr/)
이광표, 「하회 · 양동마을 유네스코 세계유산 지정: 풍수에서 건축까지」, 『동아일보』, 2010년 8월 2일.
이상해 외, 『하회마을』, 솔, 2007년.
이형준, 『교과서에 나오는 유네스코 세계 문화유산』, 시공주니어, 2011년.
임재해, 『안동 하회 마을』, 대원사, 1992년.
한국문화유산답사회, 『답사여행의 길잡이 8 : 팔공산 자락』, 돌베개, 1997년.

제6장 해인사 장경판전

국립문화재연구소, 『문화유산에 숨겨진 과학의 비밀』, 고래실, 2007년.
국립제주박물관, 『유네스코 지정 한국의 세계유산』, 서경문화사, 2007년.
박상진, 『역사가 새겨진 나무 이야기』, 김영사, 2004년.
『불교경전개론』, 『네이버오픈백과』, 2006년 4월 20일.
이덕일, 「호국신앙 아닌 불심 무마용」, 『월간중앙』, 2004년 1월호.
이정모, 「팔만대장경, 천년이 지나도 썩지 않은 비밀은?」, 『과학향기』, 2004년 9월 10일.
이형준, 『교과서에 나오는 유네스코 세계 문화유산』, 시공주니어, 2011년.
전상운, 『한국과학사』, 사이언스북스, 2000년.
전영우, 「병주고 약주는 옻나무」, 『과학동아』, 1998년 5월호.
정종목, 『역사 스페셜 2』, 효형출판, 2000년.
최규성, 「팔만대장경」, 『대한문화재신문』, 제15호, 2004년 7월 1일.
최준식 외, 『유네스코가 보호하는 우리 문화유산 열두 가지』, 시공사, 2002년.
『한지-보존과 과학』, Centre de recherches sur la conservation des documents graphique, Paris,
        2006.
황훈영, 『우리 조상들은 얼마나 과학적으로 살았을까』, 청년사, 1999년.

97문화유산의해조직위원회, 『한국의 세계문화유산』, 삼성문화재단, 1997년.
김동욱, 『실학 정신으로 세운 조선의 신도시, 수원 화성』, 돌베개, 2002년.
문중양, 『우리 역사 과학기행』, 동아시아, 2006년.
「세계 문화유산의 수수께끼」, 『과학동아』, 2007년 10월 16일.
송석상 · 이강승, 『그림으로 배우는 우리의 문화유산』, 학연문화사, 1996년.
신동원 엮음, 『우리 과학의 수수께끼』, 한겨레출판, 2006년.
유봉학, 「정조의 꿈과 화성」, 『한국사 시민강좌』, 제23집, 일조각, 1998년.
이규태, 『이규태 코너 1999~2001』, 월간조선사, 2007년.
이덕일 외, 『유물로 읽는 우리 역사』, 세종서적, 1999년.
최준식 외, 『유네스코가 보호하는 우리 문화유산 열두 가지』, 시공사, 2002년.
한국문화유산답사회, 『답사여행의 길잡이 7 : 경기 남부와 남한강』, 돌베개, 1997년.

유네스코 선정
한국의 세계문화유산 1
ⓒ 이종호, 2015

초판 1쇄 2015년 11월 17일 찍음
초판 1쇄 2015년 11월 25일 펴냄

지은이 | 이종호
펴낸이 | 이태준
기획·편집 | 박상문, 박지석, 박효주, 김환표
디자인 | 이은혜, 최진영
마케팅 | 박상철
인쇄·제본 | 대정인쇄공사

펴낸곳 | 북카라반
출판등록 | 제17-332호 2002년 10월 18일

주소 | (121-839) 서울시 마포구 서교동 392-4 삼양E&R빌딩 2층
전화 | 02-486-0385
팩스 | 02-474-1413
www.inmul.co.kr | cntbooks@gmail.com

ISBN 978-89-91945-90-6 04910
      978-89-91945-89-0 (세트)
값 18,000원

이 도서의 국립중앙도서관 출판시도서목록(CIP)은 서지정보유통지원시스템 홈페이지
(http://seoji.nl.go.kr)와 국가자료공동목록시스템(http://www.nl.go.kr/kolisnet)에서
이용하실 수 있습니다. (CIP제어번호 : CIP2015030522)